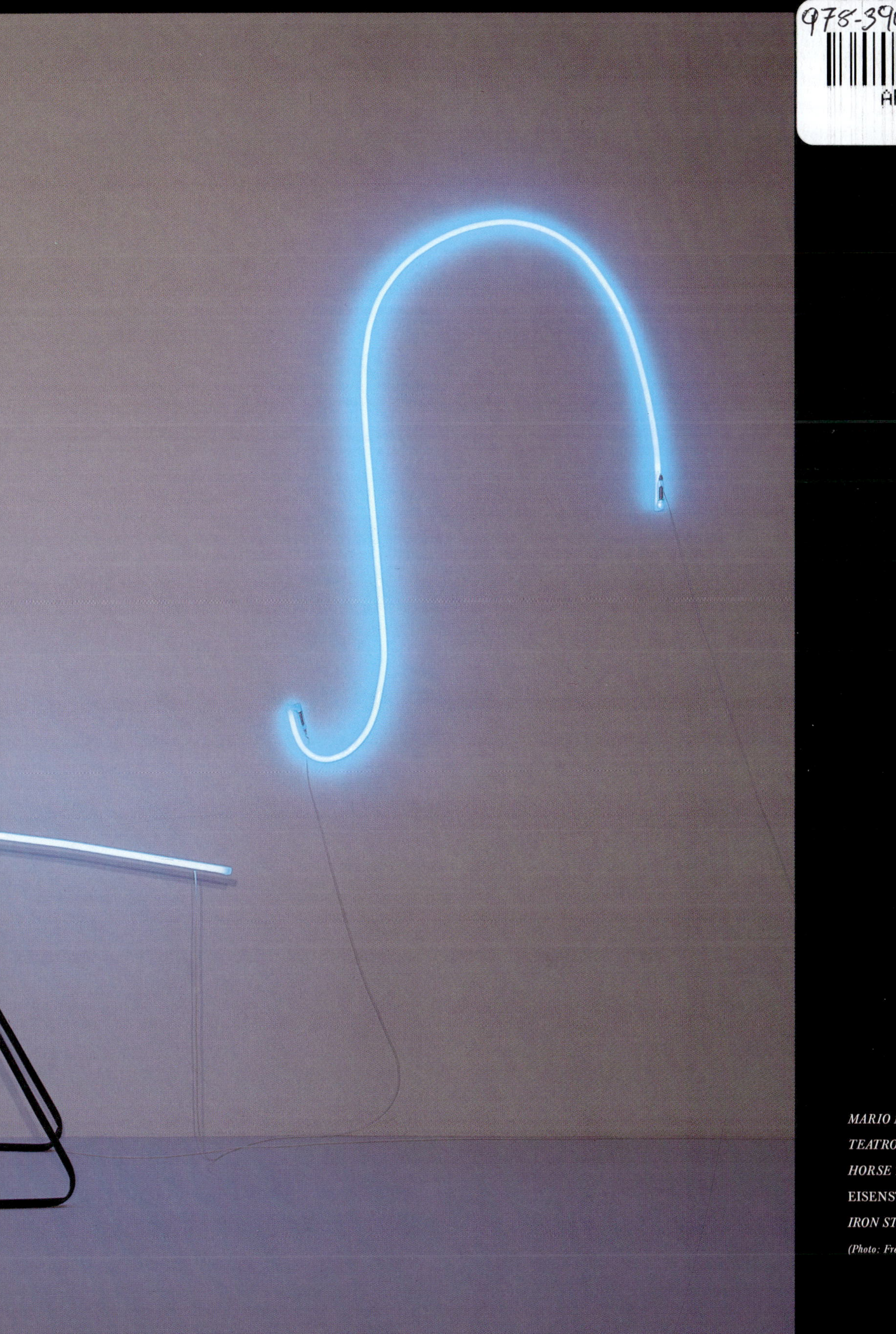

MARIO MERZ,
TEATRO CAVALLO (PFERD THEATER /
HORSE THEATER), 1966,
EISENSTRUKTUR UND NEON /
IRON STRUCTURE AND NEON.
(Photo: Frédéric Delpech)

COLLABORATION MARIO MERZ

JEDE NUMMER DER ZEITSCHRIFT ENTSTEHT IN COLLABORATION MIT EINEM KÜNSTLER, DER EIGENS FÜR DIE LESER VON PARKETT EINEN ORIGINALBEITRAG GESTALTET. DIESES WERK IST IN DER GESAMTEN AUFLAGE ABGEBILDET UND ZUSÄTZLICH IN EINER LIMITIERTEN UND SIGNIERTEN VORZUGSAUSGABE ERHÄLTLICH. FÜR DIESE NUMMER HAT MARIO MERZ EINE RADIERUNG GESCHAFFEN: «OHNE TITEL», AUSSPRENGVERFAHREN, KALTNADEL UND AQUATINTA AUF HAHNE-MÜHLE 300 GR. AUFLAGE: 100 EXEMPLARE, SIGNIERT UND NUMERIERT. GEDRUCKT BEI PETER KNEUBÜHLER, ZÜRICH, JANUAR 1988. PREIS SFR. 680.–.
PARKETT NUMMER 16 ENTSTEHT IN COLLABORATION MIT ROBERT WILSON.

EACH ISSUE OF THE MAGAZINE IS CREATED IN COLLABORATION WITH AN ARTIST, WHO CONTRIBUTES AN ORIGINAL WORK SPECIALLY MADE FOR THE READERS OF PARKETT. THE WORK IS REPRODUCED IN THE REGULAR EDITION. IT IS ALSO AVAILABLE IN A SIGNED AND LIMITED DELUXE EDITION. FOR THIS ISSUE MARIO MERZ CREATED AN ETCHING: "UNTITLED", SUGAR LIFT, DRYPOINT AND AQUATINT ON HAHNE-MÜHLE 300 G. EDITION: 100 IMPRESSIONS, SIGNED AND NUMBERED. PRINTED BY PETER KNEUBÜHLER, ZÜRICH, JANUARY 1988. PRICE US$ 490.00.
ROBERT WILSON WILL BE COLLABORATING ON PARKETT NO. 16.

PARKETT

SCHWEIZER KUNSTZEITSCHRIFT IN DEUTSCHER UND ENGLISCHER SPRACHE ERSCHEINT VIERTEL-JÄHRLICH / *SWISS ART MAGAZINE IN ENGLISH AND GERMAN PUBLISHED QUARTERLY.*
ADRESSE / *ADDRESS:*
PARKETT-VERLAG AG, QUELLENSTRASSE 27, CH-8005 ZÜRICH, TEL. 01/42 81 40
PARKETT PUBLISHERS LTD., 14 WEST 10TH STREET, NEW YORK, N.Y. 10011, PHONE 212/475-0227.
PARKETT-VERLAG AG, MIRIAM WIESEL, SCHWEIZERSTR. 77, D-6000 FRANKFURT A/M. 70, TEL. 069/61 64 22.

HERAUSGEBER/*PUBLISHER*	**REDAKTIONSASSISTENZ USA/**
PETER BLUM	*ASSOCIATE EDITOR USA*
JACQUELINE BURCKHARDT	KAREN MARTA
BICE CURIGER	**ENGLISCHES LEKTORAT/**
DIETER VON GRAFFENRIED	*EDITORIAL ASSISTANT FOR ENGLISH*
WALTER KELLER	CATHERINE SCHELBERT
	KORREKTORIN/PROOF READING
CHEFREDAKTION/*EDITOR*	CLAUDIA MENEGHINI
BICE CURIGER	**SATZ/***COPY*
GRAPHIK/*DESIGN*	ENGLERSATZ AG, ZÜRICH
TRIX WETTER	**LITHOS/***LITHOGRAPHIE*
VERLAGSASSISTENZ/	LITHO AG, AARAU
PUBLISHER'S ASSISTANT	**DRUCK/***PRINTING*
ELEONORE VON GRAFFENRIED	BUCHDRUCKEREI STÄFA

INSERATE/*ADVERTISEMENTS:* «PARKETT»-VERLAG AG, ZÜRICH
JAHRESABONNEMENT / *ANNUAL SUBSCRIPTION:* SFR. 80.–/DM 98,–/$ 63.00 *(AIR MAIL POSTAGE INCLUDED)*

SPECIAL THANKS TO
SPERONE WESTWATER GALLERY IN NEW YORK, GALERIA CHRISTIAN STEIN IN MILAN
AND MARKUS RAETZ IN BERN.

Hiermit bestelle ich folgende Parkett-Publikationen:

_____ Ex. ERIK BULATOV Erstpublikation über den Moskauer Maler, 1988, 94 Seiten, 20 ganzseitige Farbabbildungen, Format 21×27 cm. Mit Beiträgen in deutscher Sprache von Erik Bulatov, Viktor Misiano, Wsewolod Nekrassow, Bice Curiger, Claudia Jolles.

The first publication on the soviet painter Erik Bulatov, 94 pages with 20 full-page colour reproductions and various texts in German.

Ausstellungskatalog / Exhibition catalogue: Kunsthalle Zürich, Portikus Frankfurt, Bonner Kunstverein, Centre Georges Pompidou.

SFr. 28.– (zuzüglich Versandkosten / postage, package not incl.)

_____ Ex. «EIN GESPRÄCH – UNA DISCUSSIONE» Joseph Beuys, Jannis Kounellis, Anselm Kiefer, Enzo Cucchi.

Neuauflage des Basler Gesprächs von 1985. Deutsch-italienische Version. Herausgegeben von Jacqueline Burckhardt, 303 Seiten, 2. Auflage, 1988.

New edition of the Basle debate in German and Italian.

ca. SFr. 45.– (zuzüglich Versandkosten / postage, package not incl.)

Datum: _________________ Unterschrift: _________________________________

PETER BLUM EDITION
BOOKS

_____ copies / Ex.	ENZO CUCCHI	Sparire – Entschwinden – Disappearing	SFr. 30.–
_____ copies / Ex.	BRICE MARDEN	Etchings to Rexroth	SFr. 78.–
_____ copies / Ex.	JAMES TURRELL	Mapping Spaces	SFr. 78.–
_____ copies / Ex.	MARIO DIACONO	Iconographia coelestis	SFr. 98.–
_____ copies / Ex.	ENZO CUCCHI	La ceremonia delle cose	SFr. 38.–
_____ copies / Ex.	ALEX & VINCENT KATZ	A Tremor in the Morning	SFr. 480.–
_____ copies / Ex.	BICE CURIGER	LOOKS et tenebrae	SFr. 28.–
_____ copies / Ex.	ANSELM STALDER	Der Umfang des Fassungsvermögens / The Limits of Perception	SFr. 68.–

Date / Datum: Signature / Unterschrift:

_____________________________   _____________________________

Prices subject to change / Änderungen vorbehalten   Postage not included / zuzüglich Versandkosten

PARKETT KUNSTZEITSCHRIFT / ART MAGAZINE

NAME:

ADDRESS /
ADRESSE:

CITY / STADT:

COUNTRY / LAND:

PLEASE STAMP
BITTE
FRANKIEREN

«PARKETT»-VERLAG AG

QUELLENSTRASSE 27

CH-8005 ZÜRICH

SWITZERLAND

PARKETT KUNSTZEITSCHRIFT / ART MAGAZINE

NAME:

ADDRESS /
ADRESSE:

CITY / STADT:

COUNTRY / LAND:

PLEASE STAMP
BITTE
FRANKIEREN

«PARKETT»-VERLAG AG

QUELLENSTRASSE 27

CH-8005 ZÜRICH

SWITZERLAND

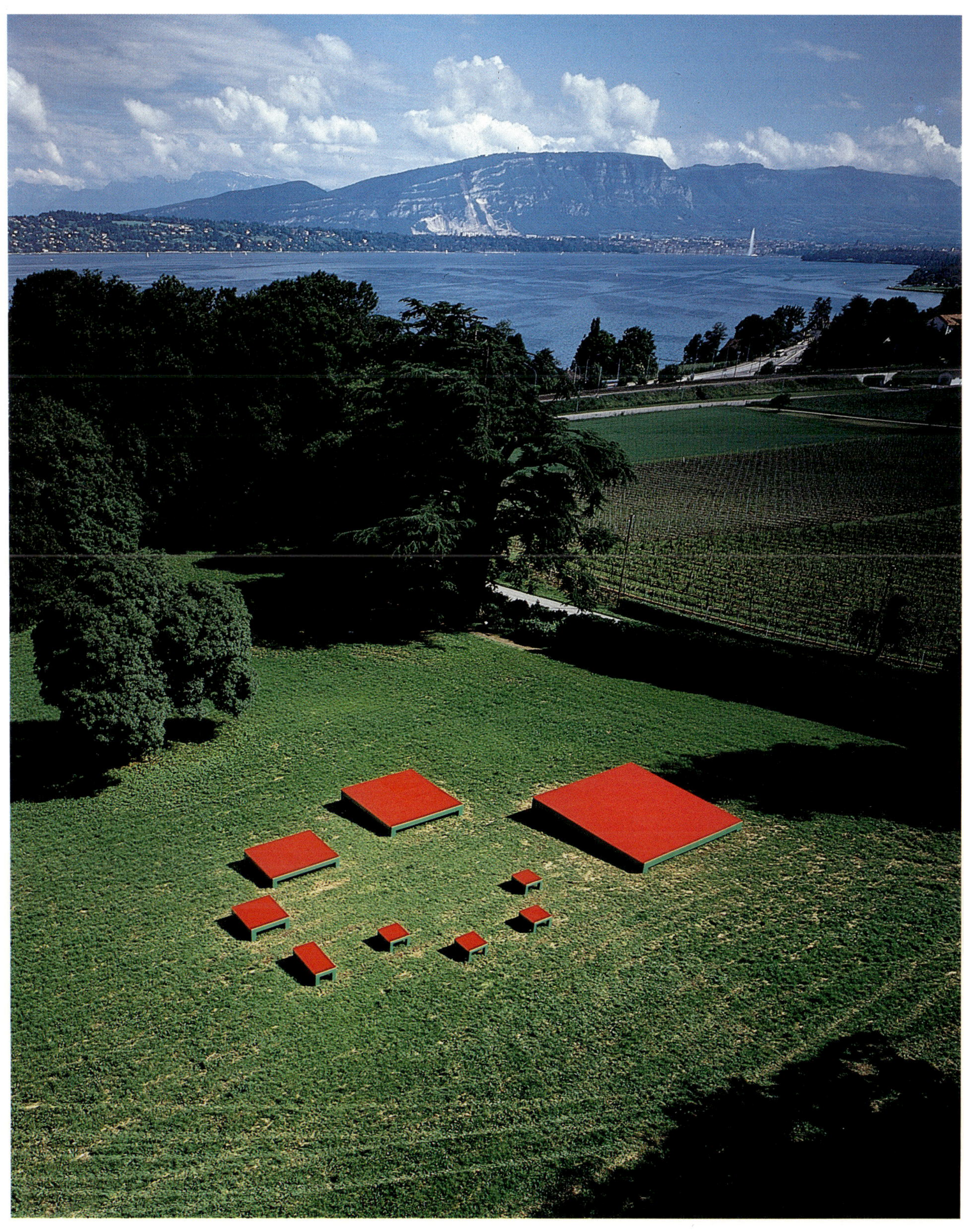

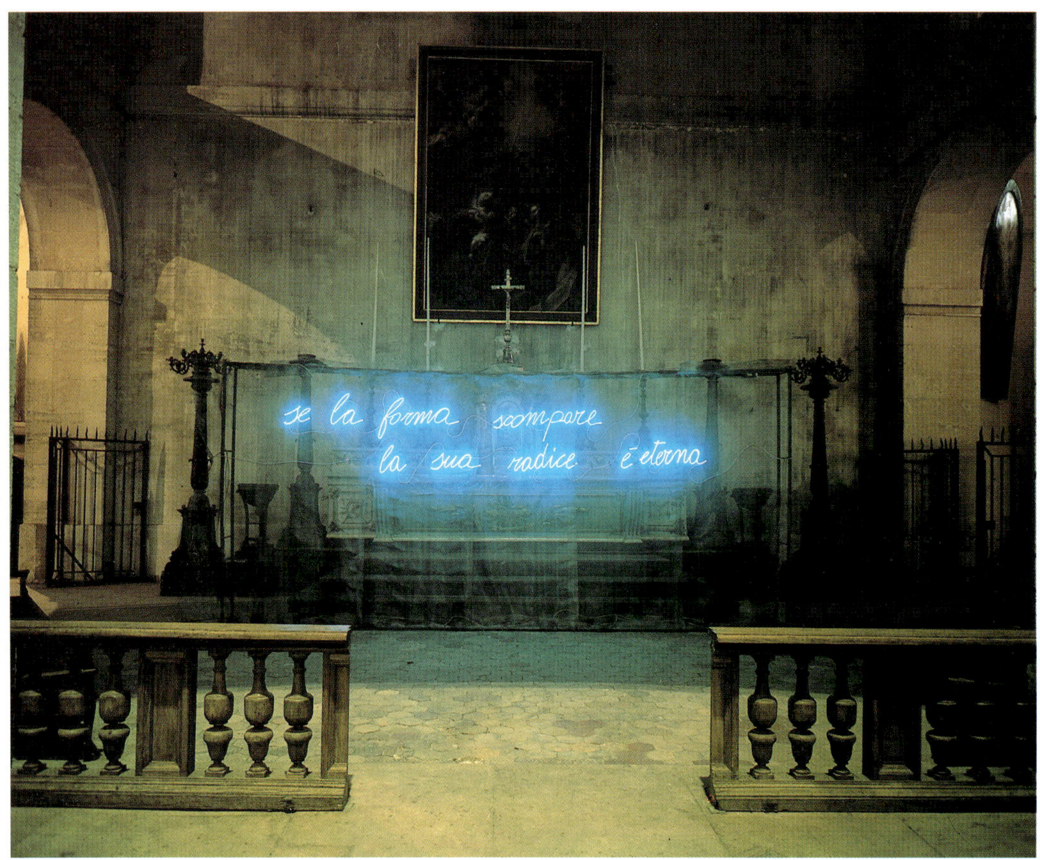

MARIO MERZ, SE LA FORMA SCOMPARE, LA SUA RADICE È ETERNA

(WENN DIE FORM AUCH VERGEHT, BLEIBT IHRE WURZEL DOCH IMMERWÄHREND /

WHEN THE FORM DISAPPEARS, THE ROOT IS ETERNAL), 1982.

INSTALLATION: CHAPELLE DE LA SALPÊTRIÈRE PARIS, 1987.

(Photo: Salvatore Licitra)

GILLES PERESS

MAX KOZLOFF

AND THE POLITICS OF SPACE

Where others can only quote from them, Peress actually studied under Michel Foucault and Edouard Balibar in Paris, fifteen years before those theoreticians became demigods in art discourse. Learning from such teachers convinced him that words were indeed increasingly dissociated from any correspondence with reality. But this was a cultural malaise, he thought, that the professors themselves illustrated. Peress, a young social activist from the days of '68, recoiled from the academy. Eventually he considered that the camera might be a means of coming to terms with the textures, events, and import of the world. One can imagine such a person being impressed by photography's specific power as a material witness (though it then had few serious publishing outlets). By a fluke, as he supposes, he was accepted into the ranks of the Magnum agency, in 1972, despite his lack of professional photojournalistic experience. Years passed and knowledge was gained. Among so many others, Peress was sent, or took himself to the usual

MAX KOZLOFF, is a photographer and a writer on photography whose latest book is "The privileged Eye," The University of New Mexico Press.

international hot spots and murder zones at times of crisis. Recently concluding a term as president of Magnum, he looked forward to full-time action in the field, only to be brought back to doubts he's long had about the word "photojournalism," how to define it, and how it may, but most likely d o e s n ' t, apply to the kind of work he does.

Hardly any of the responses to Peress's famous book TELEX IRAN (1983) have signaled its textual singularity as a clue to such doubts. The editors themselves point to their use of captions of telexes between the photographer in Iran and agents in Paris and New York as data that indicate the "distortions... the incomprehension, the venality of the process of collecting and diffusing information." We have no reason to doubt the existence of such things, but the telexes don't spell them out, not any more than Peress's images "explain" the American hostage crisis during the Khomeini takeover. Instead, we learn that negotiations to feature some of these pictures fell through at LIFE, or that the photographer worried that right-wing editors would use the wrong captions. What normally goes on only behind the scenes and is part of media market competition is blended into the overt program of the book. Occasionally a photographer's account of his or her personal experience accompanies the pictorials in articles or books. But works of photojournalism had not previously used documentary scraps of their own material and commercial difficulties to distract from pictorial content – as this one seems to have done.

The Iran photographs themselves are perhaps too moody, disjunctive, and artful to have appealed to picture editors known for their taste for banal exposition. Peress's angles are often tipped. Shadows reach out with ominous extravagance. Imbalances between trivial and significant detail confuse the narrative sense. Rather than outright news, the pictures convey what it feels like to be tossed about in a revolutionary environment within alien crowds. Gradually there comes through a disgust with the regime of the mullahs, whose icons reflect the scowls of pallbearers and armed men – the tense, lumpen masses of the new theocracy. All of this has the air of a story that found no buyers and didn't get out. The captions evoke a certain helplessness vis-à-vis the photographer's own system, while the pictures register his vulnerability in the Iranian moment. TELEX IRAN finally appeared on our horizon as an oversized, modestly priced art book dripping with historical information that exposes its own inutility.

In current jargon, the project was "selfdeconstructed," though a historical development contributed as much as a conscious strategy to this outcome. As suppliers of media visual products, photojournalists had seen the standards for their work publicly leveled as the qualifications – and private awareness – of a few of them increased. Since the upwardly mobile Eugene Smith in the 'fifties, editors and distributors have resisted the idea that photojournalism had any higher calling than reportage. They bristle particularly at the essay form, or any equivalent of it, which allows for extended comment and subtle truths. It must nevertheless have bothered some of the photographers that such truths could only be founded on the basis of egocentric observation – which violates the credo of journalistic objectivity. They had not been given a mandate to express their opinions, but to gather certain "facts," according to institutional criteria.

The Magnum agency has bred more dissenters from this state of affairs than other photo co-ops or collectives. But even in the Magnum files, one will not find any heading for Peress or Richards or Branco. To discover their work, one has to look under, say, Iran, hospitals, or Brazil. The Magnum outfit does business by selling illustrations to topics, of which it must have extensive coverage. Many pictures are made; few are chosen. However they may inform us, it's important to realize that most news photographs are understood to reflect no one's experience in particular. Such images are inserted into texts nominally as guides or corollaries to written material, though more often as necessary breaks in it, to refresh the winded reader. It can easily be seen what an affront to this practice is presented by photographers who insist that they have the stories in their heads, or even worse, that until it is visualized there is no story.

They generate work that presses home its advantages of tactility and immediacy of local encounter – so much so that words seem inadequate to deal with the atomized narrative structure that is implied. The randomness of the photographic presence – everywhere and nowhere – is at odds with the inevitably linear sequence of news copy. Compared to standard texts, the photographs of people like Peress have no defined entrances or exits. They act only as frames for ongoing developments, seen by one individual with his or her arbitrary set of reflexes. Magnum photographers often, in fact, show themselves as wayward optical egos who appear to diverge from the corporate rule all the more as they become monsters of investigation.

The two outstanding theaters of Peress's career have been Teheran, with other Iranian locales (briefly), and Belfast, the site of his first serious assignment, to which he's returned ten times in sixteen years. A viewer is impressed, in the choice of these two places, by their kinship in violence, and the way lines are drawn irrevocably between an "us" and a "them," determined through physical vantage. Peress freely crosses over these lines, identifying temporarily with one group's perception or another's, but without pleading anyone's case. He's continually observant of the degrees to which religious indoctrination and political propaganda fuse in the consciousness of besieged groups. <u>The photographs are made to witness the toll upon a community of exactly that kind of consciousness – of minds under siege.</u>

But in Iran, the social space is entirely transformed by mass rituals and demonstrations, so that the life of the people is understood as a kind of thrust or surge. This transgressive possibility produces an environment which quickly seems to fill any public space with figures gathered up in their cause. There is no vacancy in Teheran that is not also a staging area. In contrast, life goes on quite placidly and sometimes with drollery behind and between the scenes of the "troubles" of Northern Ireland. Families allowed this French visitor into their homes; nor was he a stranger to their pubs. Domestic spaces of memory and leisure transmit to the viewer a sense of what the Northern Irish, Catholic and Protestant maintain with affection in their private lives. On the other hand, the scarred neighborhoods and public streets of Belfast strike us as places where matter itself is afflicted. One picks up the sinister interplay between the interior communities and the failure of the larger, external community. Outside the home, in the urban setting, the camera records real desolation. Large sections of Belfast of course resemble decayed working-class and industrial precincts. But they go further than that. They look like no-man's-lands, flanked by closed doors. When groups appear, their activity is distorted – so that children's play is a premonition of war, not to mention the way adults do real battle with each other. And there are too many funerals.

Belfast funerals, as Peress sees them, fall into two categories: military and elegiac. Certainly he was given access to the former so as to further news of Catholic resistance in Protestant Northern Ireland to the outside world. When comrades of the fallen one wear ski masks, and the guard of honor shoots off its pistols, resistance and death are shown to feed on each other. Another martyr joins ranks with those who have preceded him and those to come. Peress's position is authorized as someone who might do the Catholics good – a publicist of their sacrifice. But there are several occasions when the mourners troop out behind the hearse, and it is as if instead of being elevated to the status of a hero in a struggle, the lost human life is remembered for what it was. Here, it would have been appropriate for the photographer to be tactful, which he is, without any decrease of invention. Something is made to intervene in the picture foreground – a hedge or the moldering statue of a sleeping cherub – so that the survivors are cut off, in a zone we're unable to reach. For its part, the militant funeral demanded spectator proximity, but was meant to be a ritual of tribal vengeance. The photographer was with the participants, but not o f them. It's the other way around in the civic funeral. There, a physical barrier or an oblique view only reinforces an effect of emotional solidarity with the event. This kind of framing realizes itself as a lonely view that is extended, perhaps out of its own introspection, into the grief of its subjects.

Over the years, a number of Peress's Irish photographs have appeared in periodicals, and have therefore contributed to normal journalistic flow. But I think that though in the aggregate they are motivated by journalism, they are also removed from it. His curiosity becomes almost narcissistic and is crafted for its own sake, far in excess of its genre function. This imagery overflows with, and opens up precipitous ideas about space, yielding an endless repertoire of dislocations. For example, a narrative business may be squeezed off laterally to one side of the frame, as if the photographic regard had chased off in the wrong direction. A viewer is alerted to the eruptive character of the action in perceiving how the picture has been nervously constructed. Just as often, there are implications of pressure in the d e p t h of the shot, as when projectiles are hurled from foreplane to back, or vice versa. This is not just ground that is covered, but territory that is violated, with the result that

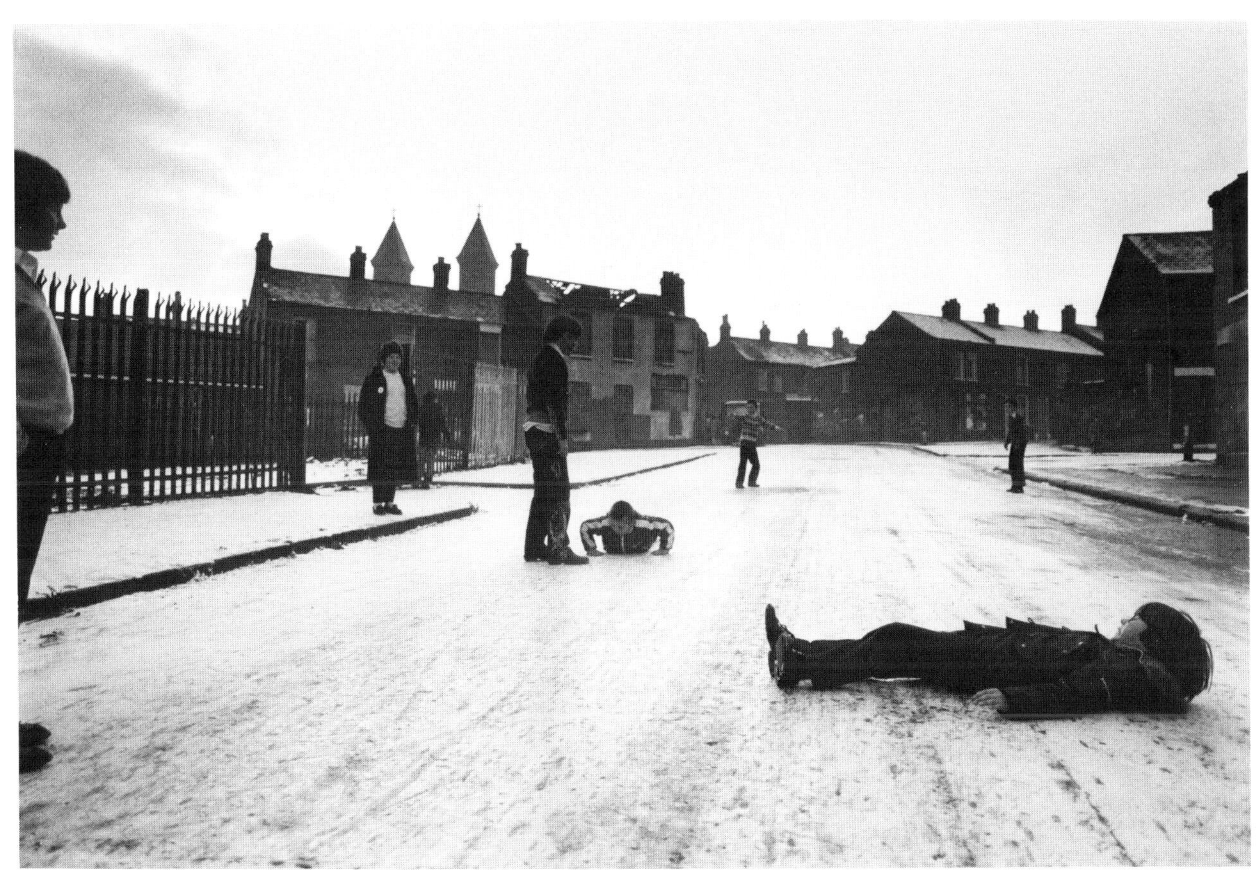

the very depiction of space is inevitably caught up in politics.

Almost as if to socialize this issue, a particular kind of questioning face appears in these photographs. It belongs to someone who wonders why Peress is there and what he's up to. This entirely pictorial phenomenon – having to do with sightliness – reflects the displeased consciousness of subjects being observed, while it simultaneously locates the point of observation. A text can rarely convey the discomfort of such micro-exchanges, which necessarily include the viewer. Peress's record is made volatile by them as he moves through charged scenes. In Iran, people looked back with a general suspicion. In Ireland, the faces are more modulated because Peress himself is playing a greater number of roles. If his subjects there had recognized him as an artist, would they have behaved differently? And if we sensed in these pictures their deep journalistic mission, would we think them any the less expressive?

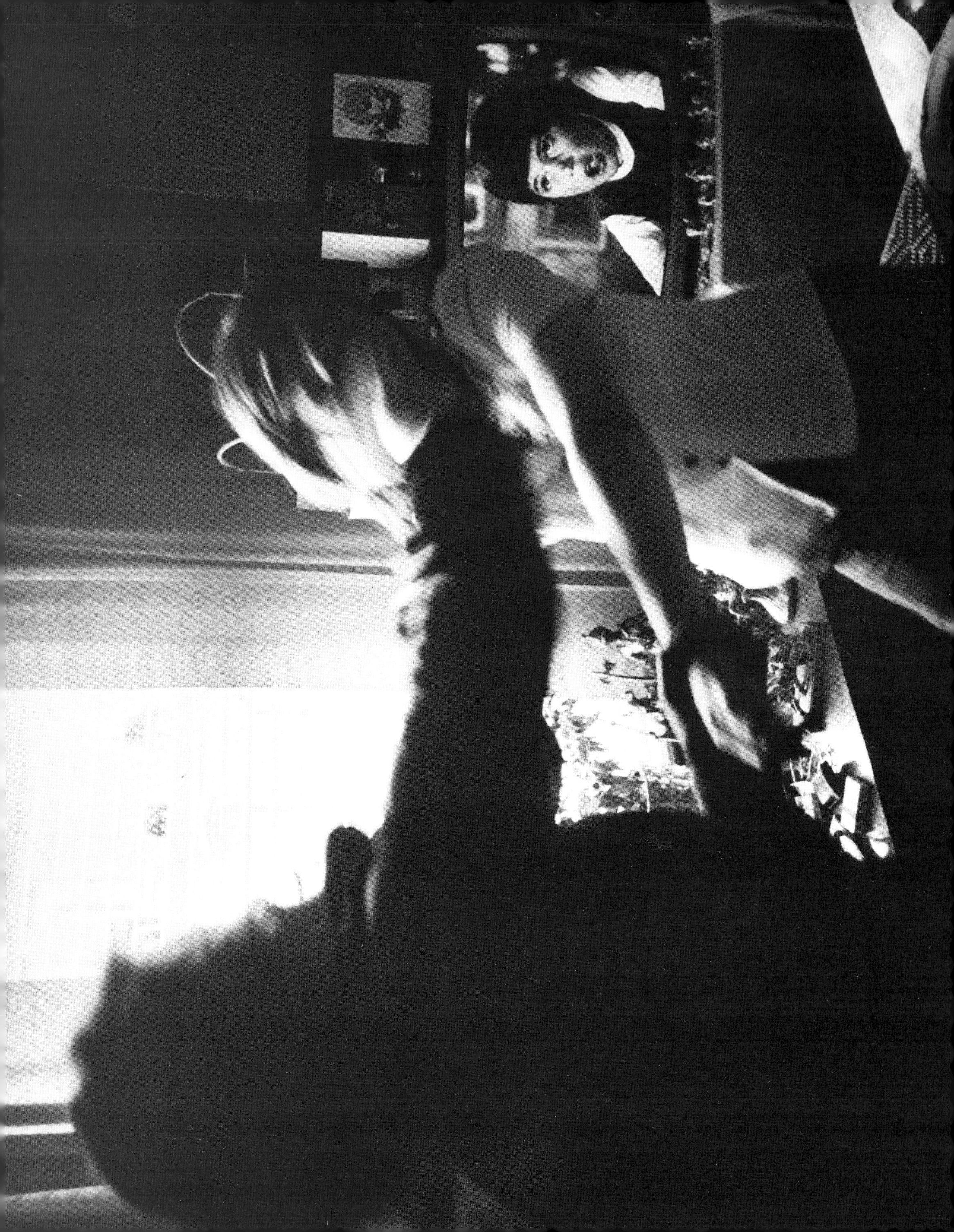

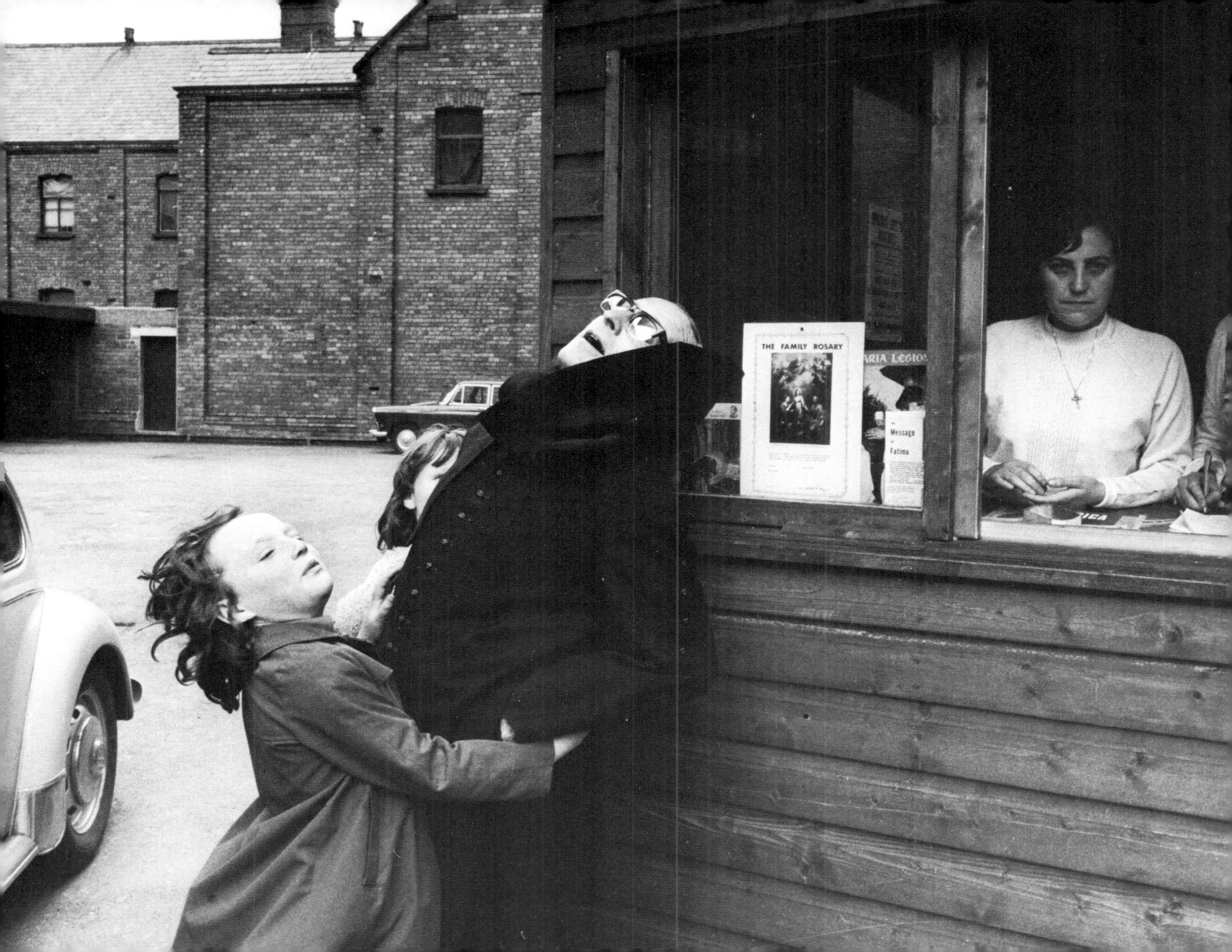
THE FAMILY ROSARY
MARIA LEGION
Message of Fatima

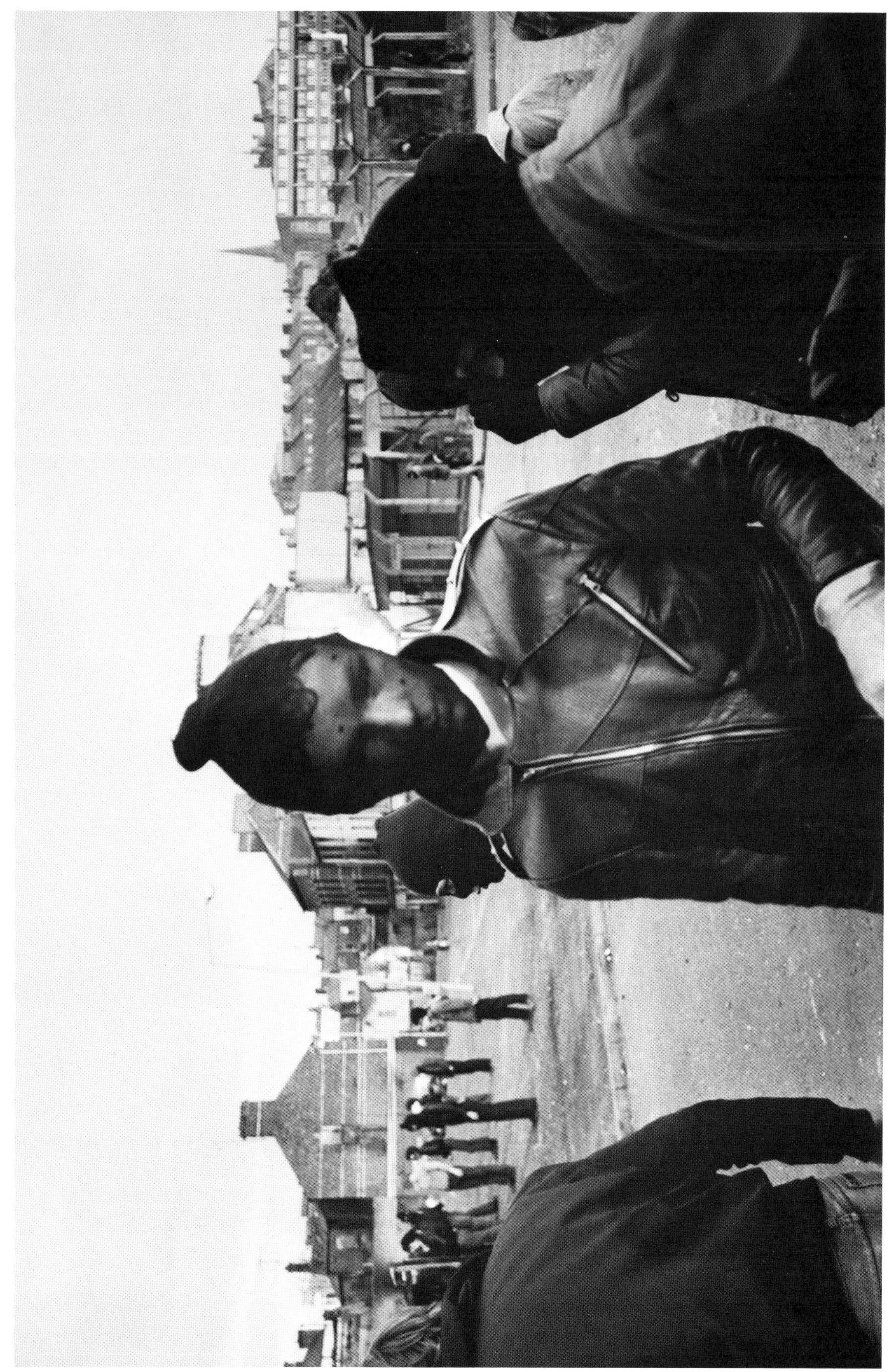

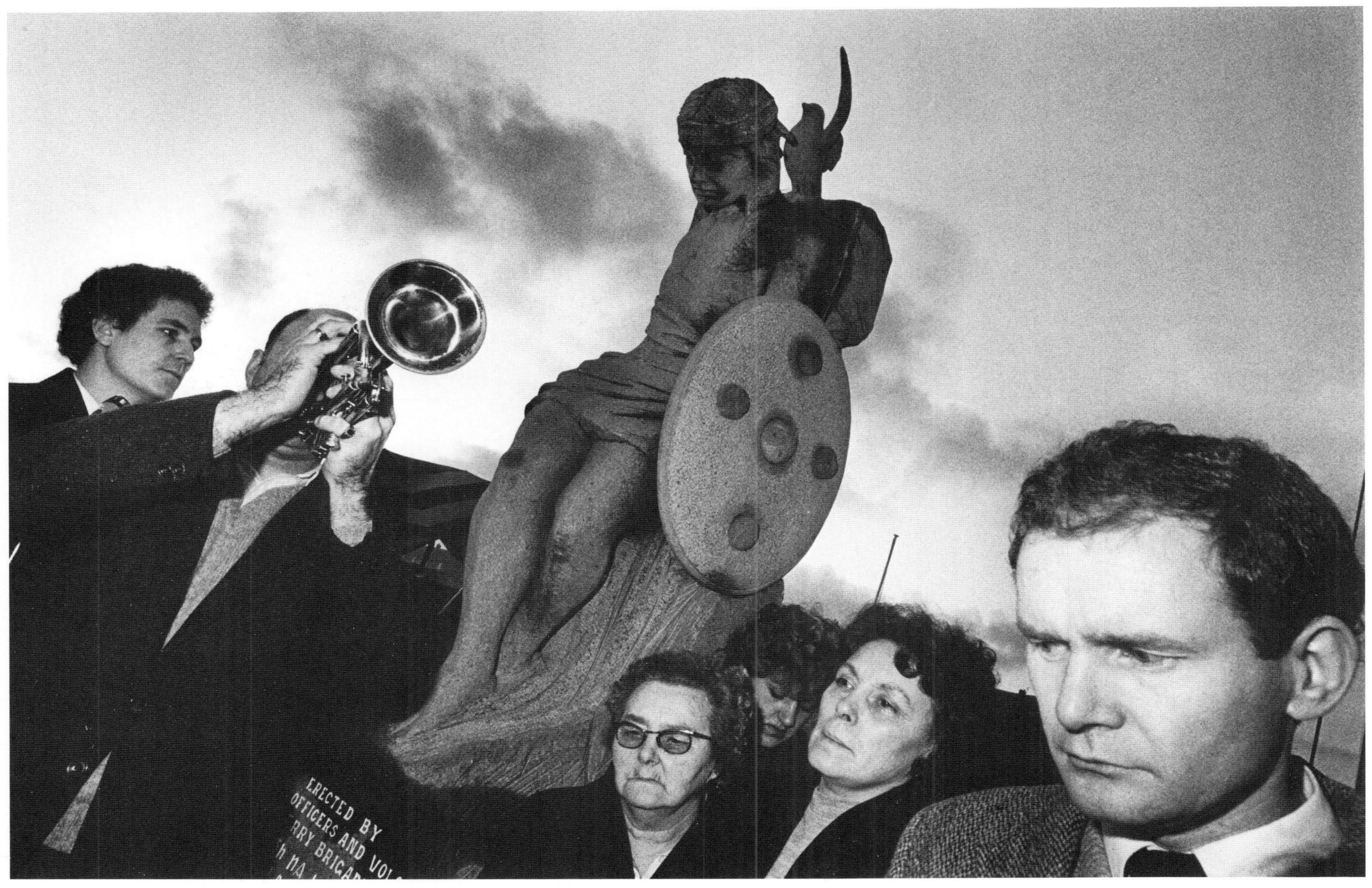

ERECTED BY
OFFICERS AND VOL
RRY BRIGAD

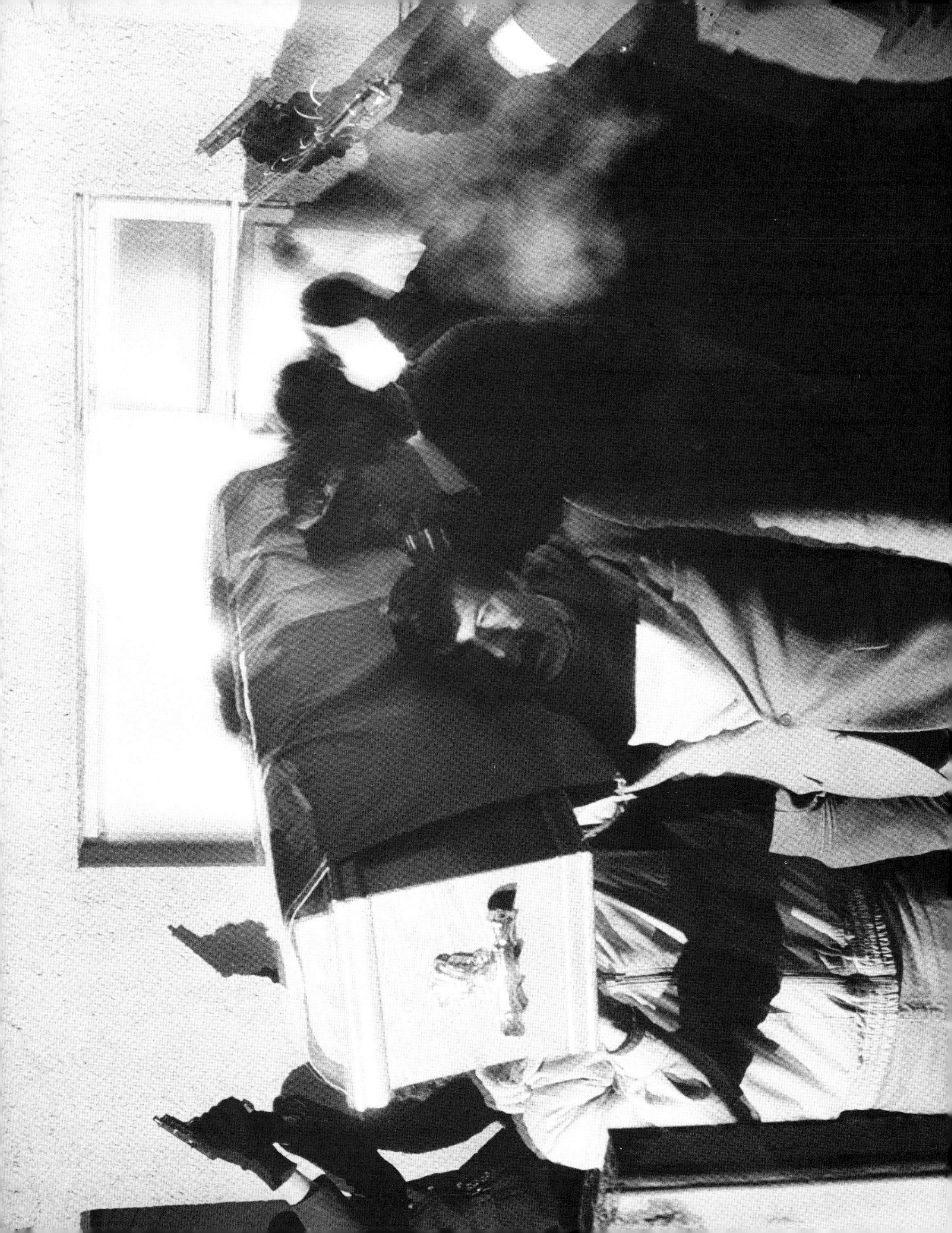

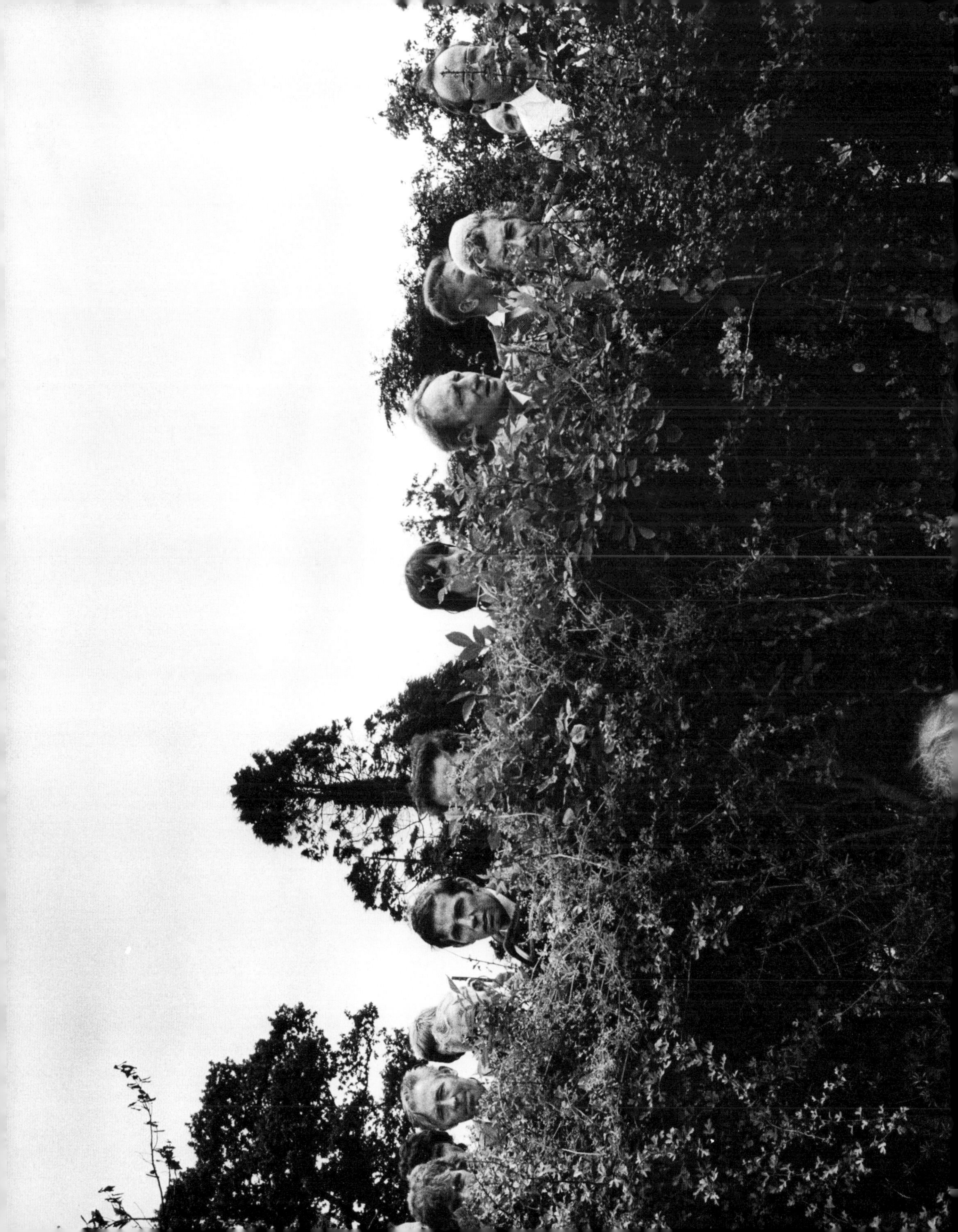

GILLES PERESS

MAX KOZLOFF

UND DIE POLITIK DES RAUMES

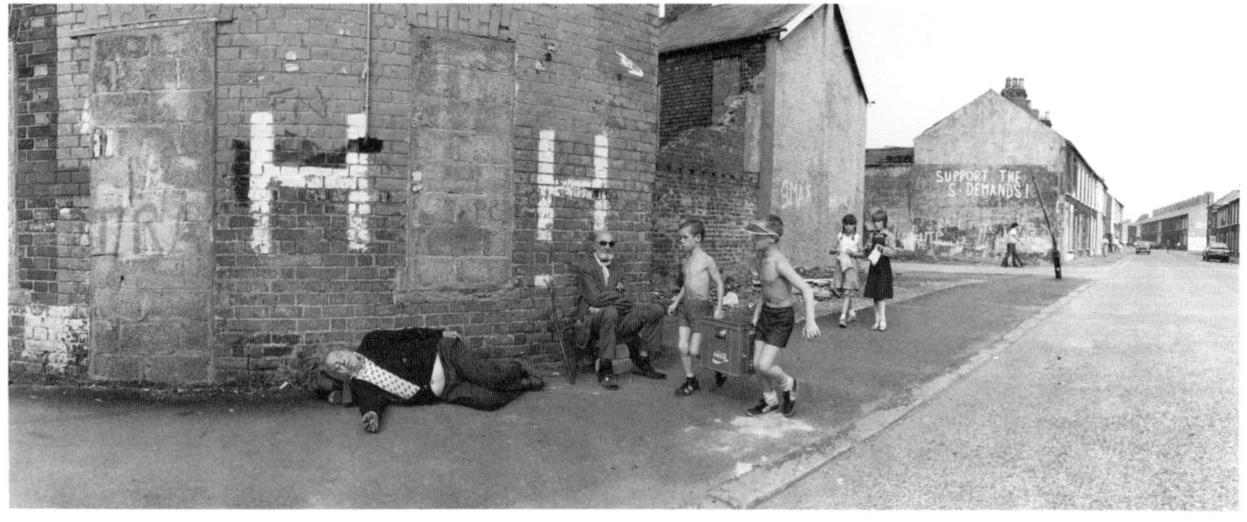

SHORT STRAND, SUMMER / SOMMER, BELFAST 1984

Wo andere sie nur zitieren können, hat Peress in Paris bei Michel Foucault und Edouard Balibar wirklich studiert, fünfzehn Jahre, bevor diese Theoretiker zu Halbgöttern der Kunstdiskussion wurden. Und indem er von solchen Lehrern lernte, wurde in ihm die Überzeugung geweckt, dass Wörter und Begriffe sich tatsächlich zunehmend von jedem Bezug zur Wirklichkeit lösten. Doch war dies ein kulturelles

MAX KOZLOFF ist Photograph und schreibt über Photographie. 1987 erschien von ihm das Buch: «The Privileged Eye», The University of New Mexico Press, Albuquerque.

Malaise, dachte er, das die Professoren selbst illustrierten. Peress, ein junger engagierter Aktivist aus den 68er Tagen, zog sich von der Akademie zurück. Vermutlich stellte er Betrachtungen darüber an, dass die Kamera ein Mittel sein könnte, um mit den Strukturen, den Ereignissen und der Bedeutung der Welt klarzukommen. Man kann sich vorstellen, wie sehr eine solche Person von der spezifischen Macht der Photographie mit ihrer konkreten Beweiskraft beeindruckt war (auch wenn es damals wenige seriöse Veröffentlichungsmöglichkeiten gab). Durch einen Glücksfall, wie er annimmt, wurde Peress trotz seiner mangelnden photojournalistischen Erfahrung 1972 in die Agentur Magnum aufgenommen. Jahre vergingen, und Wissen wurde gesammelt. Wie so viele andere auch, wurde Peress in Krisenzeiten an die üblichen Gefahrenherde und Kampfschauplätze geschickt oder ging auf eigene Faust. Nachdem er vor nicht allzulanger Zeit eine Amtsperiode als Präsident von Magnum abschloss, sah er einer vollberuflichen Betätigung auf diesem Gebiet entgegen, um jedoch auf lange gehegte Zweifel hinsichtlich des Begriffs «Photojournalismus» zurückgeworfen zu werden; wie dieser zu definieren ist und wie er auf die Arbeit, die Peress tut, anzuwenden wäre, wahrscheinlich aber meist n i c h t angewendet wird.

In kaum einer der Reaktionen auf Peress' berühmtes Buch TELEX IRAN (1983) wurde auf dessen textliche Eigenwilligkeit als einem Schlüssel zu derlei Zweifeln aufmerksam gemacht. Die Herausgeber selbst verweisen auf die Bildlegenden – zitierte Telex-Übermittlungen zwischen dem Photographen im Iran und Agenten in Paris und New York – als Daten, die die «Entstellungen andeuten ... das Nichtbegreifen, die Bestechlichkeiten eines Verfahrens, Informationen zu sammeln und zu verbreiten». Wir haben keinerlei Grund, das Vorhandensein solcher Dinge anzuzweifeln, aber die Telex-Übermittlungen erklären sich nicht ausdrücklich, ebensowenig wie Peress' Bilder das amerikanische Geiseldrama während der Khomeini-Machtübernahme «verständlich machen». Statt dessen erfahren wir, dass Verhandlungen mit LIFE, einige dieser Bilder zu publizieren, fehlschlugen oder dass der Photograph sich Sorgen machte, rechtsgerichtete Redakteure könnten die falschen Bildlegenden verwenden. Was sich normalerweise hinter den Kulissen abspielt und Teil des Medienwettbewerbes ist, wird vordergründig Teil des Buchkonzeptes. Es ist üblich, dass Abbildungen in Artikeln oder Büchern von einem persönlichen Erfahrungsbericht des Photographen oder der Photographin begleitet werden. Aber Werke des Photojournalismus hatten bis anhin keine Bruchstücke dokumentarischen Materials und Beweise kommerzieller Schwierigkeiten verwendet, um vom Bildinhalt abzulenken – wie Peress' Publikation dies zu tun scheint.

Die Iran-Photos an sich sind vielleicht zu schwermütig, heterogen und kunstvoll, um bei den Bild-

redakteuren mit ihrem Geschmack für banale Schaustellung Anklang zu finden. Peress' Bildwinkel sind häufig leicht gekippt. Mit verhängnisvoller Extravaganz breiten Schatten sich aus. Unausgewogenheiten zwischen trivialem und wesentlichem Detail stören den narrativen Tenor. Anstelle vorbehaltloser Nachrichten, vermitteln die Bilder vielmehr, wie es ist, unter revolutionären Bedingungen inmitten fremder Menschenmassen hin und her gestossen zu werden. Nach und nach wird ein Gefühl des Abscheus gegen das Regime der Mullahs spürbar, deren Symbole die düsteren Gesichter von Sargträgern und bewaffneten Männern widerspiegeln – die gespannten, zerlumpten Massen der neuen Theokratie. All dies hat den Anschein einer Story, die keine Käufer fand und nicht herauskam. Die Bildlegenden rufen eine gewisse Hilflosigkeit gegenüber dem System der Photographen hervor, indes die Bilder seine Verwundbarkeit in der iranischen Situation protokollieren. Endlich erschien TELEX IRAN als überformatiges, im Preis bescheidenes Kunstbuch an unserem Horizont, triefend von historischen Informationen, die seine eigene Nutzlosigkeit aufdeckten.

In gegenwärtigem Jargon ausgedrückt war das Projekt «selbst-dekonstruierend», obwohl eine historische Entwicklung zu diesem Resultat ebensoviel beitrug wie eine bewusste Strategie. Als Lieferanten visueller Medienprodukte hatten Photojournalisten gesehen, wie die Massstäbe für ihre Arbeit öffentlich angehoben wurden, indem die Qualifikationen – und die private Bewusstheit – einiger von ihnen zugenommen hatten. Seit dem sozial aufsteigenden Eugene Smith in den fünfziger Jahren haben sich Herausgeber und Verteiler dem Gedanken widersetzt, dass der Photojournalismus irgendeine höhere Berufung habe als die Reportage. Sie sträuben sich, insbesondere gegen die Essayform oder irgendein Äquivalent, die ausführlichen Kommentar und subtile Wahrheiten berücksichtigen. Einige der Photographen muss es in Verlegenheit gebracht haben, dass derlei Wahrheiten nur auf der Grundlage egozentrischer Beobachtung gefunden werden konnten – was dem Credo journalistischer Objektivität zuwiderläuft. Sie hatten nicht den Auftrag erhalten, ihre Ansichten zum Ausdruck zu bringen, sondern – institutionsmässigen Kriterien entsprechend – bestimmte «Facts» zu sammeln.

Die Agentur Magnum hat, von dieser Sachlage ausgehend, mehr Andersdenkende hervorgebracht als andere Photokooperativen oder -kollektive. Aber selbst in der Magnum-Registratur wird man keine Peress- oder Richards- oder Branco-Rubrik finden. Um ihre Arbeiten zu entdecken, muss man, sagen wir, unter «Iran, Krankenhäuser» oder «Brasilien» nachsehen. Die Magnum-Mannschaft verdient ihr Geld dadurch, dass Sie Illustrationen zu Themen verkauft, zu denen sie ausführliches Material bereithalten muss. Viele Bilder werden gemacht, wenige genommen. Wie auch immer sie uns informieren, es ist wichtig zu wissen, dass die meisten Pressebilder so verstanden werden, dass sie nicht die Erfahrung eines einzelnen widerspiegeln. Derlei Bilder werden nominell als Wegzeichen oder Zusatz zu geschriebenem Material in Texte eingefügt, wenn auch häufiger als notwendige Unterbrechungen, um den erschöpften Leser zu erfrischen. Es ist leicht ersichtlich, welch einen Affront gegen diese Praxis Photographen begehen, die darauf bestehen, dass sie die Stories in ihren Köpfen haben oder, schlimmer noch, dass – bis sie visualisiert ist – es gar keine Story gibt.

Diese Photographen produzieren Bildwerke, die das Taktile und Unmittelbare einer Begegnung vor Ort als Vorteil ausspielen – in einem Masse, dass Wörter unzulänglich erscheinen, um die atomisierte Erzählstruktur einzufangen, die stillschweigend mit enthalten ist. Die Zufälligkeit photographischer Präsenz – «überall und nirgends» – liegt mit der unvermeidlich linearen Abfolge von geschriebenem Nachrichtenmaterial im Streit. Verglichen mit Standardzeitungstexten verfügen Photos von Leuten wie Peress über keine bestimmten Zu- oder Ausgänge. Sie dienen lediglich als Rahmen für fortlaufende, von einer Einzelperson mit ihren willkürlichen Reflexen wahrgenommene Entwicklungen. Tatsächlich erweisen Magnum-Photographen sich als unberechenbare optische Egos, die vom Kollektiv um so mehr abzuweichen scheinen, je mehr sie zu Nachforschungsmonstern werden.

Die beiden prominenten Kriegsschauplätze in Peress' Karriere waren Teheran, einschliesslich (kurz besuchter) anderer iranischer Schauplätze, und Bel-

fast, jener Ort seines ersten ernsthaften Auftrags, an den er in sechzehn Jahren zehnmal zurückkehrte. Der Betrachter ist von der Wahl dieser beiden Orte beeindruckt – von ihrer Verwandtschaft hinsichtlich der Gewalt und der Art und Weise, wie zwischen einem «Wir» und einem «Sie» unwiderrufliche Trennungslinien gezogen werden, die durch physischen Vorteil bestimmt sind. Peress überschreitet diese Linien unbehindert und identifiziert sich vorübergehend mit der Sichtweise der einen oder anderen Gruppe, ohne jedoch für die Sache irgendeiner Gruppe einzutreten. Ununterbrochen beobachtet er das Ausmass, in dem religiöse Indoktrination und politische Propaganda im Bewusstsein belagerter Gruppen verschmelzen. *Die Photos wurden gemacht als Zeugnisse einer Art von Bewusstsein, das einer Gemeinschaft auferlegt ist als Opfer – ein Bewusstsein von Menschen im Belagerungszustand.*

Aber im Iran wurde der soziale Raum durch Massenrituale und Demonstrationen völlig umgewandelt, in der Weise, dass das Leben des Volkes als eine Art Vorstoss oder Aufwallen verstanden wird. Diese Möglichkeit des Übertretens erzeugt äussere Lebensbedingungen, die rasch jeden öffentlichen Raum mit Menschen zu füllen scheinen, die sich um ihrer selbst willen versammelt haben. In Teheran gibt es kein freies Gelände, das nicht auch ein Sammelraum ist. Im Gegensatz dazu verläuft das Leben hinter und zwischen den «Schwierigkeiten» Nordirlands ziemlich gelassen und zuweilen von Possen begleitet. Familien gewährten diesem französischen Besucher Einlass in ihr Zuhause; auch in ihren Pubs war er kein Fremder. Häusliche Räume der Erinnerung und Musse vermitteln dem Betrachter ein Gefühl dessen, was die Bewohner Nordirlands, Katholiken und Protestanten, in ihrem Privatleben liebevoll aufrechterhalten. Auf der anderen Seite machen uns die verunstalteten Gegenden und öffentlichen Strassen von Belfast betroffen, und zwar als Orte, wo Materie selbst gepeinigt ist. Man erfährt von dem finsteren Wechselspiel zwischen den inneren Gemeinschaften und dem Versagen der grösseren, äusseren Gemeinschaft. Ausserhalb der Häuser, im städtischen Handlungsraum, fängt die Kamera wirkliche Verwüstung ein. Natürlich ähneln weite Teile Belfasts heruntergekommenen Arbeiter- und Industriebezirken. Aber sie gehen weiter als das. Sie sehen aus wie mit geschlossenen Türen versehenes Niemandsland. Wenn Gruppen auftauchen, ist ihre Aktivität entstellt – so dass Kinderspiele eine Vorahnung des Krieges sind, ganz zu schweigen von der Art und Weise, wie Erwachsene wirklich kämpfen. Und es gibt zu viele Begräbnisse.

Wie Peress es sieht, zerfallen Belfast-Begräbnisse in zwei Kategorien: militärische und elegische. Zu ersteren gewährte man ihm Zutritt, um Nachrichten über den katholischen Widerstand im protestantischen Nordirland an die Aussenwelt zu fördern. Wenn die Kameraden des Gefallenen Skimützen tragen und die Ehrengarde ihre Pistolen abfeuert, werden Widerstand und Tod als sich gegenseitig nährend gezeigt. Ein weiterer Märtyrer tritt in die Reihe jener ein, die ihm vorangegangen sind, und jener, die folgen werden. Peress' Stellung ist gerechtfertigt als die jemandes, der den Katholiken nützlich sein könnte – ein Veröffentlicher ihrer Opferbereitschaft. Aber es gibt einige Gelegenheiten, wo die Trauernden scharenweise hinter dem Leichenwagen herziehen, und es ist, als würde man, anstatt diesen verlustig gegangenen Menschen in den Stand eines Helden zu erheben, sich des menschlichen Lebens als das erinnern, was es war. Hier ist es für den Photographen angemessen, taktvoll zu sein – was er war, ohne Einschränkung seiner Erfindungsgabe. Irgend etwas wird vermittelnd in den Vordergrund geschoben – eine Hecke oder die zerbröckelnde Statue eines schlafenden Engels –, so dass die Überlebenden in einem Bezirk abgeschnitten sind, den wir nicht erreichen können. Das militante Begräbnis verlangte für seinen Teil Zuschauernähe, war aber als ein Ritual der Stammesrache gedacht. Der Photograph war bei den Teilnehmern, aber keiner der i h r e n. Bei einem bürgerlichen Begräbnis ist es umgekehrt. Da wird die Wirkung einer gefühlsmässigen Solidarität mit dem Ereignis durch eine physische Barriere oder ein schiefwinkliges Blickfeld nur noch verstärkt. Diese Art der Bildeinstellung realisiert sich selbst als ein einsamer Blick, der, vielleicht aus der eigenen Selbstbeobachtung heraus, bis in das Leid seiner Figuren hinein reicht.

Über die Jahre sind eine Reihe von Peress' irischen Photos in Zeitschriften erschienen und haben zum normalen journalistischen Fluss mithin beigetragen. Aber ich meine, dass sie, obwohl im ganzen genommen vom Journalismus angeregt, auch von ihm entfernt sind. Seine Neugier wird beinahe narzisstisch und, über ihre Genrefunktion weit hinaus, um ihrer selbst willen handwerklich vollendet. Diese Bildwelt fliesst über vor Ideen und eröffnet jähe Vorstellungen von Raum und bringt eine endlose Auswahl von Verschiebungen hervor. Ein narratives Element kann beispielsweise seitwärts an einen Rand des Bildausschnitts gedrängt werden, als wäre der photographische Blick in die falsche Richtung davongejagt. Ein Betrachter ist vor dem eruptiven Charakter der Action gewarnt, indem er begreift, wie nervös das Bild konstruiert wurde. Ebensohäufig gibt es in der T i e f e der Aufnahme Auswirkungen von Druck, als würden Wurfgeschosse aus dem Vordergrund nach hinten geschleudert oder umgekehrt. Dies ist nicht nur Gelände, das eingenommen wird, sondern Territorium, das verletzt wird; mit dem Ergebnis, dass gerade die bildliche Wiedergabe von Raum unvermeidlich von der Politik eingeholt wird.

Fast wie um diesen Sachverhalt umgänglich zu machen, erscheint auf diesen Photos eine eigentümliche Art von fragendem Gesicht. Es gehört zu jemandem, der sich fragt, weshalb Peress da ist und was er im Schilde führt. Dieses gänzlich bildhafte Phänomen – was mit Schönheit zu tun hat – spiegelt das ungehaltene Bewusstsein der beobachteten Figuren wider, indes es gleichzeitig den Beobachtungspunkt lokalisiert. Ein Text kann das Unbehagen derartigen Mikroaustauschs, der den Betrachter notwendigerweise mit einbezieht, nur selten zum Ausdruck bringen. Peress' Bericht wird, indem er sich durch spannungsgeladene Schauplätze bewegt, vergänglich gemacht. In Iran blicken die Menschen mit einem allgemeinen Misstrauen zurück. In Irland sind die Gesichter mehr abgestuft, weil Peress selbst eine grössere Anzahl Rollen spielt. Wenn seine Figuren dort ihn als Künstler erkannt hätten, wäre ihr Verhalten dann anders gewesen? Und: hätten wir in diesen Bildern den in ihnen verborgenen journalistischen Auftrag gespürt, würden wir sie für weniger ausdrucksvoll halten?

(Übersetzung: Udo Breger)

19

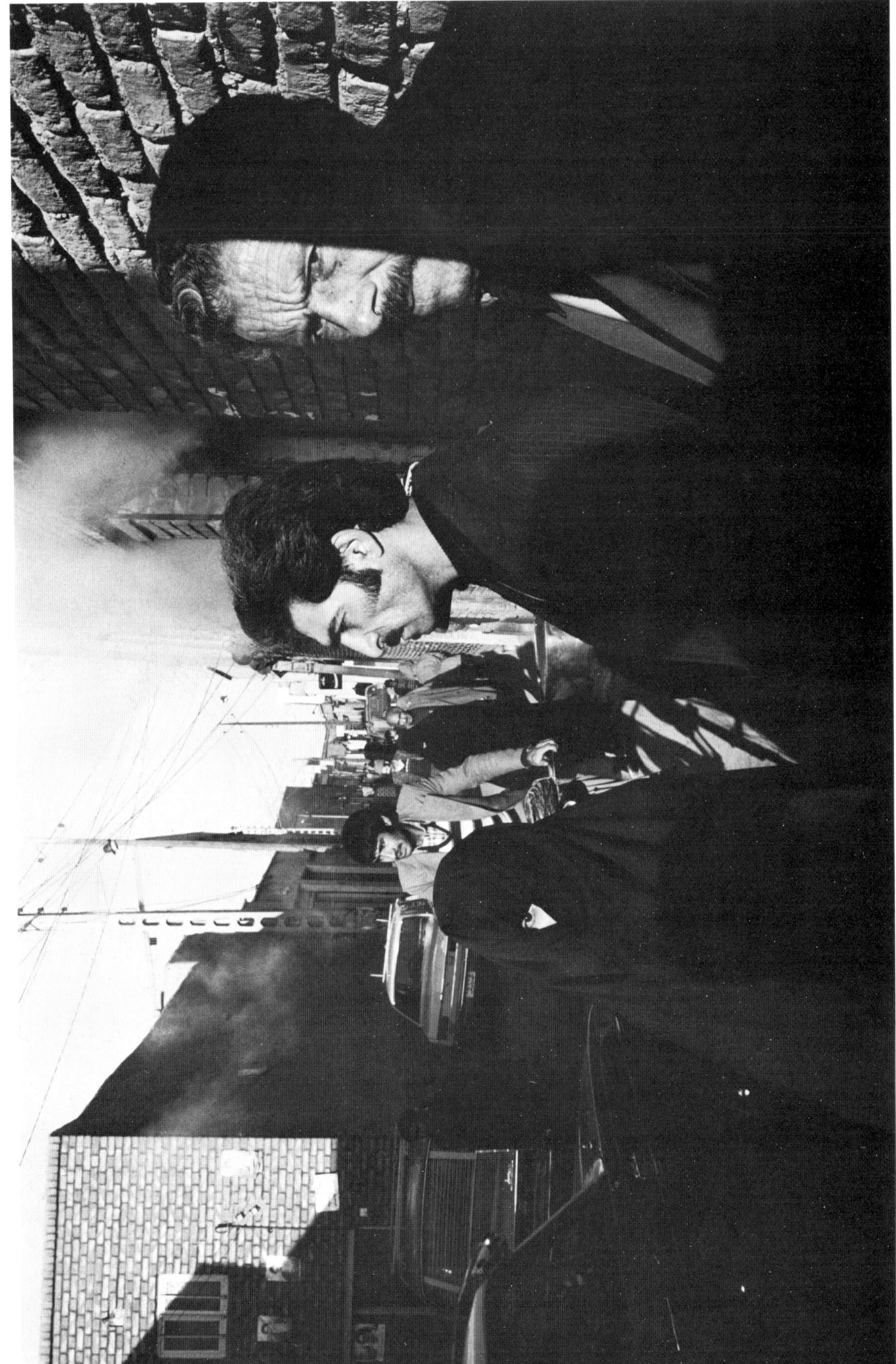

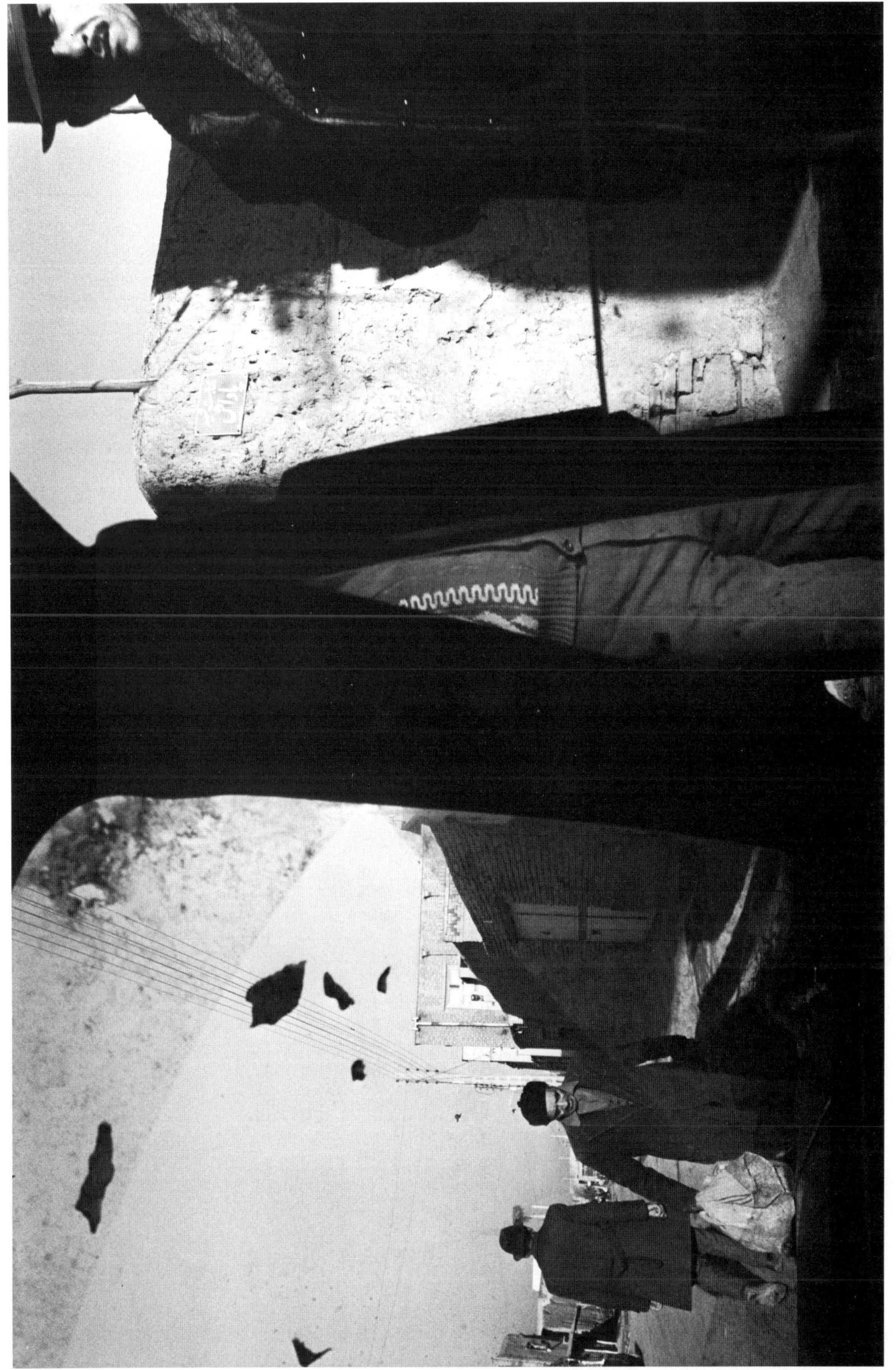

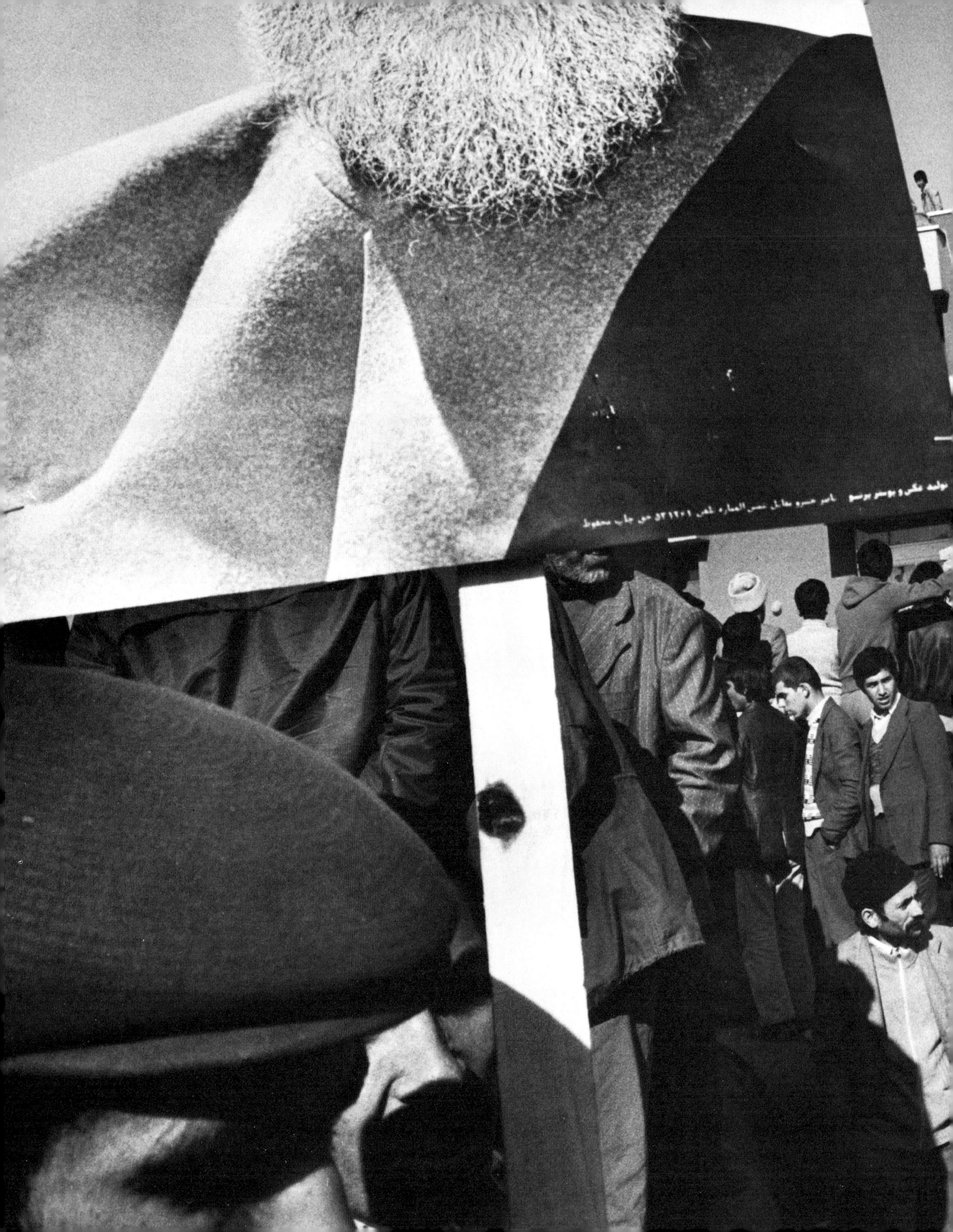

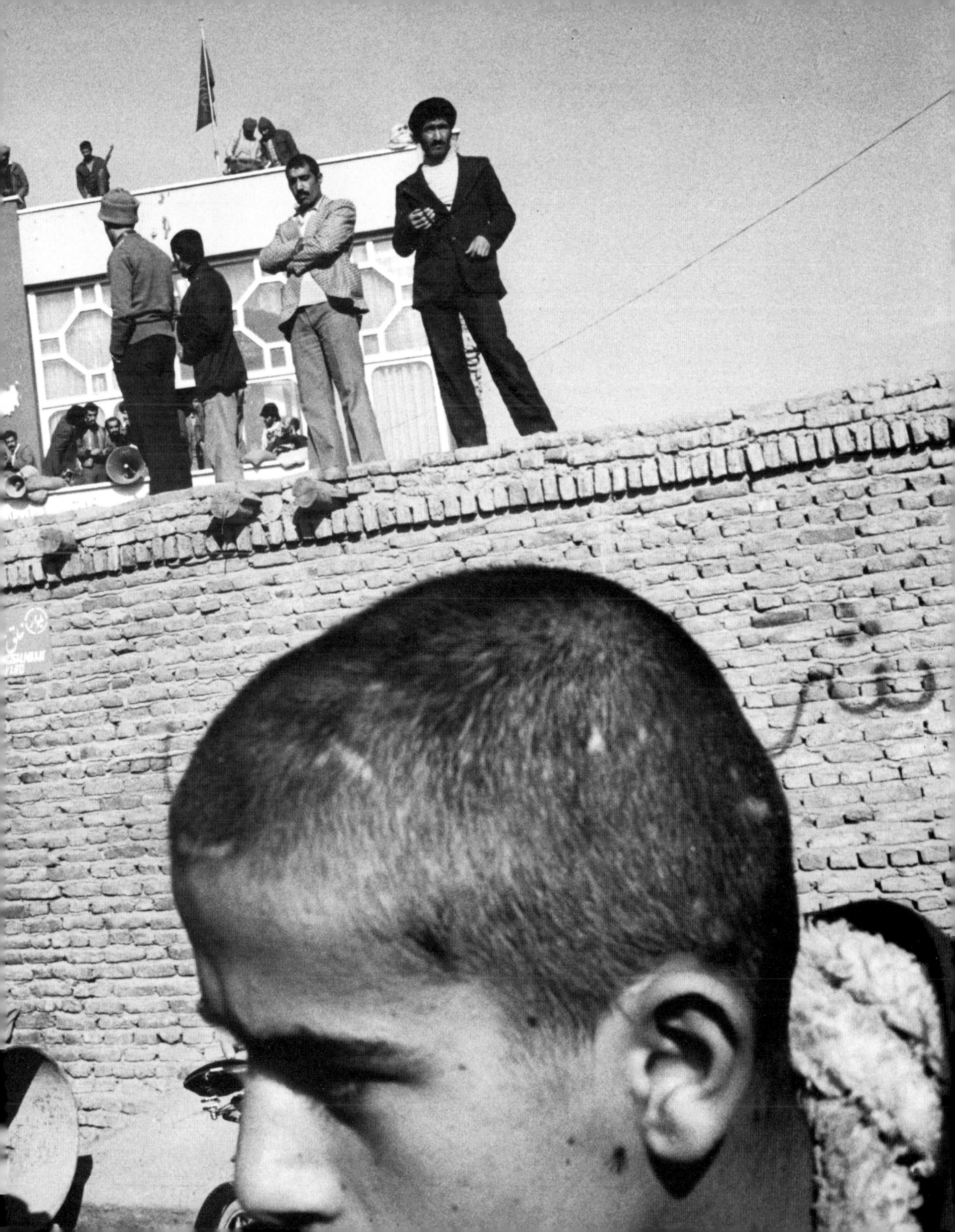

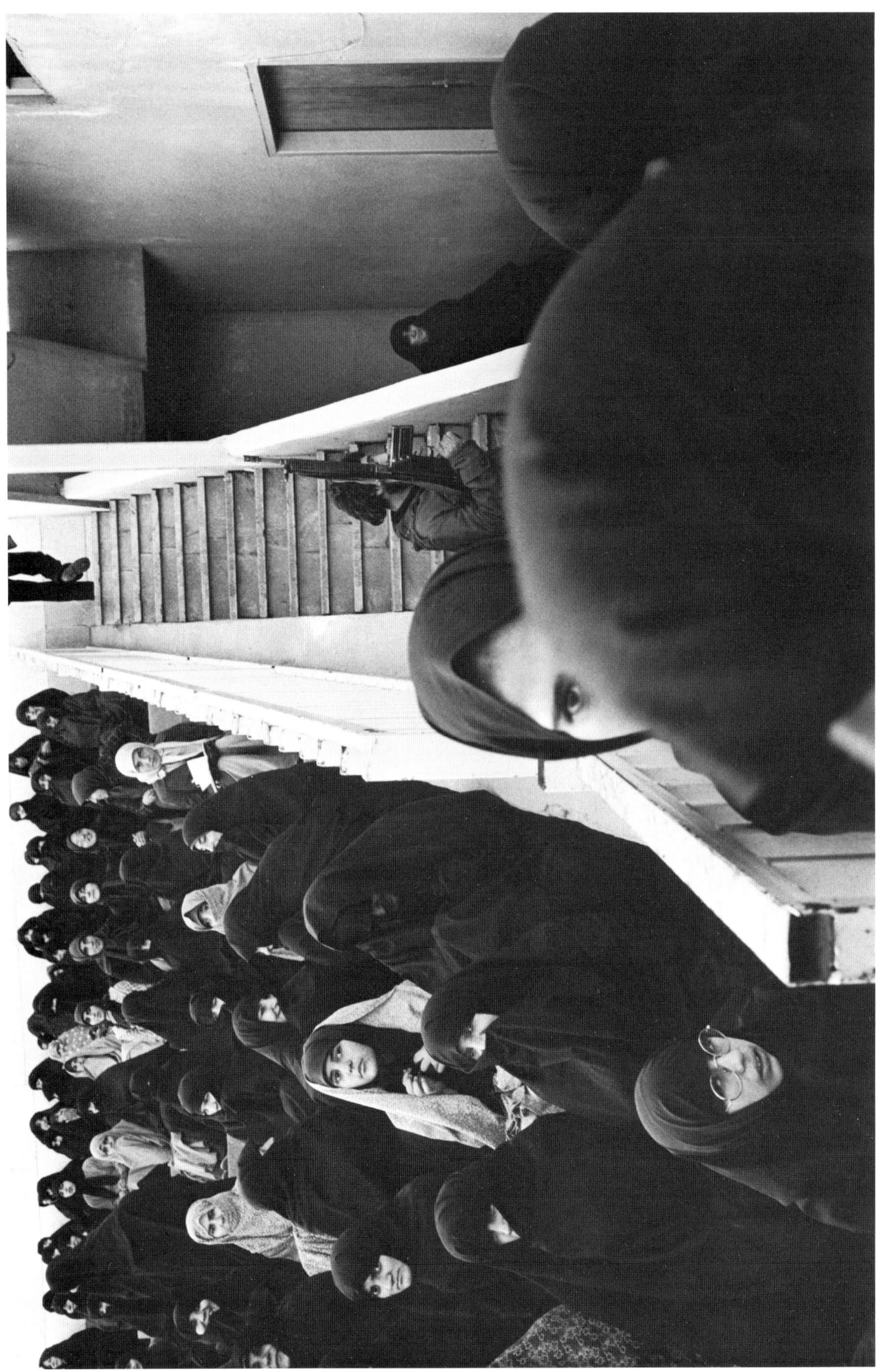

CAPTIONS OF PHOTOGRAPHS BY G I L L E S   P E R E S S
BILDLEGENDEN ZU DEN PHOTOGRAPHIEN VON G I L L E S   P E R E S S

RODEN STREET, BELFAST, 1974

THE HOLY ROSARY / DER HEILIGE ROSENKRANZ, BELFAST, 1974

WILLIAMS STREET, THE BOGSIDE, DERRY, 1981

MARTIN McGUINNESS AT THE FUNERAL OF A VOLUNTEER /
MARTIN McGUINNESS AN DER BEERDIGUNG EINES FREIWILLIGEN, DERRY 1984

FUNERAL OF AN IRA MAN, SHOT BY THE BRITISH ARMY /
BEERDIGUNG EINES VON DER BRITISCHEN ARMEE ERSCHOSSENEN IRA MITGLIEDS, STRABANE, 1986

THE FUNERAL OF THOMAS McELWEE, HUNGER STRIKER /
BEERDIGUNG VON THOMAS McELWEE, HUNGERSTREIKENDER, BELLAGHY, 1981

STREET SCENE / STRASSENSZENE, AZERBAIJAN, 1980, FROM TELEX: IRAN

BAZAAR, THROUGH A CAR WINDOW / BASAR, DURCH EIN AUTOFENSTER GESEHEN, TABRIZ, 1980, FROM TELEX: IRAN

DEMONSTRATION PRO-SHARIAT MADARI / DEMONSTRATION FÜR SHARIAT MADARI, TABRIZ, 1980, FROM TELEX: IRAN

DEMONSTRATION IN A STADIUM / DEMONSTRATION IN EINEM STADION, TABRIZ, 1980, FROM TELEX: IRAN

«NIX IST ENDGÜLTIG – PRINZIP SKULPTUR – FLUCHT IN DEN WAHN»

ÜBERLEGUNGEN ZUR ROLLE VON FORM UND MATERIAL BEI GEORG HEROLD

FRIEDEMANN MALSCH

VERLUST DER FORM

Auf einer T-förmigen Wandkonsole aus Holz stehen zwei aus Holzstücken gezimmerte, dreifingrige Hände. Die Konsole hält ausserdem einen eineinhalb Meter langen Metallspeer, der auf Augenhöhe in den Raum hineinragt. Unter seiner Spitze eine «Absperrung» aus Farb- und Wischeimern, an der Wand lehnt ein Pappschild mit dem Titel: «Mutters Hände. Vorsicht. Das Auge». Angesichts der Installation MUTTERS HÄNDE (1986) von Georg Herold[1] erinnere ich mich an zwei Filmfiguren.

Einerseits an jenes kleine Stehaufmännchen Bubi Howard Jeremy im Beatles-Film «Yellow Submarine» (1968), ein kleines Fellmonster mit Harlekinmaske, das ununterbrochen in Versen redet, in denen es unterschiedslos Wirklichkeit mit Vorstellung, Existenz mit Ästhetik, Konflikt mit Harmonie vermengt und ein fröhliches, mit Küchenlatein durchsetztes linguales Pattern herstellt, das permanent um sich selbst kreist und mit Wissen, Intellekt und Spieltrieb brilliert.

Dagegen Karl-Heinz Böhm in der Hauptrolle des 1959 von Michael Powell gedrehten Films «Peeping Tom» (der viele Jahre in der BRD verboten war). Nach seinen Auftritten als Kaiser Franz Joseph in den seichten «Sissi»-Filmen (mit Romy Schneider) schlug er sich hier bekenntnishaft auf die Seite der analytischen Betrachtung bürgerlicher Seelen, was ihm ein De-facto-Berufsverbot eintrug. Spielte er doch den jungen Photographen, der seine Probleme mit Frauen durch den mörderischen Einsatz seiner Filmkamera kompensiert: statt des Koitus die aus nächster Nähe gefilmte Ermordung einer Frau als Lustgewinn.

Beide Figuren stehen sich in ihrem Verhaltensmuster diametral gegenüber, und doch wirken sie wie Vettern der metaphorischen Strategie der

---

FRIEDEMANN MALSCH ist Kunsthistoriker und -kritiker. Er lebt in Köln.

Installation Herolds. Fröhlich intelligenter Spieltrieb auf der Basis des Wissens steht unvermittelt neben radikaler Veröffentlichung intimer Belange. Die lapidare Warnung vor einer konkreten Gefahr wirkt durch ihre Kombination mit dem Bild MUTTERS HÄNDE komisch, fast absurd. Die Komik erschöpft sich jedoch schnell, und es öffnen sich Referenzfelder des subjektiv Psychischen wie auch des ästhetischen Diskurses. Man erschrickt über die obszöne Gefahr, die von dem Speer ausgeht, goutiert aber gleichzeitig die Assoziationsbreite, die das «Auge» im Titel mit sich bringt. Man erkennt das ironische Spiel mit der «Mutter» als einem komplexen Bild für unsere Affektstruktur, und doch kann man sich den sentimentalen Implikationen dieses Bildes nicht ganz entziehen. Schliesslich begreift man die notwendige räumliche Distanz des Betrachters zum Werk als Metapher für die begriffliche Abstraktion und ist dennoch unangenehm berührt von der formalen Kargheit der Gestaltung.

Das Nebeneinander zweier gleichermassen extremer Strategien scheint für diese Arbeit Herolds plausibel. Doch ohne die Dinge zu überspitzen, kann man wohl behaupten, dass hier ein für Herold typisches künstlerisches Verfahren deutlich wird: das der unvermittelten Konfrontation einander nicht verwandter Bedeutungsfelder. Sofort stellt sich hier die Frage nach dem «Sinn». Handelt es sich um eine der beliebten «Ekeltechniken» oder bloss um eine bisher nicht praktizierte Form von Lyrik? Verfolgt diese dichotomische Vorgehensweise aufklärerische, affirmative oder indifferente Ziele? In welchem besonderen Verhältnis stehen hier Form und Material?

Frühere Arbeiten, die bereits einzelne Motive der Installation MUTTERS HÄNDE behandelten, scheinen zunächst keinen Aufschluss über die thematische Tiefenstruktur der Arbeit zu geben. Das «Hand»-Motiv erscheint bereits 1985 in einer Skulptur, die aus fünf verschieden langen Vierkanthölzern besteht; aufrecht stehend ergeben sie zusammen eine Palisade. An ihren oberen Enden ist dicker, in Spiralen gedrehter Draht angebracht. Die Verwendung des Motivs erfolgt hier im Dienste einer bewusst sinnentleerten Mimesis. Auch

das Thema der Mutter begegnet in Herolds Werk schon in früheren Arbeiten, u.a. in der Skulptur GENETISCHER EINGRIFF IN DIE ERBMASSE BEI FRAU HEROLD 1945 (1985). [2] Aufgrund des Themas begegnet man hier erneut der überraschend lapidar aufscheinenden Veröffentlichung privater, fast schon intimer Bereiche der Person des Künstlers: aus einer kleinen Holzfiguration steigt ein dünnes Drahtgebilde hoch, an dem Beschriftungen auf der Wand einzelne Stellen markieren: «1937», «Hunger», «Holz», «1945» und «Zeugung von G.H. 1947» – eine biographische Schautafel also. Doch trotz dieser unvermuteten Ausbreitung seines Privatlebens gibt Herold keine semiologischen Verweise, die eine ikonologische Bearbeitung der Skulptur ermöglichen würden.

Das in dieser Arbeit entstehende Bild hat bei näherer Betrachtung keine darstellende Funktion, es täuscht sie nur vor. Man kann nämlich keine vernünftigen, dafür aber um so mehr absurde und willkürliche Schlüsse aus ihm ziehen. Daraus ergibt sich in der Konsequenz eine Relativierung seines motivischen Gehaltes bezüglich seiner inhaltlichen Implikationen. In der Tat transportiert das Bildmotiv in Herolds Werk nur partiell Bedeutung, mit anderen Worten: es zählt von ihm nur mehr ein gewisser Signalcharakter, der jedoch seine Geschlossenheit durch die Kombination mit weiteren Motiven nicht bewahren kann. Herolds Strategie, Motive unterschiedlichster Herkunft miteinander zu verbinden, mündet in eine Auflösung aller inhaltlichen Referenzen, die ein Motiv mit sich bringt. Anstatt den Informationsgehalt der Formen zu begrenzen und durch Kombination mit anderen Formen zu präzisieren, erweitert er im Gegenteil mit gleicher Technik die Quantität der Informationen in einem Umfang, der die Grenzen einer interpretierenden Rezeption sprengt und sich dem «Rauschen» nähert, d.h. der unübersehbaren und deshalb auch strukturlosen Menge an Informationen. [3] Dies erreicht er hauptsächlich dadurch, dass er die Form dem Zufall überantwortet, sie also aus dem Gestaltungsprozess herausnimmt und vage fluktuieren lässt. Damit schafft er sich einen semantischen Raum, der frei von Kodierungen ist und den er mit seinen eigenen Perspektiven gestaltet. Herold selbst beschreibt dies Phänomen als «Unschärferelation, 1927 von W. Heisenberg aufgestellt», das so aussehe: «die wachsende Schärfe (Genauigkeit) der einen Komponente wird erkauft mit der wachsenden Unschärfe der anderen. Man kann auch sagen, die Unschärfe geht vom Objekt auf den Betrachter über.» [4]

DISKURS DES MATERIALS

In Herolds Werk geht die Form als strukturierende Kraft der Gestaltung verloren. [5] Die sich daraus ergebende Konsequenz ist jedoch nicht etwa Chaos, die ganz vom Zufall abhängige Konfiguration, das «schöpferische Durcheinander». Auch die Verflüchtigung ins Immatrielle erfolgt nicht. «Ich bin gegen eine Sicht der Schönheit», sagt Herold und gibt damit die Richtung an: da die Form der Ort der Schönheit in der Kunst ist, muss man sie zu vermeiden versuchen. Letztlich ist sie natürlich nicht eliminierbar, doch ihre Funktion als Bedeutungsträger kann bis unter die Signalgrenze minimiert werden.

Etwa in der BARACKE (1986), einem nicht fertig gebauten Gebäude aus grauem Bimsstein. Es fehlen wesentliche Bestandteile, die auch eine Baracke erst zu dem machen, was sie ist: ein Dach etwa. Hier bleibt praktisch nur noch die Faktizität des Materials erhalten, und dies ist die Ebene des ästhetischen Diskurses, auf der Georg Herold operiert. Die Arbeit 100 JAHRE 1. MAI (1985) zeigt auf mehreren Holzböcken einen Haufen von Abrisshölzern, von denen jedes einzelne das Datum «1. Mai» mit einer Jahreszahl trägt. Material und Thema der Arbeit sind sichtbar nicht kongruent. Das Thema des Titels erfährt in der materialen Realisierung eine besondere Wendung. Nicht der Monumentcharakter des Jubiläums steht hier im Mittelpunkt, sondern das Bedeutungsfeld der Holzlatten, die das Thema kommentieren.

Herold hat sich eine eigene Ikonologie des Materials geschaffen, die er selbst so umreisst: «Meine Materialien haben eine Zuordnung, vielleicht Latte gleich These, Stein gleich Antithese, Manifestation, ein stummes Zeugnis von irgend etwas, Draht oder Schnur gleich Ideologie, Subversion.» [6] Natürlich ist das Spektrum der von Herold verwendeten Materialien viel breiter, aber Latte, Ziegelstein und Schnur/Draht bilden das diskursive Rückgrat. Gegenstand des Diskurses sind die jeweiligen Konnotationsfelder des Materials. Hier verschwimmen auch die Grenzen zwischen Malerei und Skulptur, denn Ziegelsteine lassen sich ohne weiteres auf Leinwand applizieren, und Leinwand kann umgekehrt ebenfalls zum Bestandteil skulpturaler Gestaltung werden. Die jüngst entstandenen KNOPFBILDER sind ein weiteres anschauliches Experiment. Die Knöpfe sind auf die Leinwand aufgenäht und deshalb von zwei Seiten rezipierbar: nach vorn das Pattern der Form, Spiel von Form und Inhalt; nach hinten das einfache Liniengeflecht der Fäden als reines Denkbild, die «heimliche» Struktur.

Seit einigen Jahren findet das Werk Georg Herolds in der BRD zunehmende Aufmerksamkeit. Der 1947 in Jena (DDR) geborene Künstler studierte u. a. in Hamburg bei Sigmar Polke. Seit 1979 stellte er zusammen mit Albert Oehlen, Werner Büttner und Martin Kippenberger aus. National kann er bereits auf wichtige Gruppen- und Einzelausstellungen verweisen. Sein malerisches und bildhauerisches Werk zeichnet ihn als individuellen Künstler aus, der seine Originalität im Spannungsfeld von Pop-Kultur, ästhetischem Skeptizismus und postmoderner Zeichentheorie behauptet.

Die heroldschen Materialien bilden also das Instrumentarium eines kommunikativen Systems, das sich selbst auf dieser Grundlage immer neu generieren kann. Es funktioniert wie eine Denkmaschine, eine Junggesellenmaschine eben. Durch die Absage an die Form ist es frei von Ideologie

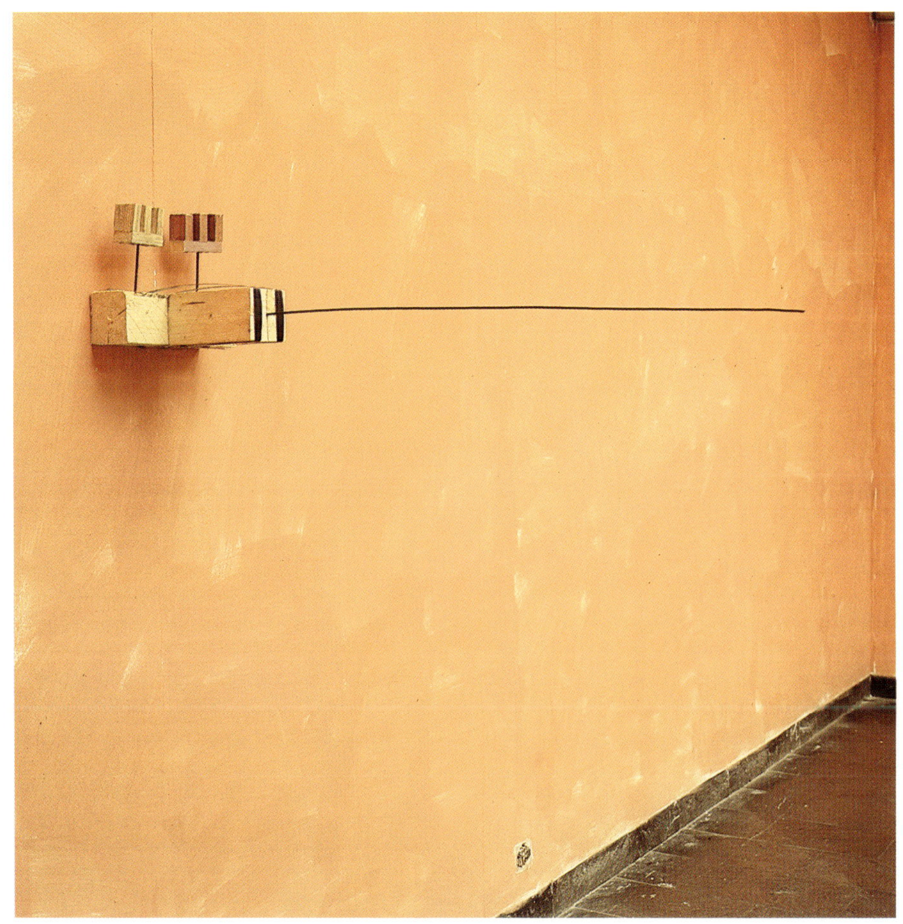

MUTTERS HÄNDE (VORSICHT DAS AUGE) / *MOTHER'S HANDS (WATCH YOUR EYE), 1986,*
HOLZ, DRAHT / *WOOD, WIRE.*

und gewissermassen zeitlos im Raum sich drehend. Hier gleicht es dem Nowhere Man, der Hermetik seiner Normalität wegen. Die Natur dieser Apparatur gestattet Herold aber auch, sich «wie ein normaler Mensch» zu verhalten, indem er seine persönliche Meinung zum zivilisatorischen Fortgang der Gesellschaft, ihrer Menschen und ihrer kulturellen Sozialisation unmittelbar äussert. Auf diese Weise hat der Betrachter die Gelegenheit, sich vorurteilsfrei auch mit sich selbst zu beschäftigen.

ANMERKUNGEN

1) Von dieser Arbeit gibt es mehrere Versionen, die auf unterschiedlichen Ausstellungen zu sehen waren: ich beziehe mich hier auf die Version im Katalog der Ausstellung «Similia/Dissimilia», Düsseldorf/New York 1987/88, S. 112.

2) Abbildung im Katalog der Ausstellung «Georg Herold – 1:1», Münster 1986, S. 47.

3) Vgl. hierzu U. Eco, Das offene Kunstwerk, Frankfurt a. M. 1977, S. 154 ff.

4) Katalog der Ausstellung «Georg Herold – Unschärferelation», Berlin 1985, S. 30.

5) Gestaltung des Einzelwerks findet bei Herold dennoch statt, wie im folgenden darzulegen ist. Hier liegt einer der wesentlichen Unterschiede zu den Arbeiten Duchamps, so verwandt Herold diesem im Geiste ist.

6) In einem Interview mit B. Catoir, ARTSCRIBE, London, Nr. 57, April/Mai 1986.

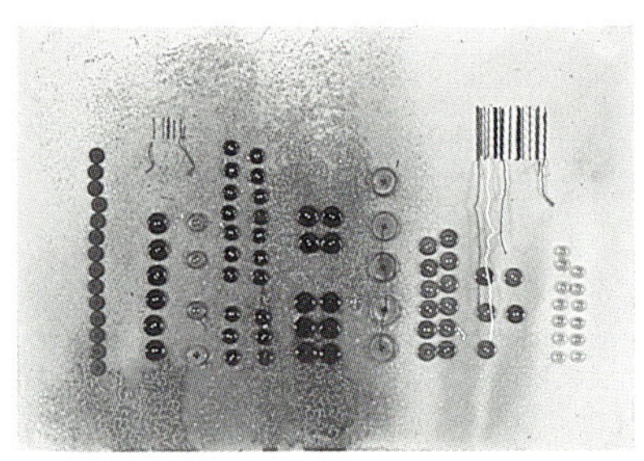

GEORG HEROLD, OHNE TITEL / *UNTITLED, 1987,*
KNÖPFE, FADEN, SCHELLACK / POLYESTER AUF LEINWAND /
BUTTONS, THREAD, SHELLAC, POLYESTER ON CANVAS,
1987, 51 x 76 cm / *20 x 30".*

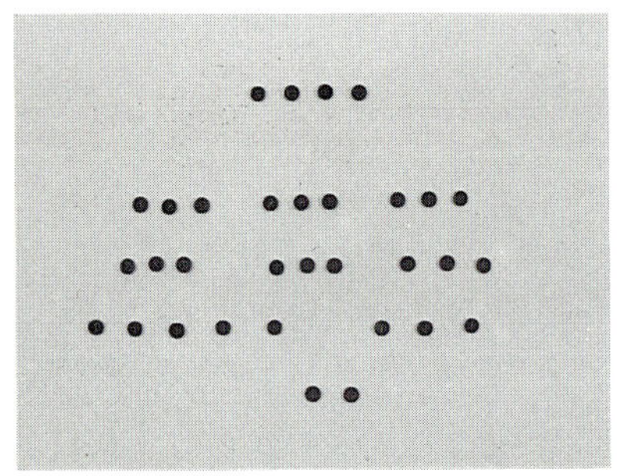

GEORG HEROLD, OHNE TITEL / *UNTITLED, 1987,*
KNÖPFE, SCHWARZER FADEN AUF EINGEFÄRBTE LEINWAND /
BUTTONS, BLACK THREAD ON PRIMED CANVAS,
60 x 73 cm / *24 x 29".*

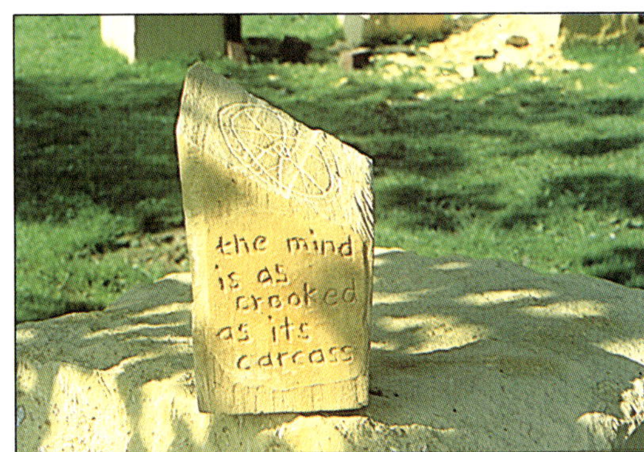

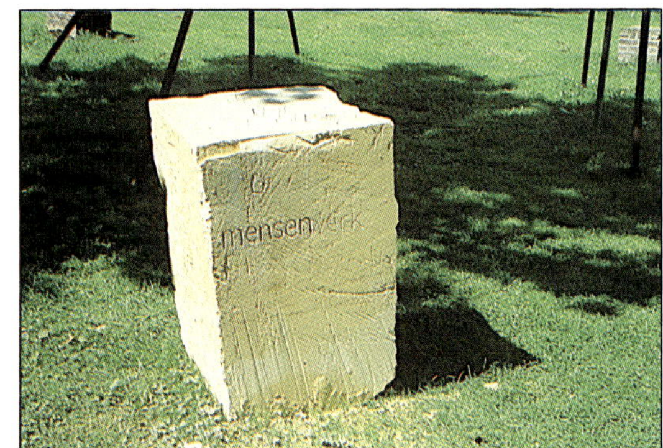

MARSNA '87, BILDHAUERSYMPOSIUM IN HOLLAND 1987 / *SCULPTOR SYMPOSIUM IN HOLLAND 1987*

GEORG HEROLD,
RUSSISCHE WOHNUNG IN NIPPES /
RUSSIAN APPARTMENT IN NIPPES, 1986,
DEXTRIN, LACK, ACRYL AUF LEINWAND /
DEXTRIN, LACQUER, ACRYLIC ON CANVAS,
60 x 80 cm / *24½ x 31½".*

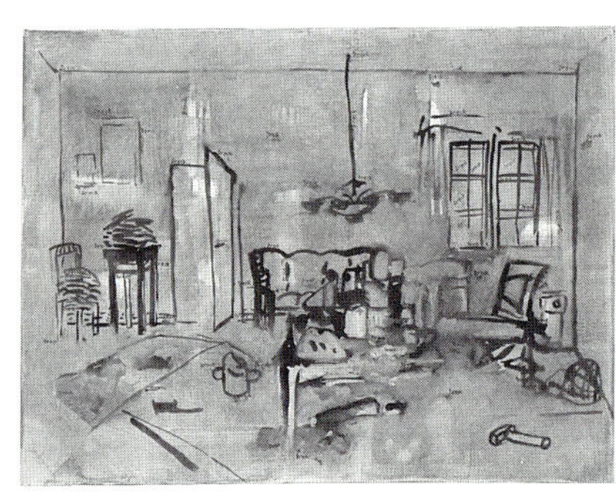

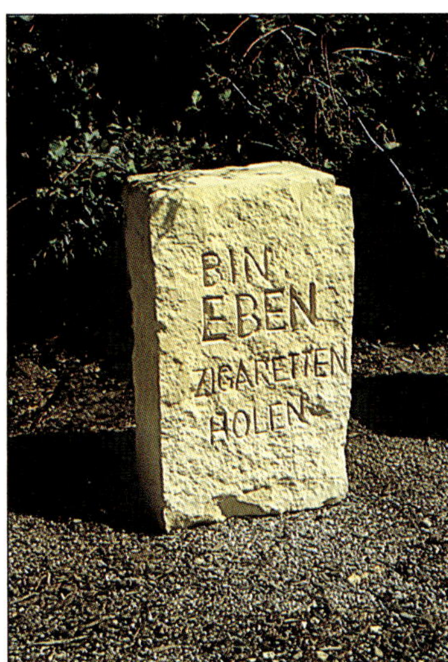

GEORG HEROLD,
NACHWEIS HÖHERER INTELLIGENZ
(NEANDERTHALER, ALBERT EINSTEIN) /
*PROOF OF HIGHER INTELLIGENCE
(NEANDERTHAL MAN, ALBERT EINSTEIN), 1984,*
AUF NESSEL / *ON CLOTH,*
105 x 150 cm / *41⅓ x 59".*

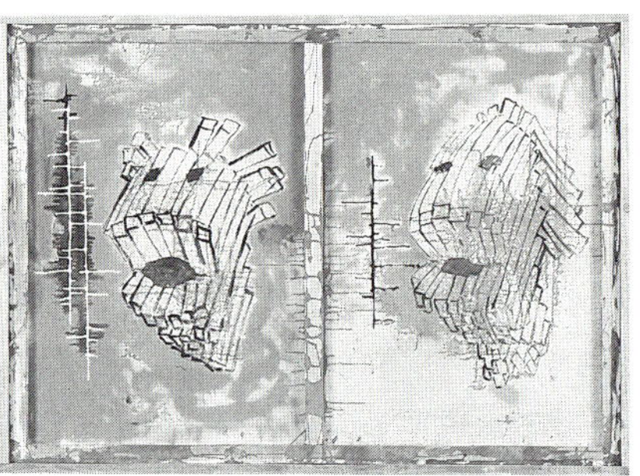

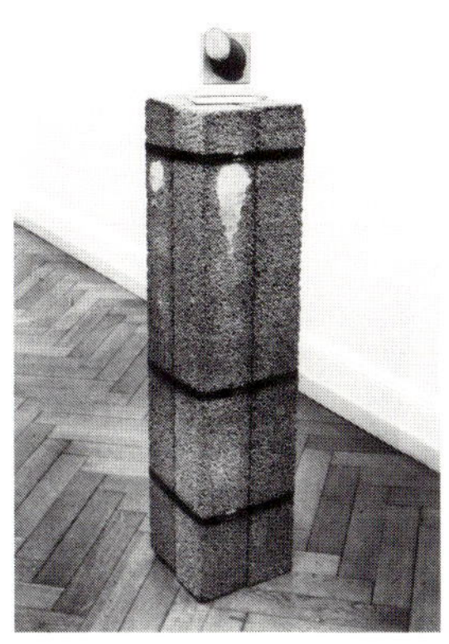

GEORG HEROLD,

JUWEL No. 2, 1987 *(Photo: Franz Fischer)*

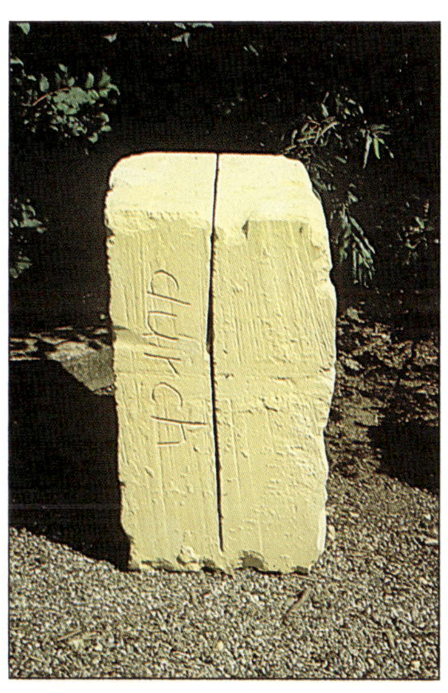

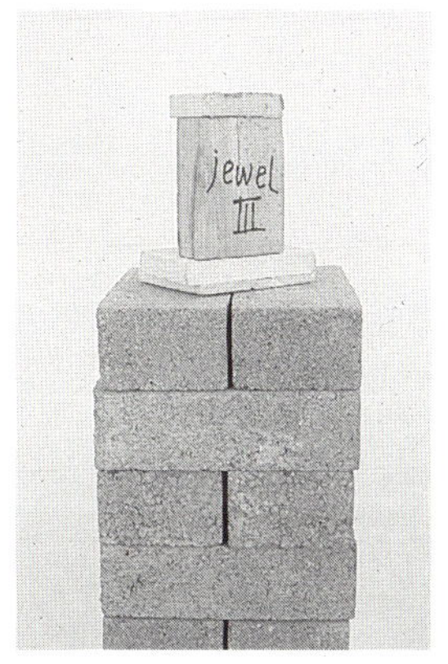

GEORG HEROLD,

JUWEL III, 1987 *(Photo: Dorothy Zeidman)*

MARSNA '87, BILDHAUERSYMPOSIUM IN HOLLAND 1987 / *SCULPTOR SYMPOSIUM IN HOLLAND 1987*

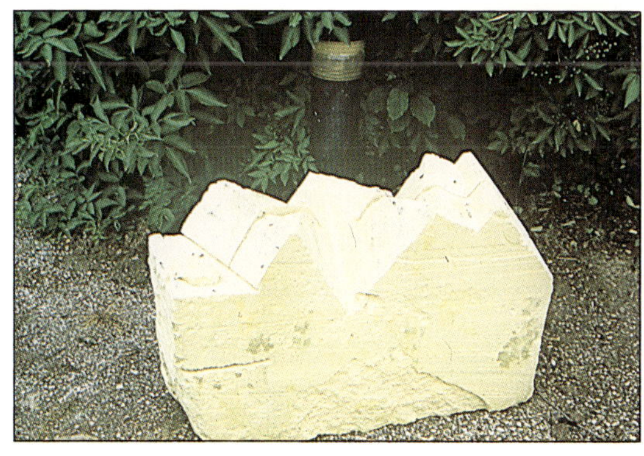

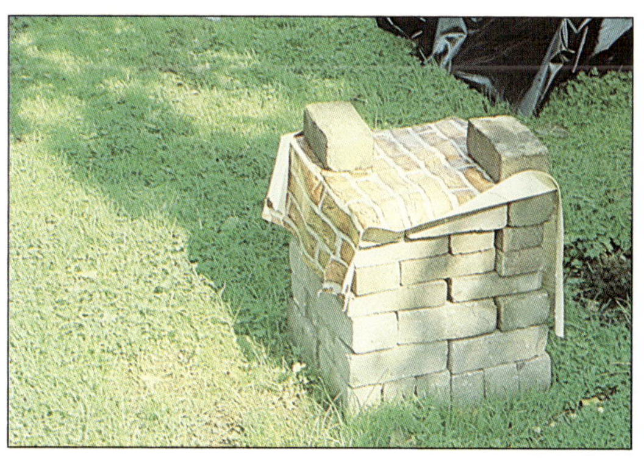

GEORG HEROLD, GLOBUS / *GLOBE, 1986,*
HOLZ, SOCKEL, FOLIE / *WOOD, BASE, FOIL (DETAIL).*

GEORG HEROLD, NACHWEIS HÖHERER INTELLIGENZ /
PROOF OF HIGHER INTELLIGENCE, 1984, DACHLATTEN, DRAHT /
LATHS, WIRE, 40 x 50 x 80 cm / *15¾ x 19¾ x 31½".*

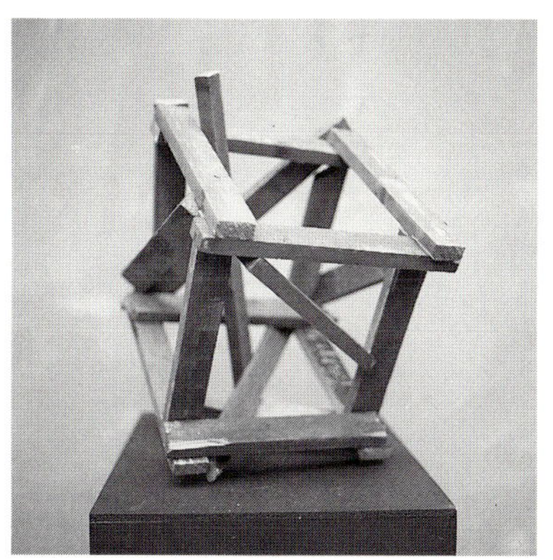

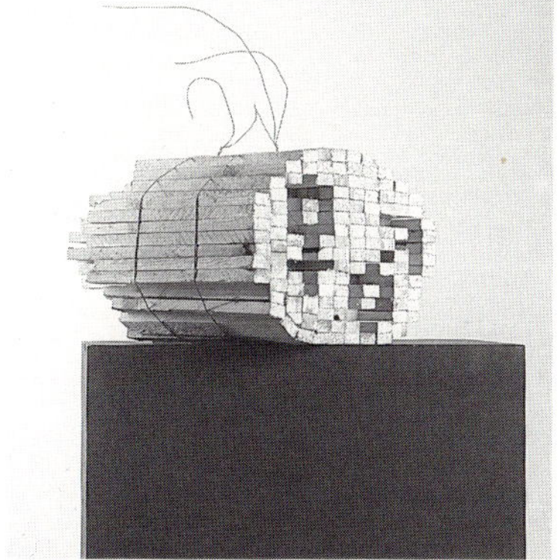

He's a real Nowhere Man
sitting in his Nowhere Land
making all his Nowhere plans for nobody
(LENNON/MCCARTNEY, 1965)

NOTHING'S FINAL – THE SCULPTURAL PRINCIPLE – FLIGHT INTO MANIA

THOUGHTS ON THE ROLES OF FORM AND MATERIAL IN GEORG HEROLD'S WORK

FRIEDEMANN MALSCH

THE LOSS OF FORM

On a T-shaped wooden console stand two three-fin-gered hands knocked together from pieces of wood. The same console supports a metal spear, a metre and a half or five feet long, which points out into space at eye-level. Beneath its point is a sort of barrier made up of paintpots and mop-pails. Propped against the wall is a cardboard placard bearing the title MOTHER'S HANDS. CAUTION. THE EYE. Georg Herold's installa-tion MOTHER'S HANDS (1986)[1] reminds me of two char-acters in films.

The first is the resilient little figure of Howard Jeremy in the Beatles' film YELLOW SUBMARINE (1968), a furry creature with a harlequin mask who chatters away in rhyme, indiscriminately mingling reality and imagination, existence and aesthetics, har-mony and conflict; his blithe flow of gobbledygook con-stantly runs in circles, and yet it shines with intelli-gence, knowledge and playfulness.

The second is the principal character played by Karl-Heinz Böhm in Michael Powell's 1959 film PEEPING TOM (banned for many years in West Ger-many). After appearing as Emperor Franz Joseph in the Sissi series – a succession of lowbrow films with Romy Schneider – Böhm here committed himself to plumbing the depths of the bourgeois psyche, thereby making himself every bit as unemployable as a left-

FRIEDEMANN MALSCH is an art historian and an art critic.
He lives in Cologne.

winger dismissed under the Berufsverbot. The character he played was a young photographer who sought to compensate for his lack of success with women through the murderous use of his film camera: in place of coitus, the attainment of gratification through filming a woman's violent death in close-up.

In behavioural terms, these two figures could hardly be more contrasted; and yet a family resemblance links them to Herold's installation. Here, intellectual fun based on knowledge is combined with intimate revelations. The lapidary inscription, with its warning of a concrete danger, becomes an absurd joke when juxtaposed with the image of MOTHER'S HANDS. The joke soon wears off, however, and makes way for associative possibilities, both subjective – within the individual psyche – and aesthetic. The observer is unnerved by the obscene menace of the spear, while simultaneously relishing the wealth of associations that is invoked by the word "eye" in the title. Even while recognizing the irony in the use of the word "mother," a complex image directed at our structures of emotional response, one still cannot quite escape from its sentimental associations. Ultimately it becomes apparent that the spatial distance that the work imposes on the beholder is a metaphor for its own conceptual abstractness; and yet one is still irked by its sparseness of form.

One plausible interpretation might be that Herold is here juxtaposing two equally extreme strategies. It is certainly safe to say that the technique, which is entirely typical of his work, consists in an unmediated confrontation between two unrelated fields of meaning. This, of course, introduces the issue of "meaning" itself. Is this all a revulsion technique, of a kind that has become very popular in art? Or is it a previously unexploited vein of lyricism? Is this dichotomous approach intended to enlighten and to affirm, or is it neutral in intention? What is the specific relationship here between form and material?

Those earlier works that embody the individual motifs of MOTHER'S HANDS seem at first to afford no clue to the underlying thematic structure of the work. The hand motif first appears in 1985, in a sculpture consisting of five wooden battens of different lengths. Placed upright, they combine to form a palissade; their upper ends are wrapped in coils of thick wire. The hand motif appears here in the service of a deliberately

meaningless mimesis. The theme of the mother also turns up in Herold's earlier works, including the 1985 sculpture GENETIC OPERATION UPON THE GENOTYPE WITHIN FRAU HEROLD 1945.[2] Here, once more, the theme involves a startlingly lapidary presentation of private, almost intimate areas of the artist's personality. From a small wooden configuration there arises a thin wire structure with its salient parts marked by labels stuck to the wall: "1937," "Hunger," "Wood," "1945" and "Begetting of G. H. 1947" – a biographical diagram. But in spite of this unexpected display of his private life. Herold supplies no semiological clues to the iconology of the sculpture.

On closer inspection, the image that emerges from this work turns out to have no representational function: it only pretends to have one. The work leads to no rational conclusions but to any number of absurd and random ones. This inevitably sidelines the motif in so far as it concerns an implicit content. The motif in Herold's work is a vehicle for meaning only in part; all that counts is its role as a signal, and even that tends to lose its closed identity when in contact with other motifs. Herold's strategy of combining motifs of different origins leads to the abolition of all the references inherent in the content of any given motif. Instead of circumscribing the information content of the forms and defining them exactly by juxtaposing them with other forms, he uses the same technique to expand the quantity of information until it overloads the beholder's interpretative capacity and approaches the state of "noise": an unconscionable, structureless mass of information.[3]

He does this principally by leaving the form to chance, thus abstracting it from the process of making the work and allowing it to float free. In this way he clears for himself a semantic space, devoid of coding, that he can then shape in accordance with his own perspectives.

Herold himself gives this phenomenon the name of the "Uncertainty Principle. Established in 1927 by W. Heisenberg," and describes the look of it as follows: "The growing certainty (distinctness, precision) of some components is achieved at the expense of the growing uncertainty of others. The uncertainty can be said to transfer itself from the object to the beholder."[4]

In Herold's pieces, form as the structuring force in the making of the work disappears.[5] However, the consequence of this is neither chaos – the configuration that is wholly dependent on chance, the "creative mess" – nor a flight into immateriality. "I am against a sight of beauty," says Herold, and this points the way: specific form is the locale of beauty in art, and so it must be avoided. Ultimately, of course, it cannot be eliminated altogether, but its function as a vehicle of meaning can be reduced to below the signal threshold.

For some years Georg Herold's work has received increasing recognition in the GFR. Born in Jena (GDR) in 1941, the artist studied with Sigmar Polke in Hamburg (among others). Since 1979 he has exhibited with Albert Oehlen, Werner Büttner and Martin Kippenberger. He has several major solo and group shows to his credit in Germany. His paintings and sculptures testify to the originality of his work, which successfully draws on the concepts of Pop culture, aesthetic scepticism and post-modern semiotics.

This happens in SHACK (1986), an incomplete grey breezeblock structure. It lacks certain vital parts, which even a shack needs to make it complete; one of them is the roof. All that is left here is the sheer factual quality of the material; and this is the level of aesthetic discourse on which Georg Herold operates. A work called 100 YEARS OF MAY DAY (1985) consists of a number of trestles carrying a collection of scrap timber laths, each of which bears the date "1 May" with the number of a year. The material and the theme are visibly out of kilter. The theme enunciated in the title is given a specific twist by the material that embodies it. The focus is not on the monumental character of the centenary that is commemorated, but on the significance of the laths that serve as a commentary on the theme.

Herold has created for himself an iconology of materials, which he sums up as follows: "There is an order to my materials. Perhaps lath equals thesis; stone

equals antithesis, manifestation, a mute testimony to whatever; wire or twine equals ideology, subversion."[6]

Of course the range of materials used by Herold is much wider than this, but the wooden lath, the brick and the twine or wire form its discursive backbone. The discourse itself has as its object the connotations of the individual materials. The boundaries between painting and sculpture are blurred here: bricks can be stuck to canvas, and conversely canvas can be incorporated in a sculptural configuration. The recent BUTTON PICTURES are another visual experiment. The buttons are sewn to the canvas and can thus be perceived from both sides of it: from the front as a formal pattern, an interplay of form and content, and from the back as a simple linear mesh of stitches, a purely conceptual image of "occult" structure.

Herold's materials thus form the equipment of his communicative system, a basis on which it can always generate itself afresh. It functions like a thought machine: a Bachelor Machine, in fact. By renouncing form it sets itself free from ideology; it revolves, as it were, timelessly in space. In its combination of hermetic closure and normality, it resembles the Nowhere Man. What is more, the nature of this apparatus is such as to permit Herold to behave "like a normal person," directly expressing his personal opinion on the process of civilizing society, its human members and its cultural resources. In this way the beholder is also presented with an opportunity to pay unprejudiced attention to himself.

(Translated from the German by David Britt)

N O T E S

[1] This work exists in several versions, shown in different exhibitions; I refer here to the version illustrated in the catalogue of the exhibition SIMILIA/DISSIMILIA, Düsseldorf and New York 1987–88, p. 112.

[2] Illustrated in the catalogue of the exhibition GEORG HEROLD - 1:1, Münster 1986, p. 47.

[3] On this point see Umberto Eco, DAS OFFENE KUNSTWERK, Frankfurt am Main 1977, pp. 154 ff.

[4] Catalogue of the exhibition GEORG HEROLD - UNSCHÄRFERELATION, Berlin 1985, p. 30.

[5] Herold does give overall shape to his individual works, however, as will be shown in what follows. This is one of the fundamental differences between his works and those of Marcel Duchamp, in spite of all the affinities that certainly exist.

[6] In an interview with B. Catoir, ARTSCRIBE, No. 57, London April–May 1986.

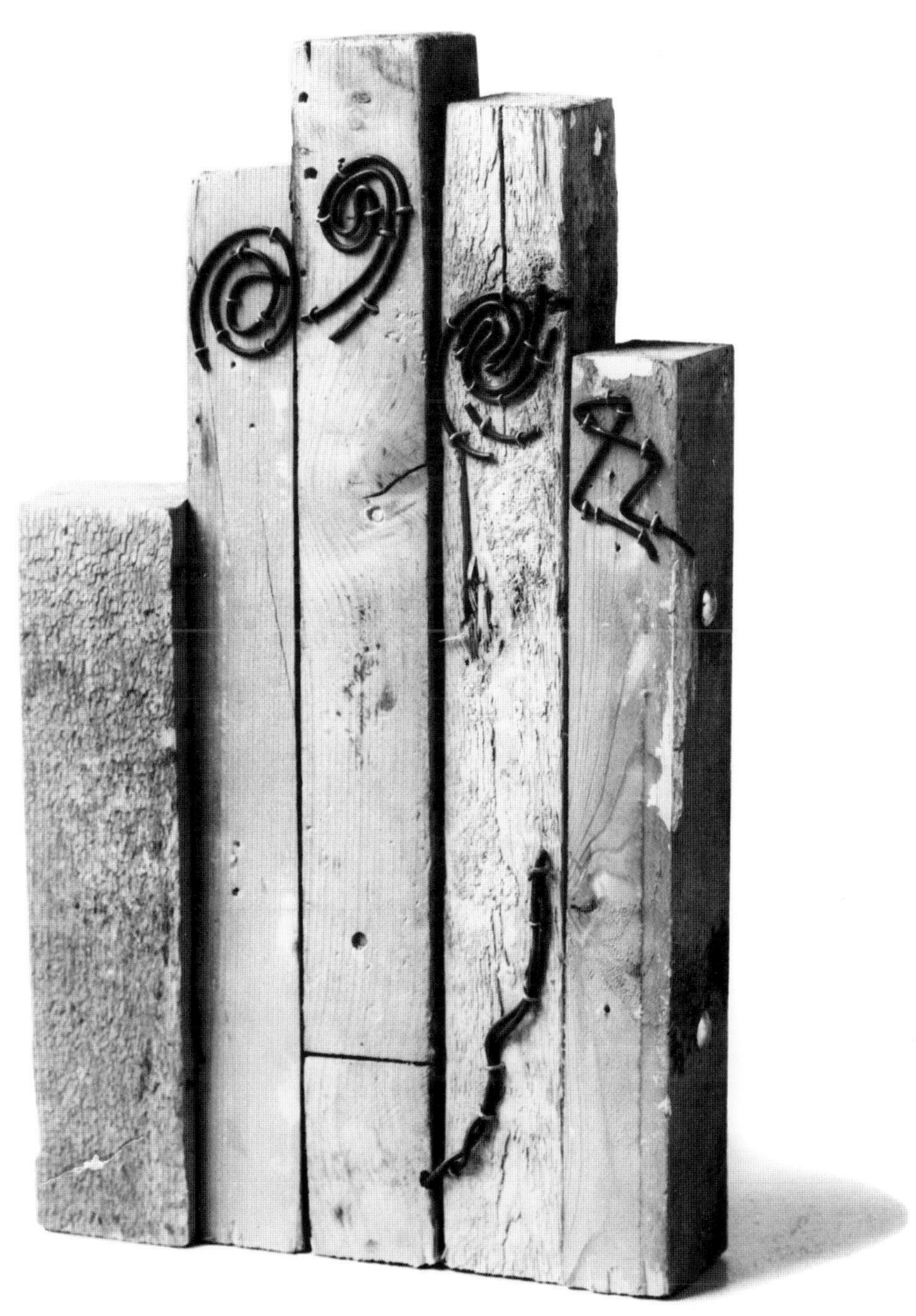

GEORG HEROLD, HAND, 1985,

KANTHOLZ, ZINKDRAHT / *SCANTLING, ZINC WIRE,* 100 x 50 x 10 cm / *39¹/₃ x 19²/₃ x 4"*.

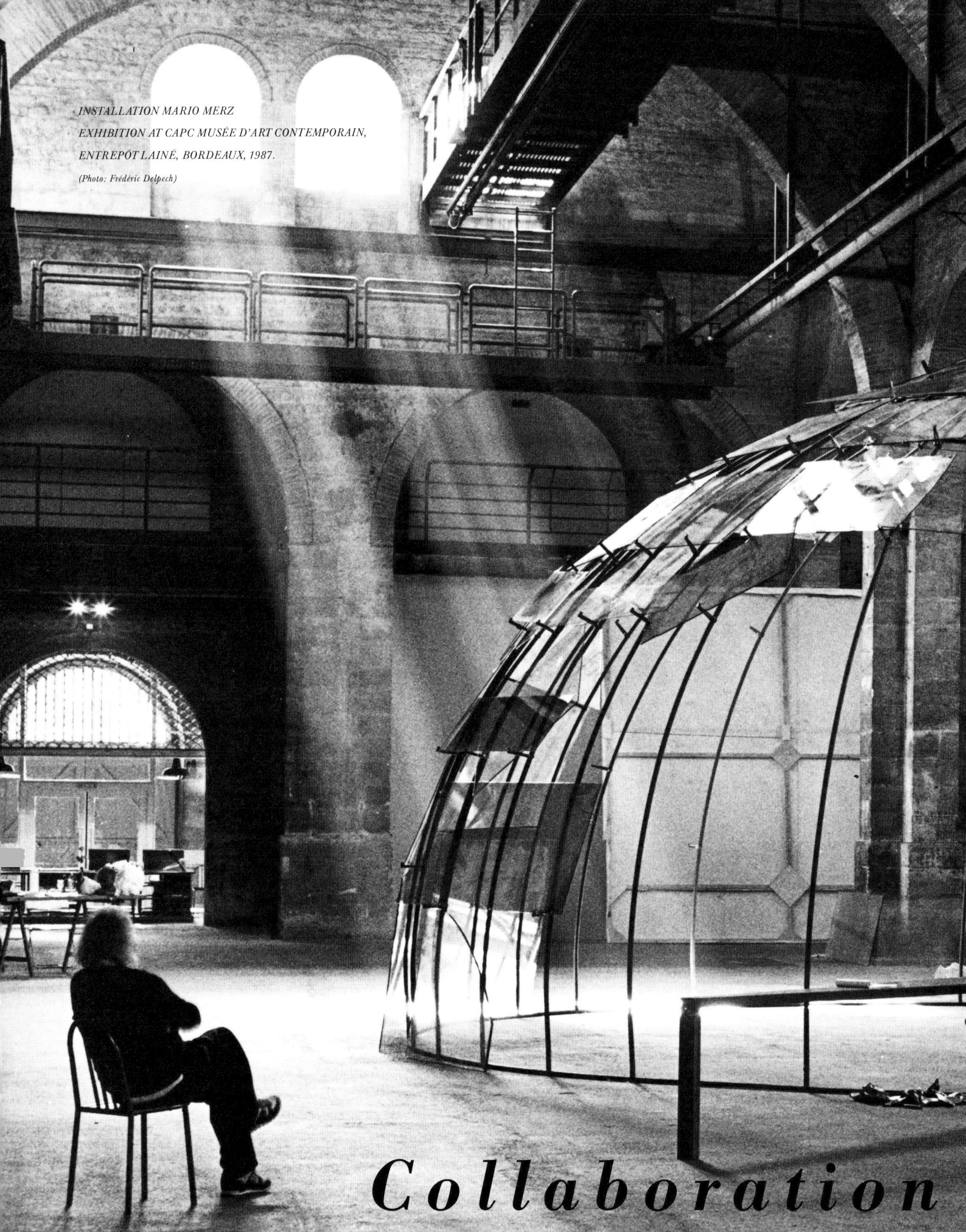

Collaboration

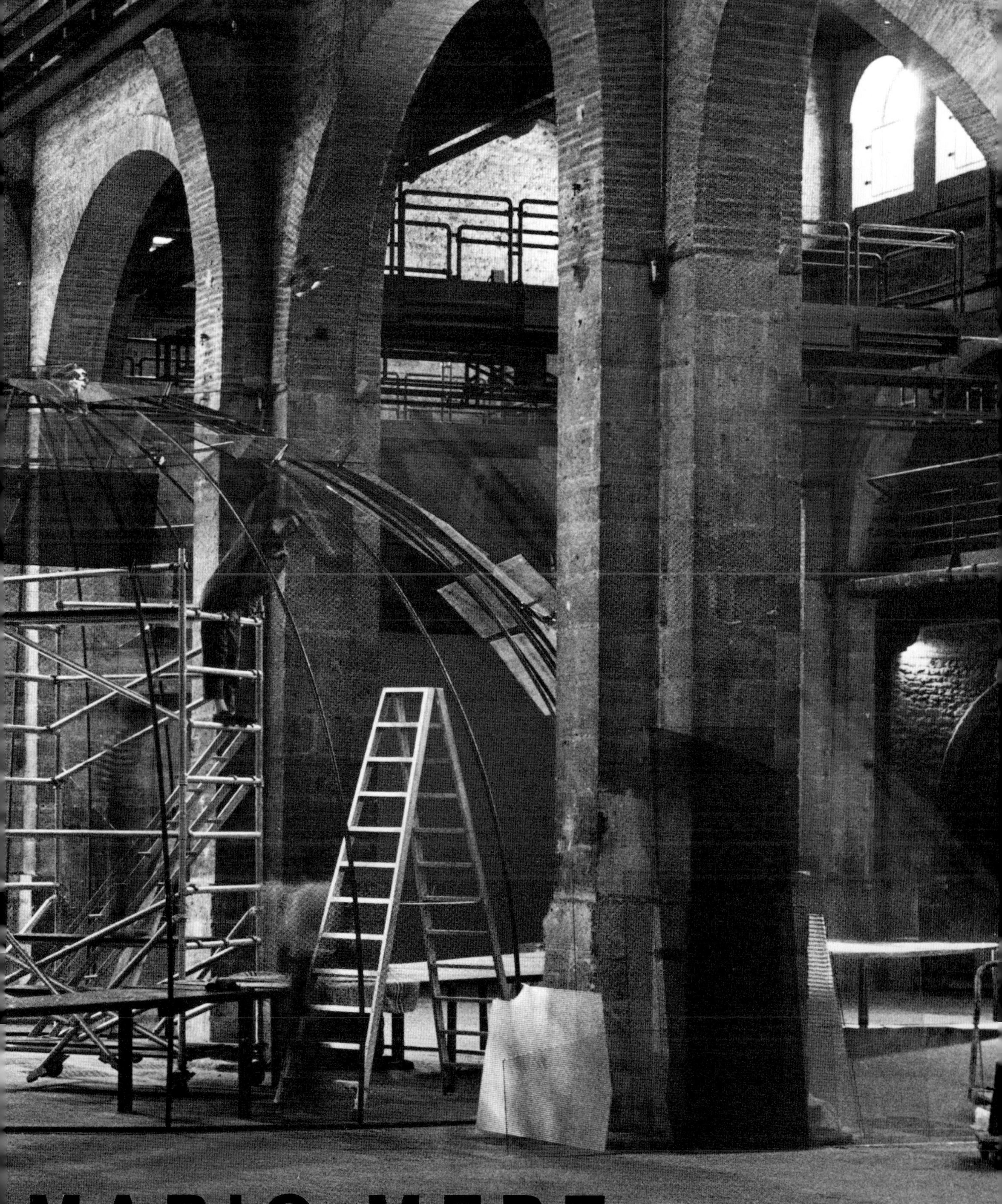

MARIO MERZ

Wege für hier und jetzt an unwegsamen Orten

Mario Merz' Reisebilder 1987

MARLIS GRÜTERICH

Ein neuer und ein alter Werktitel von Mario Merz – ihr Widerspruch und ihre Anziehung – leiten mich durch meine Erinnerungsbilder an seine Ausstellungsbilder dieses Jahres. Im November in Paris wiederholte Mario Merz die Losung: «Kunst ist die Fähigkeit, sich selber zu retten».[1]

Mario Merz' kleine und grosse Ausstellungsbilder sind jede Reise wert. Sie liegen auf der Reiseroute seiner Phantasie-Biographie. Meine gute Nase hat mich in diesem Jahr nach Chagny im Burgund, nach Venedig, Düsseldorf, Bordeaux und Paris geführt. Ein ständiger Reisegrund für einen unruhigen Propheten wie Mario Merz ist sein Tagesbedarf an phänomenalen Augen-Blicken zwischen wissender und intuitiver Lebensorientierung und vor allem an überraschend produk-

tiver Anwendung seiner Kunstgriffe auf die Bildwerdung der Metamorphosen im neuen All-Tag. Mario Merz' Ikonographie konstituiert sich aus der individuellen und globalen Wahrnehmbarkeit ihrer Bildformen. Sie kehren wieder wie Obsessionen, von denen man sich befreien will – bis man sich bei diesen wiederholbaren Befreiungsakten wohl fühlt.

Die Repro-Wirtschaftskultur meidet die Gefahr der persönlichen Zeiträume der Wahrnehmung, die ihre Bilder nicht imitiert, sondern konstruiert. Als Pop in Amerika unausweichlich wurde, hatte Mario Merz in Italien das Glück, sich mit dem menschlichen Phänomen der Konstruktion zum Zweck der einseitigen Beschleunigung in der Ingenieur-Wirtschaft vertraut zu machen – und mit dem Zweck der zyklischen Regeneration in der Bauernwirtschaft. Mario Merz' Vater entwickelte Motoren für Fiat in der barocken Planstadt Turin, zu deren Stadtbild die Hügel und die Schneeberge des Piemont gehören.

MARLIS GRÜTERICH ist Professor für Kunstwissenschaft an der Fachhochschule für Kunst und Design in Köln und Kunstkritikerin.

Mario Merz' Kombination: die Formalisierung der biologischen und technologischen Konstitution seiner Biographie. Die für die Gesellschaft verbindlichen Modelle waren für die moderne Kunst erledigt. Der poetische Wissenschaftler konnte sich fern jeder Akademie des künstlerischen Rechts auf Selbstreflexion erfreuen.

«Der Dichter hat ein starkes Gespür für das natürliche Phänomen. Er beschreibt es nicht. Er muss es auf andere Weise ausdrücken. Deshalb habe ich die artistischen Spielarten der Logik aufgegeben.»
(Mario Merz)

Mario Merz fand die beschleunigte Phantasie-Figur, die sich in jedem Punkt mit Natur und Geschichte berührt – konzentriert und exzentrisch gegenständliches Epos werden kann. Labyrinth-Spiralen sichtbarer und unsichtbarer kosmischer Strukturen konstituieren zu jeder Zeit überall organische Bildgerüste für Fusionen zwischen Phänomenen in der Natur und ihren Derivaten in der menschlichen Industrie. «Die Welt dreht sich weiter, weil es die Elektrizität gibt.» Die Spiralstruktur durchmisst in Mario Merz' Iglu-Konstruktionen einen praktischen und symbolischen Bildträger der Überzeugung, Analogien zwischen nahen und fernen Globusverhältnissen äquivalent in die Formpraxis umsetzen zu können. Da dies Phänomen selber keine Kontinuität hat, übt er optimales Handeln im Hinblick auf das natürlich und menschlich Gegebene. Solange Mario Merz lebt, werden Kunst-Iglus um ihn herum aus der Erde spriessen. In einer zerstreuten Zeit leistet er sich auf Synthese konzentrierte Form-Dramaturgie der mentalen Ikonographie. Seine dialektische Anwendung der Selbstbefreiung der Moderne von überalteter Bildsprache durch formale und informelle Abstraktion auf die Physiognomie der Lebensdinge überwindet die abbildlose Realitätsferne – ohne sich Menschen zu malen.

Wer zu Hause bleibt, hat zu wenig Bauterrain für poetische Entwürfe einer Kunst, die Kultur fördern will und sich deshalb nicht ineffektiv isoliert.

«Das Konzept ist eine Situation und eine Antwort auf eine Situation.»
(Mario Merz)

An Ausstellungsbilder dieses Jahres erinnere ich mich wie an besonders lange Tage, an denen Sich-Unterhalten, Sich-Befreunden und Sich-Erinnern sehend macht. Die Tageszeiten registrieren dann die Vorkommnisse nicht nur. Farben und Schatten bringen dann nicht nur malerisches Licht in die Weltsachen. Prometheus Mario Merz bringt inhaltliche Argumente vor gegen Phantasmen und ihre Denkwiderstände. Gebilde, die ihm auch Bilder von seinen Motivationen geben, sind ihm Indizien dafür, dass die Iglu-Malerei und die Dinge besser weitergehen.

CHAGNY IM BURGUND, JANUAR

«Ich habe nur die Form benutzt – die Geschichte nie.»
(Mario Merz)

Er kann es sich leisten, so zu reden, denn es ist schon eine Geschichte, die aus einer Ausstellung und einer Landschaft ein Nachbild macht.

Von der TGV-Station auf der Mitte der Strecke Paris–Lyon begleitete ein vereister Kanal die kurvige Autostrasse durch die winterlich durchsichtige, rhythmische Hügellandschaft. Mistelschmarotzer hoch oben in fahlen alten Bäumen und niedrig beschnittene, saftig rotbraune Weinstöcke gaben mir Lebenszeichen zwischen verlorenen Dörfern. Was sollte ich in der gesichtslosen Mini-Industriestadt Chagny? Wäre nicht neben der Mairie die Galerie des lachenden Pietro Sparta gewesen … Hätte sich nicht in einem Hinterhof mit Werkstätten eine Tür auf eine leibhaftige Erscheinung geöffnet? Bogenspringen in Weinreben. Wie eine Weihnachtsgans mit Gewürzen war der Werkstattboden mit Weinreben-Bündeln ausgestopft. Der bizarre Naturteppich war für die Augen warm – die Kristallblumen auf den Fensterscheiben eisig wie die Füsse.

«So ein Gegenstand hat eine höchst interessante formale Physiognomie. So einen Gegenstand kann man benutzen. Es ist überflüssig, als Künstler hinzugehn und den Gegenstand emblematisch noch einmal zu schaffen.»
(Mario Merz)

Von den Weinbauern gegen den Widerstand ihrer Wachstumsrichtungen gekrümmt, formierten die Weinreben einen so formalen wie informellen

Grundriss für kleinere und grössere, so organisch wie geometrisch konstruierte Bogenschwünge aus Bienenwachs. Das halb sichtbare, halb visionäre Spiral-Springen, die impulsive Ko-Produktion im bäuerlichen Winterlager und eine unter die Decke steigende Japan-Brücke aus Wasserleitungen und einem «Gehsteg» aus Reisig darauf erhöhten im Innenraum merklich die Erdrundung.

Nach van Goghs im- und expressiver Europäisierung von Hiroshiges Highway-Bergbuckel-Brücken, die Stützbalken für Stützbalken die Meeresbuchten zwischen Tokio und Kyoto überschritten, nun eine internationale romantische «Erdlebenlandschaft» (C.G. Carus) und doch kein Pars pro toto-Ausschnitt. Reale blaue Neonzahlen symbolisierten im Unterholz Energiewege aus der Ebene zu neuen Ufer-Fundamenten – mit und ohne Bauherrn. Auf der Bildebene der überzeitlichen Lesart trieb sie die elektrische Transformationskraft der zyklischen Phantasie an. Auch Hiroshiges Brücken-Feuerwerk und -Regen sind in der astralen Mimesis des landschaftlichen Selbstporträts zu entdecken. Von sich anbietenden Analogie-Kraftwerken begeistert, erkennt der Künstler die Wichtigkeit der ihm zufallenden Formen und ihre Ideen ohne idealistische oder materialistische Dominanz oder semantische Schwierigkeiten.

«Das ist so, weil ich die Malerei nicht aufgegeben habe. Das heisst, ich habe die Poesie nicht aufgegeben. Ich verstehe die Malerei als literarisches Phänomen... Das eine Phänomen drückt sich durch die Stimme aus, das andere durch Zeichen... Auch die Mathematik hat eine poetische Lesart. Die poetischen Systeme sind nicht gegen die wissenschaftlichen Systeme. Selbst Einstein ging es darum, die Dinge so zu sehen, wie sie der Rationalist seiner Zeit nicht sehen konnte. Seine wissenschaftliche Methode war komplexer. Also zeigt sich an einem bestimmten Punkt das Phänomen der Sprachverschiedenheit. Die Sprache ändert sich, insoweit das Instrument sich ändert. Wechselt man das Instrument, wechselt man die Sprache.» *(Mario Merz)*

Mit Goethe: «Wir denken, Ort für Ort sind wir im Innern.»[2] Und auch am Ort mit Merz.

Wie den Klosterbaumeistern im romanischen Burgund fiel Mario Merz nichts Überflüssiges ein. Die Rundbogen-Proliferation wurde in Chagny zum Treibhaus für den Minimalisten und Mythologen oder «Komplexität der Wahrnehmung, die eigentlich die Grundform der Sinne ist» (A. Kluge). Verbalpoetisch unterscheiden sich Alexander Kluges filmische und Mario Merz' statische Bildvorstellungen von der schweigend redenden Natur nicht: «In natürlicher Form stellt übrigens die Natur solche Komplexe her. Sie sind lediglich unerzählt.»[3] In der Auswahl der Komplexe unterscheiden sich Künstler und Cineast.

V E N E D I G , A P R I L

Orte und ihre Zeiten sprechen selber über Lokales und Überregionales, wenn Mario Merz Naturformen und -phänomene mit Zivilisationsderivaten mischt, z. B. das Veneto mit Venedig.

An der Vaporetto-Station San Tomà reiht sich der Palazzo Grassi in das aufwendig restaurierte Fassaden-Ufer des Canale Grande ein. Die reiche Serenissima hielt bis zu ihrem Untergang auf urban differenzierte Ähnlichkeit in ihrem Ambiente aus Wasserstrassen, Gassen, Plätzen, Palazzi und Gärten. Die schöne Gesellschaft begegnete ihrer eigenen Bedeutung auf den eigenen Schauwänden im Zeitkostüm am Ende weder christlich noch antik überhöht, wie im Palazzo Grassi, jetzt Museum für moderne Kunst.

Die Biennale-Stadt entstaubte ein Monument. Arcimboldos Metamorphosen-Manierismus wurde zum Grundphänomen der Konzeptualisierung der Kunst bis ins 20. Jahrhundert hinein ausgedehnt. Der «Arcimboldo-Effekt» soll die vierte Dimension zur anschaulichen Funktion des Bilddenkens machen – in Duchamps Erotik-Mechanismen wie in kubofuturistischen oder surrealen Stil-Utopien sah sich das Künstler-Genie im Mittelpunkt des subjektiven Kollektivs seiner Kunstgriffe, Kontext-Ironisierung, stilistischen Verzerrung, Multi-Formen und -Perspektiven.

Dabei sitzt in Arcimboldos Weltportraits alles richtig an seinem Platz. Und auch Mario Merz' natura morta sah so aus, als hätte er über das

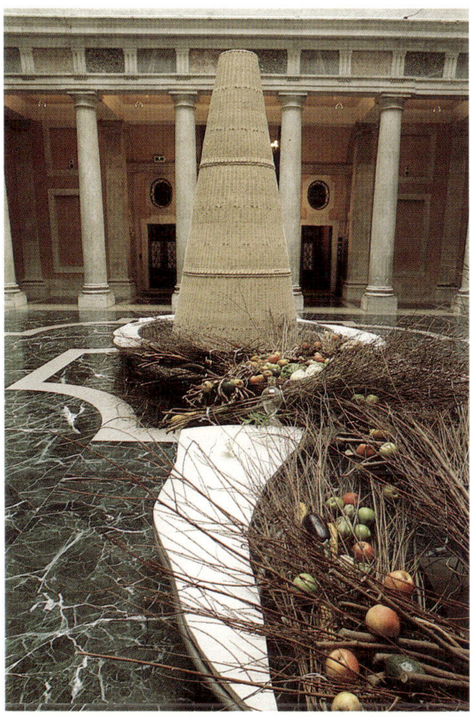

MARIO MERZ, HOMMAGE À ARCIMBOLDO, (CONO, 1969),
INSTALLATION: PALAZZO GRASSI VENEZIA 1987.

(Photo: Elio Montanari)

MARIO MERZ,
EINE BEARBEITUNG, EIN MASS ERDE, DAS EIN
WAHRHAFT IRDISCHES BILDNIS HERVORBRINGT /
A CULTIVATION, A MESURE OF EARTH THAT YIELDS A TRULY
EARTHLIKE PORTRAIT, 1987, 950 x 750 x 350 cm / *31 x 25 x 11'.*
INSTALLATION: GALÉRIE PIETRO SPARTA, CHAGNY, FRANCE.

(Photo: Salvatore Licitra)

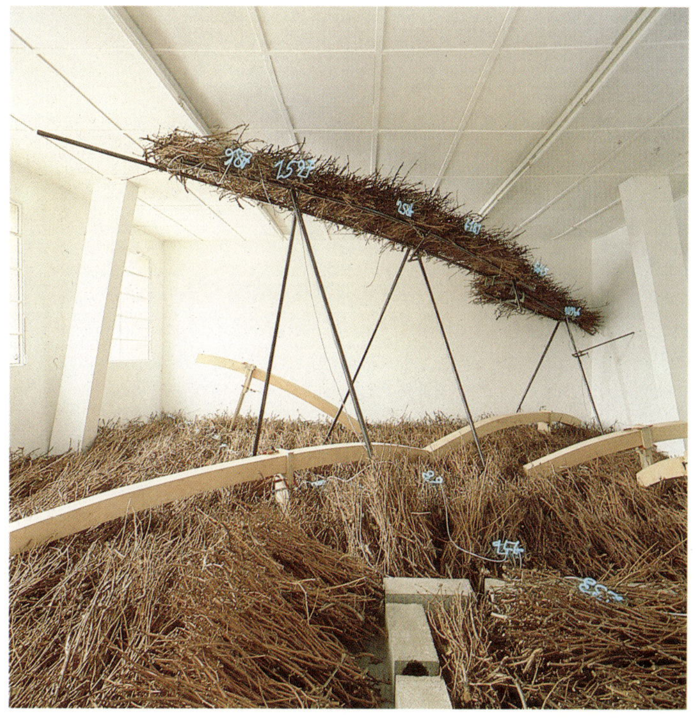

vorteilhafte Selbstbewusstsein barocker Auftraggeber nachgedacht. Rudolph II. liess sich in Prag von Arcimboldo, die Herrscher von Venedig liessen sich von Tizian, Tintoretto und Tiepolo im Zentrum ihres Welt-Theaters inszenieren und um sie herum ausser Konkurrenz die Heiligen, die Götter, die damaligen vier Weltteile, die vier Elemente und der Zyklus der vier Jahreszeiten. Mario Merz kommt zu anderen repräsentativen Zahlen.

Der subjektive Demokrat digitalisiert sein Bildprogramm mit Poesie und Wissenschaft selber: die Form-Umwandlung der Welt-Inhalte. Wir werden nicht in einem Zentrum festgehalten. Es gibt zu viele davon. Nichts lag näher als eine Hommage (homme/Mensch – age/Zeit + Alter) an die seit Arcimboldo veränderte Zeit der Menschen, auch im Venedig-Tourismus. Man muss nur darauf kommen. Eine Fest-Architektur in der monumentalen Eingangshalle übertrug die Mimesis der Zahlenproportionen des Goldenen Schnitts aus dem Beobachtungsmassstab auf die Analogie-Welt im Grossen und Ganzen. Der Evokationszauber in Fibonaccis arabischer Unendlichkeitsrechnung mit der endlichen Natur bewirkt, dass wir am schnellen Durchlauf der klein bleibenden und sich wiederholenden Symbole durch die Null das Ganze in seinen Teilen simultan beschleunigt sehen können: hier und jetzt.

Im Dunkel der Gondeleinfahrt «Wellenbewegung» im blauen Zahlen-Kanal eines durchleuchteten Glasdepots. Nach und nach erkennbar «schwamm» darauf ein Riesenkrokodil, aus den Keilformen seiner Allround-Bewegungsperspektiven zusammengesetzt – diese wiederum eine additive Körperzusammenballung aus faustgrossen Zeitungspapierballen, wie mit trübem Wasser bespritzt –, in die zentrale Lichthülle und -fülle im Treppenhaus. «An Land» kroch es weiter als ovaloider Haifisch-Stein auf dem Spiralgerüst für ein Wäldchen. Da verlor ich den Überblick. Im Halbdunkel der kahlen Sträucher von der Terra ferma schlidderten rote, gelbe, grüne Zucche (Kürbisse), Zucchini (kleine Kürbisse) usw. auf dem Spiral-Labyrinth-Tisch auf den Kamin-Konus aus hellen Weidenruten zu, der im Palazzo-Zentrum für die bildhafte Licht- und Luftrotation zwischen Innen-

und Aussenarchitektur sorgte. Im gleichen Atemzug überliess er die Bildübertragung der Phantasie. Von fragiler Menschengrösse war Mario Merz' Atemkörper aus der Mitte der 60er Jahre zur architektonischen Lunge gewachsen und gab, umgeben von klassischen Säulenordnungen, eine Anatomiestunde über Architektur, in der man atmen kann. Sie leitet optische und körperliche Wahrnehmungsbewegungen weiter in den Stoff-Wechsel-Kosmos der Zivilisation.

Ein Allegorie-Zitat aus Arcimboldos Portrait-Alchemie signalisierte die Metamorphose der Poesie im Augen-Blick. Die weisse Königslilie «wuchs» aus der Bildnatur, gewässert vom Reservoir einer in Murano extra geblasenen doppelten Flasche. Sollen die Bilder unserer multimedialen Umgangssprache (die Top-Repro-Simulation dieses Jahr in Venedig: «Dein Leben ist Dein Film» / in unseren Jeans) wieder aus erster Hand kommen, muss eine unvergleichlich plausiblere Phantasie die Selbstwahrnehmung naheliegender Denkformen betreiben.

«Wenn es das Ewige gibt, heisst das: es ist so umfassend, dass Du von da zum Minimum zurückgehen kannst. Ich kann zum winzigen Krümel zurückgehen, weil ich das Element des Unendlichen, das schon im Bewusstsein der (russischen und amerikanischen) Minimalisten enthalten war, grenzenlos erweitert habe.»   (Mario Merz)

D ÜSSELDORF, F EBRUAR
Noch während Mario Merz im Februar in Venedig arbeitete, hatte ich das Glück, dass seine Ausstellung bei Konrad Fischer in Düsseldorf ihm Lust und Konzentration übrigliess, um für meine Studenten an der Kölner Kunstschule einen Vortrag über seinen Status quo zu halten. Fazit: «Der Inhalt muss sich unerwartet als wichtig erweisen.» [4]

Nur informelles oder nur konstruktives künstlerisches Vorgehen bietet der Phantasie keine extremen Arbeitsmethoden mehr an, also auch keine unerwarteten affektiven oder intellektuellen Einsichten.

Was tun? [5]

Den mentalen und den materiellen Bildträger zum Medium «Bild» werden lassen. Der zum Vor-

MARIO MERZ, CENTURIES HOARDED TO PULL UP A MASS OF ALGAE AND PEARLS (EZRA POUND) /
ANGESAMMELTE JAHRHUNDERTE ÄUFNEN EINE MASSE VON ALGEN UND PERLEN (EZRA POUND), 1983,
⌀ 400 x 200 cm / *13' x 6'6".* INSTALLATION: CAPC, *MUSÉE D'ART CONTEMPORAIN DE BORDEAUX.*
(Photo: Frédéric Delpech)

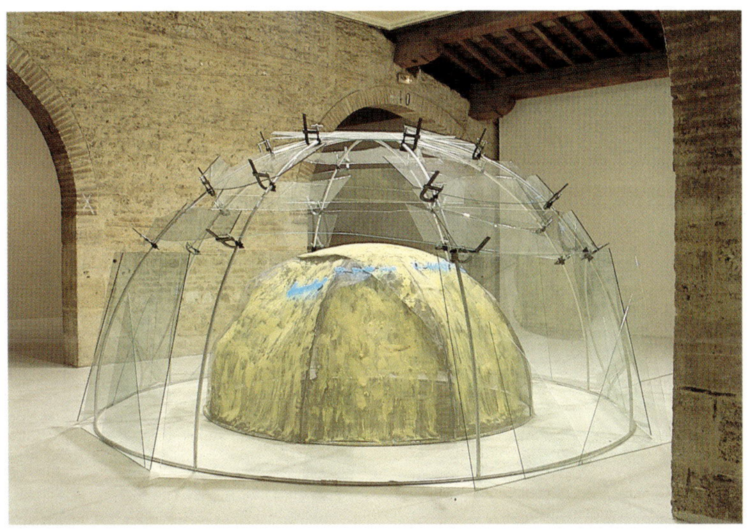

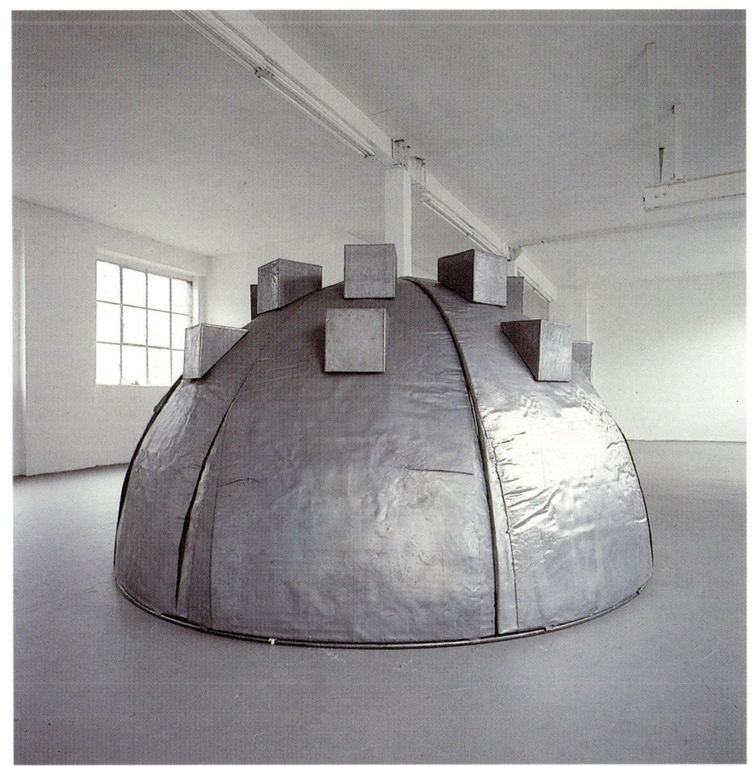

MARIO MERZ, DER AUS BLEI / *OUT OF LEAD, 1986/87,*
BLEI, EISEN, WACHS / *LEAD, IRON, WAX,* ⌀ 300 x 160 cm / *⌀ 118 x 63".*
INSTALLATION: KONRAD FISCHER GALLERY DÜSSELDORF. (Photo: Dorothea Fischer).

schein kommende Fusionsinhalt antwortet auf das investierte Seh- und Erkenntnisbedürfnis. Ohne stilistische Scheinverbindlichkeit strahlte DER AUS BLEI inhaltliche Materialität aus. In Fischers Galerie-Lagerhaus, im grossen Obergeschoss mit Fenstern auf beiden Langseiten und einer Stützen-reihe in der Mitte stand ein nördlicher Kontinent-Körper aus grossen Wachs- und Blei-Blättern. Die Blei-Eis-Meer-Masse überwog, schützte aber die Wachs-Wärme wie ein Tierpanzer. An Beuys' SCHMERZRAUM erinnernd (1983/84 bei Fischer in der kleinen Galerie hinter der Kunsthalle, zur Zeit der Ausstellung des Plastik-Virtuosen Picasso), aber ohne anstrengende Klaustrophobie-Erscheinungen, ging vom matt das einfallende Licht reflektierenden Bleimantel Überlebensqualität aus. Die kleine bleierne Kuben-Festung auf dem Iglu-Zenit war ein Kompliment an das nicht ver-absolutierte Bauhaus-Modul der Weltkommune:

«Ich musste dem Bild eine Sicherheit geben, die es nicht mehr hatte.» (Mario Merz)

Nicht das fixe Denksystem, aber eine auf Abruf konstruktive Denkhaltung ist nützlich.

Die lunare Atmosphäre war kühl und sanft.

BORDEAUX, MAI

Das Reisegepäck des Bildgenerators ist leicht und schwer. Schon im Mai stand DER AUS BLEI in Bordeaux, ein Kerngehäuse wie ein Software-Speicher, im oberen Galerie-Gewölbe eines Museum gewordenen Handelslagers im früheren Hafen. Hier reihten sich auch ältere Jahresbilder: 1981 Architektur gegründet und aufgelöst von der Zeit / Architettura sfondata dal tempo, architettura fondata dal tempo.

1983 Centuries hoarded to pull up a mass of algae and pearls. 1983/85 La casa del giardiniere / Das Haus des Gärtners. Archi – tettura = Ursprung – Bedachung?

Das einsatzfreudige Kunst-Entrepot Lainé, geleitet von Jean-Louis Froment, ist mit seinen unendlichen Quadratmetern auch als leerer Bau repräsentativ für den durch Sklaven-, Holz- und Weinhandel reich gewordenen Atlantik-Hafen. Seit den Stadträten Montaigne und Montesquieu

hat man hier etwas noch nicht veräussert: die grosszügige Moral, im «Geist der Gesetze»[6] Spiel-raum dafür zu haben, dass es weitergehen kann. Die grossen Aussenräume der Stadt geben einen Begriff von Lebensqualität unter dem ozeanischen Himmel von Aquitanien. Die Taxifahrer und Kellner sagen es – und nicht nur ihr lustig rollender Dialekt. Eröffnungsempfänge in der Galerie und in der feudalen Mairie treiben Aufwand fürs Vergängliche, das bleibt.

Mario Merz machte ein ökonomisches Kunstwunder wahr: die im Raum funktionierende Architektur-Zeichnung ohne definitive Grenzen. Kaum im Haus, sah man den FLUSS, DER AUF-TAUCHT in einem zirka dreissig Meter langen Gewölbegang. Eisenbögen sprangen wie Zeichenstriche nach Mario Merz' impulsiver Choreographie über den Zeitungsfluss (ein Band gereihter Zeitungsbündel) der von endlich nach unendlich springenden neon-blauen Fibonacci-Zahlen. 1974 skizzierten rote Strichtunnel die Spannung der kleinen Energiezahlen über den Fingern an einer Hand.[7] Hier sah man auf einen Blick, wie Nachrichten von gestern sprunghaft wachsende Bewegungssummen von Gedanken gegen dickes Gemäuer durchsetzen können – ich vermute, eindrucksvoller als beim ersten Auftauchen im Frühjahr im museal glatt modernisierten Bourbonen-Schloss Capo di Monte hoch über der Bucht von Neapel.

LA GOCCIA D'ACQUA / DER WASSERTROPFEN

In der Stapelhalle, die den ganzen Aufriss und fast den ganzen Grundriss durchmisst, geschah dem Glas-Iglu mit achtzehn Jahren die Apotheose seiner Vorahnungen. Auf Distanz zum dunklen Arkadenumlauf stieg er zur Interieur-Kathedrale an, gestützt auf einen der Hallenpfeiler, zum ersten Mal begehbar. Sonnenscheinwerfer projizierten aus der irren Höhe der Fenstergalerie wandernde Lichtiglus durch die Bogenfenster auf das Glasgewölbe. Sie brachen sich an Mario Merz' architektonischem Kubismus auf den Darstellungsebenen des Glasdachs, am Fussboden und auf dem Rotationshorizont-Tisch des Welthauses. Ganz und gar in der Norm des Ortes drang ein riesenhafter

Tischkeil, eine Eisenplatte mit Stützen, aus dem Arkaden-Dunkel in die Iglu-Helligkeit vor und durchbohrte mit seiner Spitze die gegenüberliegende Glaswand, wo der Kreislauf der Dinge in der Iglu-Welt in einem Wasserschwall ein Ventil fand. Damit er nicht erstarb, wurde er in einer Tonne unsichtbar wieder in seinen Schlauch zurückgepumpt.

Mario Merz denkt nicht daran, wie Leonardo da Vinci den Ernstfall dramatisch zu zeichnen, die Feuer und Wasser spuckende Erde. So wunderbar schrecklich ist das Endzeitschauspiel nur noch im Kino. Uns fällt es ja schon nicht mehr auf. Deshalb entwirft er Bewässerungssysteme nicht wie Leonardo als Landschaftsorgane. Er konstruiert das kosmische Bild, das zu retten wäre. Seine Wassertropfen fallen auf heisse Steine, ausdauernd und unbescheiden.

«Philosophen streiten für und gegen die Gesellschaft. Sie verhalten sich zu steif. Ich bin ein ganz Formaler. Und ich bin noch formaler als die anderen, die von sich sagen, sie seien formal, weil ich parallele Formen gebrauche... Wenn man Konflikte auslöst, gelingt einem gar nichts mehr. Das führt zu unrichtigen Entscheidungen. Es gibt so viele Konflikte, dass sie sich gegenseitig aufheben. Aber an Parallelerscheinungen kann man viele Dinge bemerken.» (Mario Merz)

Die vierte Dimension ist vieldimensional – rund und nicht quadratisch. Der Iglu, Mario Merz' biographisches Bildinstrument, entwickelt seinen kulturellen Gebrauchswert im Kontakt mit der Wirklichkeit, je nach seiner malerisch konstruktiven Konstitution. Das Iglu-Welthaus ist der Kopf in kommunikativer Lebensgrösse, die sichtbar schwingende Physis der beschleunigten Phantasie. Der Kopf ist in seiner Hirnschale so weit wie die nahe und die ferne Welt. Der Iglu kann dastehen und dabei handeln, sich isolieren und dem Rest der Welt Resonanzraum sein – wie der Kopf. So seltsam ist das also nicht.

PARIS, NOVEMBER

Für das Festival d'Automne regenerierte sich der Formenfluss beim Kunst-Kirchgang in Le Veaus Hospital «La Salpêtrière».[8] Vom Triumphbogentor mit Widmung an das Kind Ludwig XIV. bis zur zentralen Anstaltskirche Saint Louis verregnete es mir eine für Karosserien gepflasterte Zufahrt lang die Geisterschau: Charcots Psychiatrie,[9] Picassos blaue Dramen aus dem Frauengefängnis, zehn Jahre geschlossene Gesellschaft für Artauds Nerven-, Drogen- und Phantasieleiden. Mein erster Eindruck und mein Nachbild von Mario Merz' Körper-Architektur im Macht-Design für den Heiligen der französischen Könige: Sie atmete, als spräche Mario Merz aus der Iglu-Wolke, um uns mit einer Kultur zu verführen, die das Macht-Denkmal immer wieder aus ihrer Phantasie streicht. Es drehte sich alles um die dominierende Vierung; unter der immens hohen Kuppel eine kleine Kuppel.

Ja, aber die ewige Wiederkehr sah wieder anders aus. Hinter der Vierungsschranke auf dem Boden dramatische Beleuchtung in einem Glas-Depot-Keil, der rotationsdiagonal auf den Iglu zustiess. Der war exzentrisch plaziert, aber selten regelmässig und transparent gedeckt mit längsrechteckigen Steinplatten von einem alten Dach (und einem klassizistischen Relieffragment): DREHEN SICH DIE HÄUSER UM UNS, ODER DREHEN WIR UNS UM DIE HÄUSER? (1977/85)[10] Vom Hauptaltar leuchtete auf silbrigem Maschennetzschirm die weltliche Verkündigung: WENN AUCH DIE FORM VERSCHWINDET – IHRE WURZEL IST EWIG. Im linken Vierungsarm eine Körper-in-Körper-Formation, mystifiziert im Gegenlicht. Erotisch spielte sie alles durch, was es schon gegeben hat an Nicht-Objekten, ORTEN OHNE AUSWEG, HELL-DUNKEL im Weinreben- und Glasiglu.

Der Bildgenerator schickte Neon-Blitze durch die Glasdomhülle der Iglu-Proliferation (H 440, ⌀ 800 cm), in den blinden schwarzen Körper in seinem Innern. Nur ein paar Schritte zurück vom Strahlenkranz des Monte Verità der zyklischen Ereignisse trat das Ganze zurück in die Kirchen-Dämmerung. Die Beschwörung: OBJET, CACHE-TOI! stand so gross wie noch nie seit 1968 neonblau auf dem Reisighütten-Iglu geschrieben.

Und weiter sprach Zarathustra/Merz über UNWEGSAME ORTE, wandte man sich um und

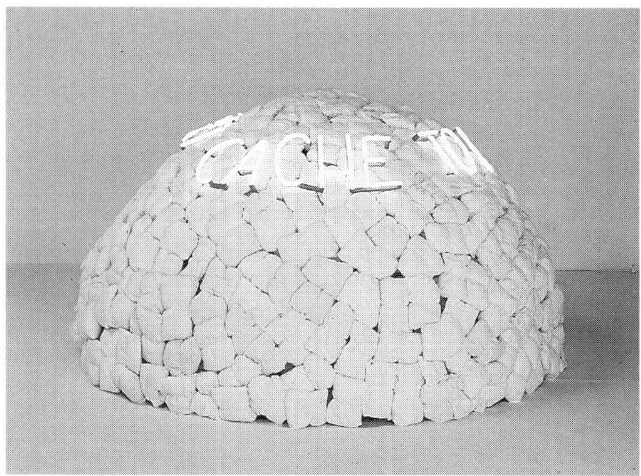

MARIO MERZ, OBJET CACHE TOI, 1968,
METALL, STOFF, NEON / *METAL, FABRIC, NEON,*
∅ 210 x 110 cm / ∅ 82²⁄₃ x 43¹⁄₃". *(Photo: Frédéric Delpech)*

einer anderen Kapelle zu. Wieso unwegsam? Eher ein eleganter Ausweg aus einer psychischen Blockade. Eine glitzernde Metallnetz-Raumstation auf einem fliegenden Teppich aus Weinreben-Reisig da, wo die Arkade zur Kanzel bis über Sichthöhe mit Reisig zugestapelt war. In der sakrosankten Kirchenkälte kam so doch noch die Fusionswärme zustande, in der angelehnte weisse Marmorplatten zu emotionalen Hauswänden wurden und die Zahlen den Weg ins Haus durchs Gestrüpp beleuchten konnten. In der Kapelle gegenüber tat sich EIN WEG FÜR HIER UND JETZT / SENTIERO PER QUI auf, obwohl die verbarrikadierte Ruine auf den ersten Blick nicht so aussah und auch nicht wie ein Hausprojekt / Progetto domestico, wie die Auftrags-Triennale 1986 in Mailand hiess. So leicht bringt man Mario Merz nicht auf den Weg der Design-Euphorie. Nicht handwerk-, nicht industrie-, aber materialgerecht bahnten schmale poröse Sandsteinplatten (Betonverkleidung) einen zirka acht Meter langen Kanal mit bizarren Uferrändern unter die Iglu-Festung für den bekannten Zahlenstrom der wunderbaren Verwandlung von Zeitungen in alles Autonome, was man will und zum konstruktiven, physiognomischen Hausen braucht. Am Eröffnungsabend sah ich im Scheinwerferlicht über dem Iglu eine traurige Madonnenstatue wie auf einer das Dogma zerfetzenden Barrikade.

Ans andere Ufer der Vierung wogte das elementare mimetische Reich der Organizität ohne narrative Handlungsrichtung heran. Ideologiefrei aus Instinkt. Das venezianische Krokodil der modernen Urform-Beweglichkeit schwamm zum Zeit-(ungs-)Energie-Fluss der tanzenden Ufergeschichten. Ein dunkler Weg gabelte sich mit einem hellen Weg zum Phantasie-Recycling mit Natur u n d Industrie. «Für Mister Blum ist ein Tag lang» (Mario Merz). Harald Szeemann hat die Hommage an Mario Merz' Jahresertrag mit dem Künstler so inszeniert, dass die mythisch-wissenschaftlichen Bildinstrumente für Daseinswahrnehmung ihre Anwendbarkeit auf verschiedene Kulturrahmen – individuell und objektiv – durch Faszination beweisen konnten.

Aus Abneigung gegen eilige Gehirn-Geburten reiht Mario Merz seine ästhetischen Beobachtungen in das erkennbar phänomenale Leben ein. Persönliche Kultur kann das andere Neue nicht einfach erfinden. Ein grosser Einsamer freundet sich mit seinen Bild-Reisen an:
«Mich interessiert, dass das Meer ansteigt und nicht platt bleibt.»

(Mario Merz)

ANMERKUNGEN

[1] Alle Äusserungen von Mario Merz sind aus einer Unterhaltung vor der Ausstellungseröffnung in Paris zitiert.

[2] Nach Ernst Cassirer, Freiheit und Form, Darmstadt 1964, S. 181.

[3] A. Kluge, Die schärfste Ideologie: dass die Realität sich auf ihren realistischen Charakter beruft, in: A. Kluge, Hg. Thomas Böhm-Christl, Frankfurt a. M. 1983, S. 297.

[4] Publiziert in: La Planète MERZ, Festival d'Automne à Paris, Libération No hors série, Paris / Hg. Harald Szeemann.

[5] Die Frage zur Lage hat Lenin 1912 in einer Rede über die Chancen des Sowjet-Kommunismus gestellt. Mario Merz hat, dies wohl wissend, 1968 die Frage in Werkform wiederholt: Neonschrift auf Wachs in einem Fischkochtopf.

[6] Charles de Secondat, Baron de la Brède et de Montesquieu, Vom Geist der Gesetze, 1748 erste Veröffentlichung anonym.

[7] In: Ausstellungskatalog Mario Merz, Kunsthalle Basel 1975, Hg. Marlis Grüterich und Carlo Huber: Una somma reale è una somma di gesti delle cinque dita realmente / Eine wahre Summe ist die Summe der fünf Finger wahrhaftig.

[8] In der Kirche der Salpêtrière, einer psychiatrischen Klinik, deren Gebäude aus dem 17. Jh. stammt, werden auch Kunstausstellungen gezeigt.

[9] Jean Martin Charcot (1825–93), einflussreicher Neurologe, gründete 1862 in der Salpêtrière eine neurologische Klinik. Seine Forschungen in Hysterie und Hypnose erwecken das Interesse von Sigmund Freud, der bei Charcot 1885 studiert.

[10] Girano le case intorno a noi o giriamo noi intorno alle case? Titel von Mario Merz' DAAD-Ausstellung, Berlin 1974, entstanden aus dem Problem, dass der Ausstellungsraum zu klein war. Zum ersten Mal tauchte der niedrige Dreieck-Tisch aus dem Glas-Iglu auf, um den Raum zu weiten. Siehe das Plakat und die Titel-Zeichnung im Kaiser-Friedrich-Wilhelm-Museum Krefeld.

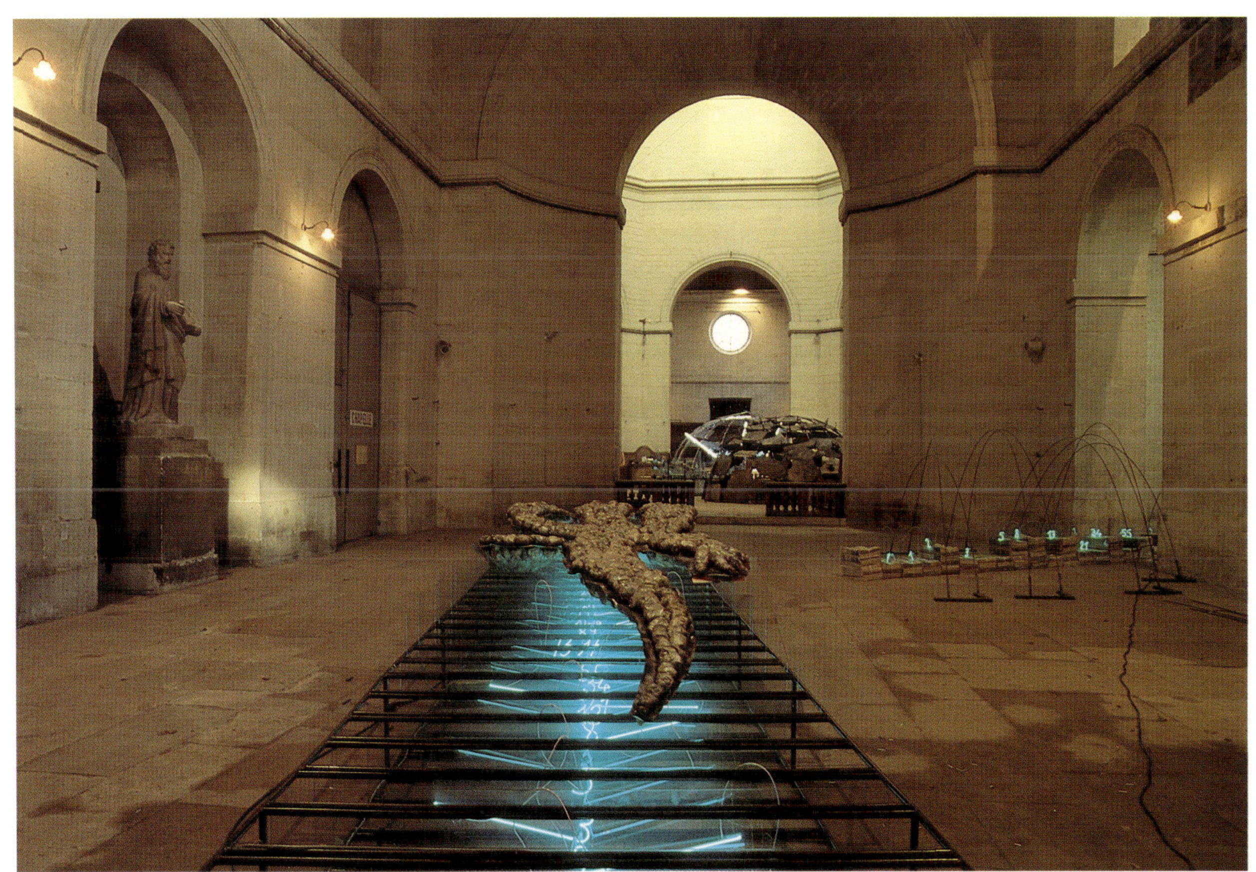

MARIO MERZ, HOMMAGE À ARCIMBOLDO, 1987,
METALLSTRUKTUR, PAPIER, LEIM, WACHS, GLAS, NEON /
METAL STRUCTURE, PAPER, GLUE, WAX, GLASS, NEON, 28 x 900 x 185 cm / 11" x 30' x 6'.
INSTALLATION: CHAPELLE DE LA SALPÊTRIÈRE, 1987. (Photo: Vera Isler)

Paths for Here and Now in Impenetrable Places

Mario Merz's Travel Pictures 1987

MARLIS GRÜTERICH

The titles of a new and an old work by Mario Merz – their contradiction and their appeal – shall lead me through the memory of the images seen at his exhibitions this year.

In November in Paris Mario Merz repeated his motto: "Art is the ability to rescue oneself."[1]

Any journey is worth Mario Merz's small and large exhibition images. They are situated along the itinerary of his fantasy biography. This year took me to Chagny in Burgundy, to Venice, Düsseldorf, Bordeaux and Paris. A persistent travel motive for a restless prophet like Mario Merz lies in his need for a daily dosis of phenomenal out-looks between knowing and intuitive life-orientation and especially his surprisingly productive application of artistic devices to the meta-

morphoses of new daily routines into imagery. Mario Merz's iconography rests on the individual and global perceptibility of their pictorial forms. They recur, like obsessions from which one seeks release, until one feels at ease with these repeatable acts of liberation.

The economic culture of reproduction avoids the pitfalls of personal time-spaces of perception in which images are constructed rather than imitated. When Pop became inescapable in the United States, Mario Merz in Italy had the good fortune of being involved with the human phenomenon of construction for the purpose of one-sided acceleration in engineering and for the purpose of cyclical regeneration in agriculture. Mario Merz's father designed engines for Fiat in the Baroque city of Turin, which looks out on the hills and snow-capped mountains of Piemonte.

Mario Merz's combination: the formalization of the biological and technological constitution of his biography. Socially binding models had outlived their

MARLIS GRÜTERICH is an art critic and a professor of art history at the Fachhochschule für Kunst und Design in Cologne.

usefulness for Modern Art. The poetic scientist was free to exercise the artistic right to introspection far away from the academies.

"The poet has a strong feeling for the natural phenomenon. He doesn't describe it. He has to express it in a different mode. That is why I have given up the artistic variations of logic."
(Mario Merz)

Mario Merz found the accelerated fantasy figure, which makes contact in every respect with nature and culture, which can become a concentrated and eccentrically concrete epos. Labyrinthine spirals of visible and invisible cosmic structures constitute in every age and everywhere the organic pictorial scaffolding for the fusion between the phenomena of nature and their derivatives in human industry.

"The world keeps revolving because there is electricity."

The spiral structure in Mario Merz's igloo constructions maps out a practical and symbolic image of the conviction that equivalents of analogies between proximate and remote global relations can be translated into formal practice. Since this phenomenon has no continuity in itself, he exercises optimal action with respect to natural and human givens. As long as Mario Merz lives, art-igloos will sprout out of the earth around him. In a scattered age, he takes the liberty of focusing on synthesis in forming and staging his mental iconography. The Modern Age has freed itself from the bonds of antiquated imagery through formal and informal abstraction. Mario Merz's dialectical application of this fact to the physiognomy of the things of life overcomes the icon-less isolation from reality – without painting people.

If you stay at home, there is not enough terrain for the construction of poetic designs for an art that wants to foster culture and therefore does not isolate itself ineffectively.

"The concept is a situation and a response to a situation."
(Mario Merz)

About the images at Mario Merz's exhibitions this year, I recall how on particularly long days the eyes were opened up by acts of enjoying oneself, making friends and remembering. Then the times of day do more than merely register events. Color and shade do

more than merely add picturesque light to the things of the world. Prometheus Mario Merz advances substantial arguments against phantasmas and their resistance to thought. For Mario Merz, configurations that also give him images of his motivations are indications that igloo-painting and things had better keep going.

C HAGNY IN B URGUNDY, J ANUARY

"I have only used form – history never." *(Mario Merz)*

He can afford to say that because it is already a story when you turn an exhibition and a landscape into a lingering reflection.

From the TGV-station in the middle of the stretch between Paris and Lyon, an icy canal followed the winding road through the wintery transparence of the rhythmically hilly landscape. Parasitic mistletoe high up in the wan old trees and cropped, juicy, reddish brown grapevines gave me signs of life between lost villages. What business did I have in the faceless, mini-industrial city of Chagny? If laughing Pietro Sparta's gallery hadn't been next to the Mairie ... If the door of an inner courtyard with workshops had not opened onto the thing incarnate?

Jumping in vineyards.

Like a Christmas goose with herbs, the floor of the workshop was stuffed with bundles of grapevines. The bizarre natural carpet was warm to the eyes – the crystal flowers on the windowpanes icy like one's feet.

"Such an object has a highly interesting physiognomy. Such an object can be used. It is superfluous to go there as an artist and recreate the object emblematically."
(Mario Merz)

Bent by winegrowers in opposition to their natural growth, the vines formed a formal as well as informal ground plan of smaller and bigger, organic as well as geometrically constructed arches out of beeswax. Half visible, half visionary spiral-springs, the impulsive co-production in a rustic winter camp and a Japanese bridge of drainpipes climbing under the ceiling and a "walkway" of underbrush on top noticeably heightened the curve of the earth on the inside. After van Gogh's im- and expressive Europeanization of Hiroshige's highway-mountainridge-bridges, traversing the bays, column after column, between Tokyo and

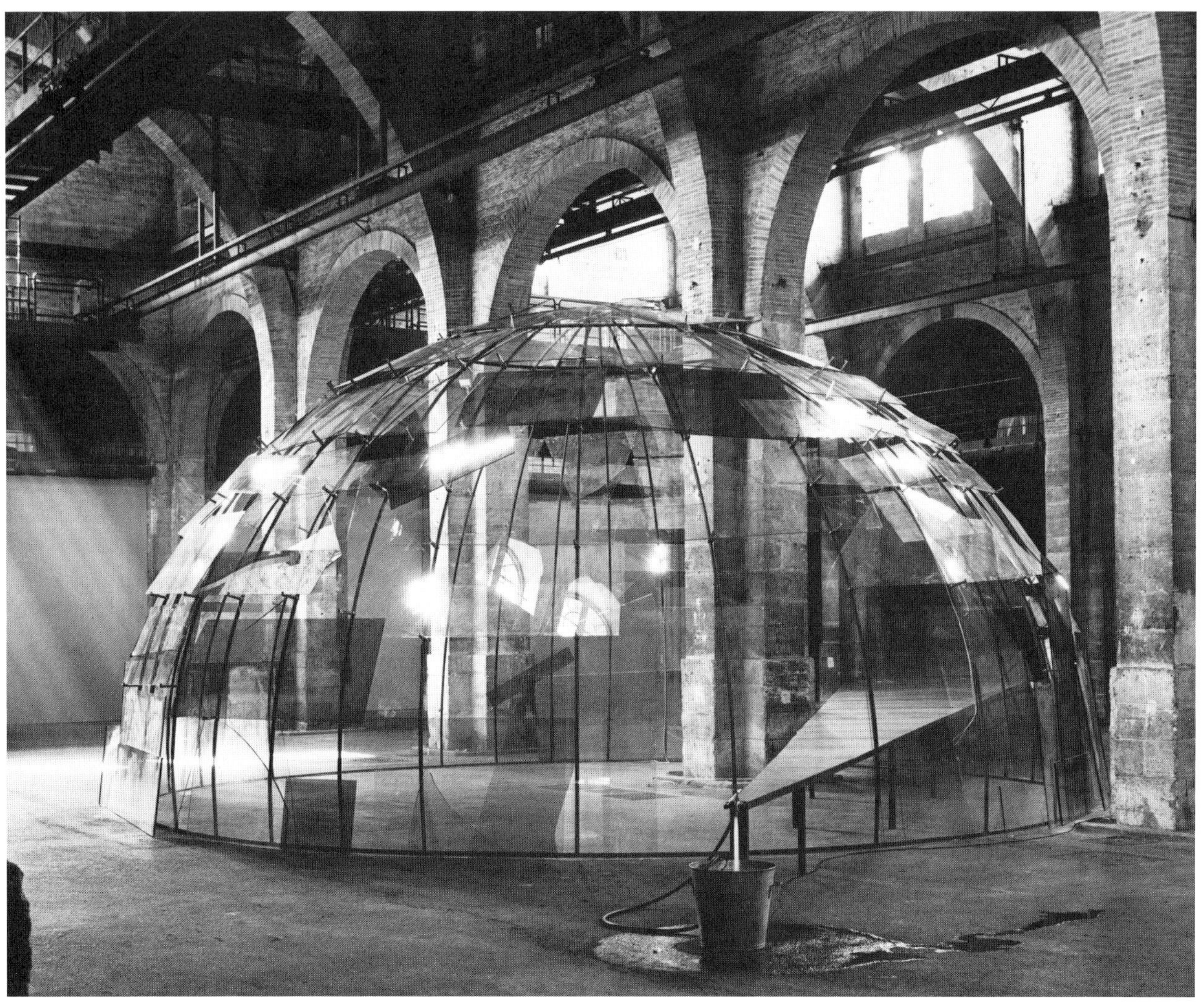

Kyoto, we now have an international, romantic "earthlife-landscape" (C.G. Carus) (play on the words E r d b e b e n = earthquake and E r d l e b e n) but not a p a r s p r o t o t o section. Real blue neon numbers in the underbrush symbolize paths of energy out of the plain to new shoreline foundations – with and without contractor. On the picture plain of supra-temporal interpretations, they were powered by the electrical transformation of cyclical fantasy.

Hiroshige's bridge-fireworks and bridge-rain can also be discovered in the astral mimesis of the scenic self-portrait. Enthusiastic about the cogency of chance analogies, the artist recognizes the importance of the forms that occur to him and their ideas, without ideal-istic or materialistic predominance or semantic diffi-culties.

"It's because I haven't given up painting. That is, I haven't given up poetry. I see painting as a literary phe-nomenon ... One phenomenon is expressed through the voice, another through the sign ... Mathematics also has a poetic side. Poetic systems are not opposed to scientific systems. Even Einstein tried to see things the way a ratio-

nalist of his time never could have seen them. His scientific method was more complex. So at a certain point the phenomenon of linguistic difference comes into play. Language changes inasmuch as the instrument changes. If you change the instrument, you change the language."

(Mario Merz)

With Goethe: "We think, place after place we are on the inside."[2] And also on location with Merz.

Like the master builders of monasteries in Romanesque Burgundy, nothing extraneous occurred to Mario Merz. The barrel-vault proliferation in Chagny became the greenhouse for the minimalist and mythologist or the "complexity of perception, which is actually the basic form of the senses." (A. Kluge) Verbally-poetically, Alexander Kluge's cinematic and Mario Merz's static imagery are no different from the talking silence of nature:

"Nature, by the way, sets up complexes of this kind quite naturally. Except that they are unnarrated."[3] It is in the choice of complexes that the artist and the cinematographer differ from each other.

VENICE, APRIL

Places and their times tell of local and supra-regional life, when Mario Merz blends the forms and phenomena of nature with the derivatives of civilization, e.g. Veneto with Venice.

At the vaporetto stop San Tomà, the Palazzo Grassi blends into the elaborately restored facades on the Grand Canal. The rich Serenissima clung, up to her downfall, to urbanely differentiated similarity in her environment of waterstreets, alley ways, squares, palazzi and gardens. Beautiful people encountered their own significance in period costume on their own walls, ultimately neither overly Christian nor overly antique, like the Palazzo Grassi, now a museum of modern art.

The biennial city dusted off a monument. Arcimboldo's mannered metamorphosis was extended into the 20th century as the basic phenomenon of the conceptualization of art. The "Arcimboldo effect" is invoked to turn the fourth dimension into an instructive function of pictorial thinking – in Duchamp's erotic mechanisms as well as in cubo-futuristic or surreal utopias of style, the artist saw himself as the hub of the subjective

collective of his artistic devices, ironization of context, stylistic distortion, multi-forms and multi-perspectives.

However, in Arcimboldo's world portraits, everything is where it should be. And Mario Merz's natura morta also looked as if he had thought about the advantageous self-confidence of the Baroque patron. Like Rudolph II, who had himself painted in Prague by Arcimboldo, the rulers of Venice had themselves staged in the center of their world theater by Titian, Tintoretto and Tiepolo, with the saints, the gods, the four parts of the contemporary world, the four elements and the cycle of the four seasons all relegated to the background. Mario Merz arrives at a different set of representative numbers. The subjective democrat digitalizes his pictorial program of poetry and science himself: the formal transformation of the world's contents. We are not held in a center. There are too many of them. Nothing was more appropriate than hommage (homme/man – age/time + age) to the age of man that has changed since Arcimboldo, even in Venice's tourism. But it has to occur to you. A festival architecture in the monumental entrance hall transposed the mimesis of the numerical proportions of the golden mean from the scale of observation to the world of analogy in size and totality. The invoking magic of Fibonacci's arabic calculation to infinity with finite nature allows us to see the whole, its parts simultaneously accelerated, through the rapid procession of persistently small symbols repeating themselves through the zero: here and now.

In the darkness of the gondola stand, "undulations" in the blue numbers canal of a lighted glass depot. Gradually discernible in the central photosphere of the stairwell, a giant "floating" crocodile, pieced together out of the wedge-shaped perspectives of his all-round movement – this, in turn, additively pieced together into a body of fist-sized balls of newspaper that looked as if they had been sprayed with muddy water. It proceeded to crawl "on land" as an ovoidal swordfish stone on the spiral scaffold-cum-thicket. Then I lost my way. In the semi-darkness of the bare branches from terra ferma, red, yellow, green squashes, zucchini, etc. slithered onto the spiral, labyrinth of a table on the chimney-cone of pale willow shoots, which provided the pictorial rotation of light and air between inner and

5 1

outer architecture in the Palazzo center. In the same breath, he left that transmission of the image to the imagination. Of fragile human dimensions, Mario Merz's breathing body of the mid-sixties had grown into architectural lungs. Surrounded by classical rows of columns, it gave an anatomy lesson on architecture in which one can breathe, an architecture that passes the optical and physical movements of perception along to the circulation-cosmos of civilization.

An allegory cited from Arcimboldo's alchemy of portraiture signalized the metamorphosis of poetry in the glance of an eye. The white Turk's-cap lily "grew" out of natural imagery, irrigated by the reservoir in a twin bottle blown especially in Murano. If the images of our multi-medial vernacular (the top-repro-simulation of the year in Venice: "Your life is your film"/in our jeans) are ever to be firsthand again, an incomparably more plausible imagination will have to govern the self-perception of manifest mental forms.

"If there is eternity, then that means: it is so comprehensive that you can go from there back to the minimum. I can go back to the tiniest crumb, because I have extended ad infinitum the element of infinity that already existed in the consciousness of (Russian and American) Minimalists."

(Mario Merz)

D ÜSSELDORF, F EBRUARY

While Mario Merz was still working in Venice in February, his exhibition at Konrad Fischer in Düsseldorf fortunately left him enough energy and concentration to give a lecture to my students at the School of Art in Cologne about his status quo. In nuce: "Content must unexpectedly prove to be important."4)

A purely informal or purely constructive artistic approach does not offer the imagination extreme working methods anymore and therefore, no unexpected affective or intellectual insights either.

What is to be done? 5)

Let the mental and material vehicles of the image become the medium "picture." The content of the ensuing fusion satisfies the invested need for vision and knowledge.

OUT OF LEAD conveyed a substantial materiality without any spurious stylistic commitment. In Fischer's warehouse-gallery, in the large second-floor space with windows along both sides and a row of supporting columns down the middle, there stood a northern continent-body of large wax and lead leaves. The lead-ice-ocean-mass dominated but protected the wax warmth like an animal's armor. Reminiscent of Beuys' PAIN ROOM (shown by Fischer in 1983/84 in the small gallery behind the Kunsthalle, currently housing an exhibition of sculptures by the virtuoso Picasso) but without the strenuous claustrophobic side-effects, survival qualities emanated from the dully reflected rays of light on the lead coat. The small, leaden cubic fortress on the igloo's zenith was a compliment to the non-absolutizing Bauhaus module of the world commune:

"I had to give the picture a security that it no longer had."

(Mario Merz)

Useful is not a rigid mental system but a constructive mental attitude available on call.

The lunar atmosphere was cool and soft.

B ORDEAUX, M AY

The baggage of the pictorial generator is light and heavy. OUT OF LEAD was already standing in Bordeaux in May, a unit like a software memory, in the upper vaulted gallery of a warehouse-museum in the former port. Older annual pictures were also lined up here: 1981 architecture founded and dissolved by time / Architettura sfondata dal tempo, architettura fondata dal tempo. 1983 Centuries hoarded to pull up a mass of algae and pearls. 1983/85 La casa del giardiniere / The gardener's house, Archi – tettura = origin – roof?

Even when it is empty, the endless square meters of the enterprising art Entrepôt Lainé, run by Jean-Louis Froment, is typical of this Atlantic harbor that amassed riches through trade in slaves, wood and wine. There is one thing here that has not been given price since the days of the city counselors, Montaigne and Montesquieu: a generous morality that allows a certain leeway within the "spirit of the law"6) to keep things from grinding to a halt.

The open spaces beyond the city convey a feeling for the quality of life under the oceanic skies of Aquitania. The taxi driver and the waiter say so – and not only their droll, lilting dialect. Opening receptions at the

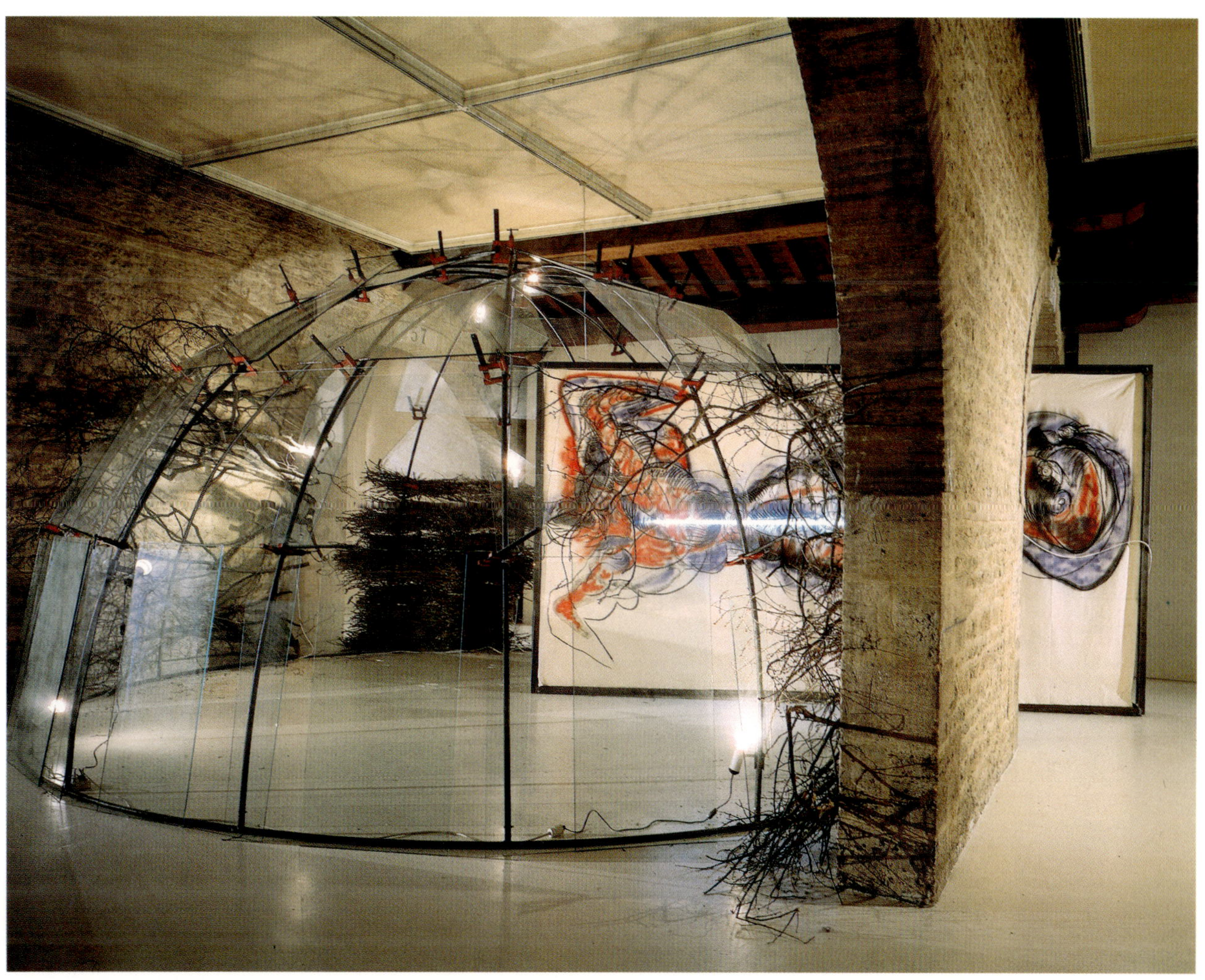

MARIO MERZ, ARCHITETTURA FONDATA DAL TEMPO, ARCHITETTURA SFONDATA DAL TEMPO
(ARCHITEKTUR GEGRÜNDET UND AUFGELÖST VON DER ZEIT / *ARCHITECTURE FOUNDED AND DISSOLVED BY TIME),*
METALLSTRUKTUR, GLAS / *METAL   STRUCTURE, GLASS,* ⌀ 600 x 300 cm / *⌀ 20' x 10',*
RECHTECKIGE METALLSTRUKTUR, BEMALTE LEINWAND, NEON / *RECTANGULAR METAL STRUCTURE, PAINTED CANVAS, NEON,*
260 x 476 cm / *8' 5" x 15'7".*
INSTALLATION: CAPC MUSÉE D'ART CONTEMPORAIN DE BORDEAUX, 1987.

(Photo: Frédéric Delpech)

gallery and at the feudal Mairie make a great to-do for the sake of transience that is forever.

Mario Merz made an economic art miracle come true: the architectural drawing that works in space without definitive boundaries. Barely inside the house, one saw the RIVER THAT CROPS UP in a barrel vault some thirty meters long. Iron arches, like lines pencilled by Mario Merz's impulsive choreography, jumped over the newspaper river (a ribbon of bundled newspapers) of neon blue Fibonacci numbers jumping from finitude to infinity. In 1974, red tunnels of lines sketched the tension of these little power numbers over the fingers of one hand. [7] Here one saw at a glance how moving sums of thought can be pitted against thick walls by the news of yesterday – more impressively, I suspect, than the spring break-up in the smoothly modernized Capo di Monte castle of the Bourbons, turned into a museum high above the bay of Naples.

LA GOCCIA D'ACQUA / THE DROP OF WATER

In the storehouse, covering the entire cross section and almost the entire ground plan, the glass igloo at eighteen years of age achieved the apotheosis of its presentiments. At a distance from the dark arcades it rose to a cathedral interior, buttressed by one of the columns in the hall and supporting walkers for the first time. From the dizzying heights of the gallery windows, beams of sunlight projected roaming igloos of light through the arched windows onto the glass vaulting. Colliding with Mario Merz's architectonic cubism, they broke on the representational levels of the glass roof, on the floor and on the horizon of the rotation-table of the world's house. In perfect keeping with the site, a gigantic, wedge of a table, an iron slab on legs, advanced out of the darkness of the arcades into the light of the igloo and pierced the glass wall opposite with its tip, where the cycle of things in the igloo world vented itself in a gush of water. To keep the water from ebbing, it was collected in a barrel and invisibly pumped back into its hose.

Mario Merz would never think of dramatically drafting the real thing, the earth spewing water and fire, like Leonardo da Vinci. Today the eschatological spectacle can be so wonderfully terrifying only in the movies. We don't even notice it anymore. That is why Mario Merz does not design irrigation systems as

organs of the landscape, like Leonardo. He constructs the cosmic image that needs rescuing. Mario Merz's drops of water fall on hot stones, persevering and immodest.

"Philosophers argue for and against society. They are too rigid. I'm a very formal person. And I'm even more formal than other people who call themselves formal because I use parallel forms... If you instigate conflicts, nothing works anymore. That leads to incorrect decisions. There are so many conflicts that cancel each other out. But a lot of things are revealed by parallel appearances."

(Mario Merz)

The fourth dimension is multi-dimensional – round and not square. The igloo, the instrument of Mario Merz's biographical imagery, acquires its cultural usefulness through contact with reality, depending on its painterly constructive constitution. The igloo house of the world is the communicatively life-sized head, the visibly vibrating physis in the accelerated imagination. The head in its cranium is as distant as the near and far world. The igloo can stand there and yet act, can isolate itself and be a resonance chamber for the rest of the world – like the head. So it's not all that strange.

PARIS, NOVEMBER

For the Festival d'Automne, the flow of forms was regenerated on the way to church and art in Le Veaus Hospital "La Salpêtrière." [8] It rained the length of the cobbled carriageway from the triumphal arch entrance dedicated to the child, Ludwig XIV, to the church of Saint Louis in the center of the compound. The parade of ghosts: Charcot's psychiatry, [9] Picasso's blue dramas in the women's jail, ten years' private company for Artaud's nerves, drugs and delusions. My first impression and my lingering memory of Mario Merz's body-architecture within the mighty architecture for the saints of the French kings: it breathed as if Mario Merz were speaking out of the igloo cloud to tempt us with a culture that keeps erasing the night monument from its imagination. Everything revolved around the predominant crossing. A small cupola under the toweringly high cupola.

Yes, but the eternal recurrence looked different. Behind the railing on the floor, dramatic illumination in a glass-depot wedge that bore down on the igloo in a

54

rotating diagonal. Eccentrically placed but rarely even, and transparently covered with rectangular stone slabs from an old roof (and a fragment of a Classicist relief): DO THE HOUSES REVOLVE AROUND US OR DO WE REVOLVE AROUND THEM? (1977/85)[10] From the main altar, a secular revelation shone on the silvery, wire-mesh screen: EVEN IF THE FORM DISAPPEARS – ITS ROOTS ARE ETERNAL. In the left side of the transept, a body-in-body formation, mystified in the backlight. Erotically, it runs through all the non-objects there have been so far, PLACES WITH NO WAY OUT, LIGHT-DARK in the grapevine and glass igloo. The picture generator sent neon flashes through the glass dome of igloo-proliferation (h 14', ⌀ 26') in the blind, black body of its innards. Only a few steps away from the nimbus of Monte Verità's cyclical events, the whole thing withdrew into holy dimness. The blue neon exhortation OBJECT, CACHE TOI!, larger than any since 1968, was written on the fagot shack-igloo.

And on spoke Zarathustra/Merz about IMPENETRABLE PLACES; one turned around and faced another chapel. Why impenetrable? Actually, an elegant way out of a psychic blockade. A glittering wire-mesh space lab on a flying carpet out of grapevine fagots, there where the arcade to the pulpit was piled up with fagots higher than eye level. In the sacrosanct chill of the church, there came the warmth of fusion after all, in which leaning, white marble slabs became emotional walls of houses and the numbers were able to light the way into the house through the underbrush. In the chapel opposite, A PATH FOR HERE AND NOW / SENTIERO PER QUI opened up although at first the barricaded ruin didn't seem to have one nor did it look like a project for a house, PROGETTO DOMESTICO, as the commissioned triennial of 1986 was called. It isn't that easy to con Mario Merz into a euphoria of design. Not with craftsmanship nor with industrial skill but with empathy for his materials, Mario Merz carved a canal some eight meters long out of narrow, porous sandstone slabs (concrete cladding) with bizarre banks. Running under the igloo fortress, it houses the stream of numbers of the miraculous transformation of newspapers into everything autonomous that one wants and needs for constructive, physiognomic habitation. At the opening, I saw a sad Madonna in the spotlights above the igloo as if on a barricade of tattered dogma.

Towards the opposite shore of the crossing, there swelled the elementary, mimetic realm of organicity without an indication of narrative action. Devoid of ideology by instinct. The Venetian crocodile with the modern flexibility of ancient forms swam to the time(s)-energy-flow of the dancing stories on the banks. A dark path forked into a light one on the way to fantasy recycling with nature a n d industry. "A day is long for Mister Blum." (Mario Merz).

Harald Szeemann staged the hommage to Mario Merz's annual yield with the artist in such a way that the mythical-scientific pictorial instruments for the perception of being would, through fascination, be able to demonstrate their applicability to various cultural contexts – individual and objective.

Due to his aversion to precocious mental births, Mario Merz embeds his aesthetic observations in discernible phenomenal life. Personal culture cannot simply invent other newnesses. A great loner befriends his picture-journeys: "I am interested in the fact that the ocean swells and doesn't stay flat."

(Mario Merz)

(Translation: Catherine Schelbert)

NOTES

[1] *All of Mario Merz's statements are quoted from a conversation with him before the opening of his exhibition in Paris.*

[2] *See Ernst Cassirer, FREIHEIT UND FORM, Darmstadt, 1961, 4th ed., p. 181.*

[3] *A. Kluge, «Die schärfste Ideologie: dass die Realität sich auf ihren realistischen Charakter beruft», in: A. KLUGE, Thomas Böhm-Christl (ed), Frankfurt a. M., 1983, p. 297.*

[4] *Published in: LA PLANÈTE MERZ, Festival d'Automne à Paris, Libération No. hors série, Paris, Harald Szeemann (ed).*

[5] *Lenin raised this question in a speech on the chances of Soviet Communism in 1912. Probably aware of this, Mario Merz repeated the question in the form of a neon sign on wax in a cooking pot for fish.*

[6] *Charles de Secondat, Baron de la Brède et de Montesquieu, "On the Spirit of the Law," 1748, first published anonymously.*

[7] *In: MARIO MERZ, catalog, Kunsthalle Basel, 1975, Marlis Grüterich and Carlo Huber (eds): Una somma reale e una somma di gesti delle cinque dita realmente / A true sum is truly the sum of the five fingers.*

[8] *Art exhibitions are shown in the church of the Salpêtrière, a psychiatric clinic, with buildings dating back to the 17th century.*

[9] *Jean Martin Charcot (1825–93), influential neurologist, founded a neurological clinic in the Salpêtrière in 1862. His research in hysteria and hypnosis interested Sigmund Freud, who studied with Charcot in 1885.*

[10] *Girano le case intorno a noi o giriamo noi intorno alle case? The title of Mario Merz's DAAD exhibition, Berlin, 1974, was occasioned by the fact that the exhibition space was too small. The low, triangular table coming out of the glass igloo made its first appearance here in order to enlarge the room. See the poster and cover drawing at the Kaiser-Friedrich-Wilhelm-Museum, Krefeld.*

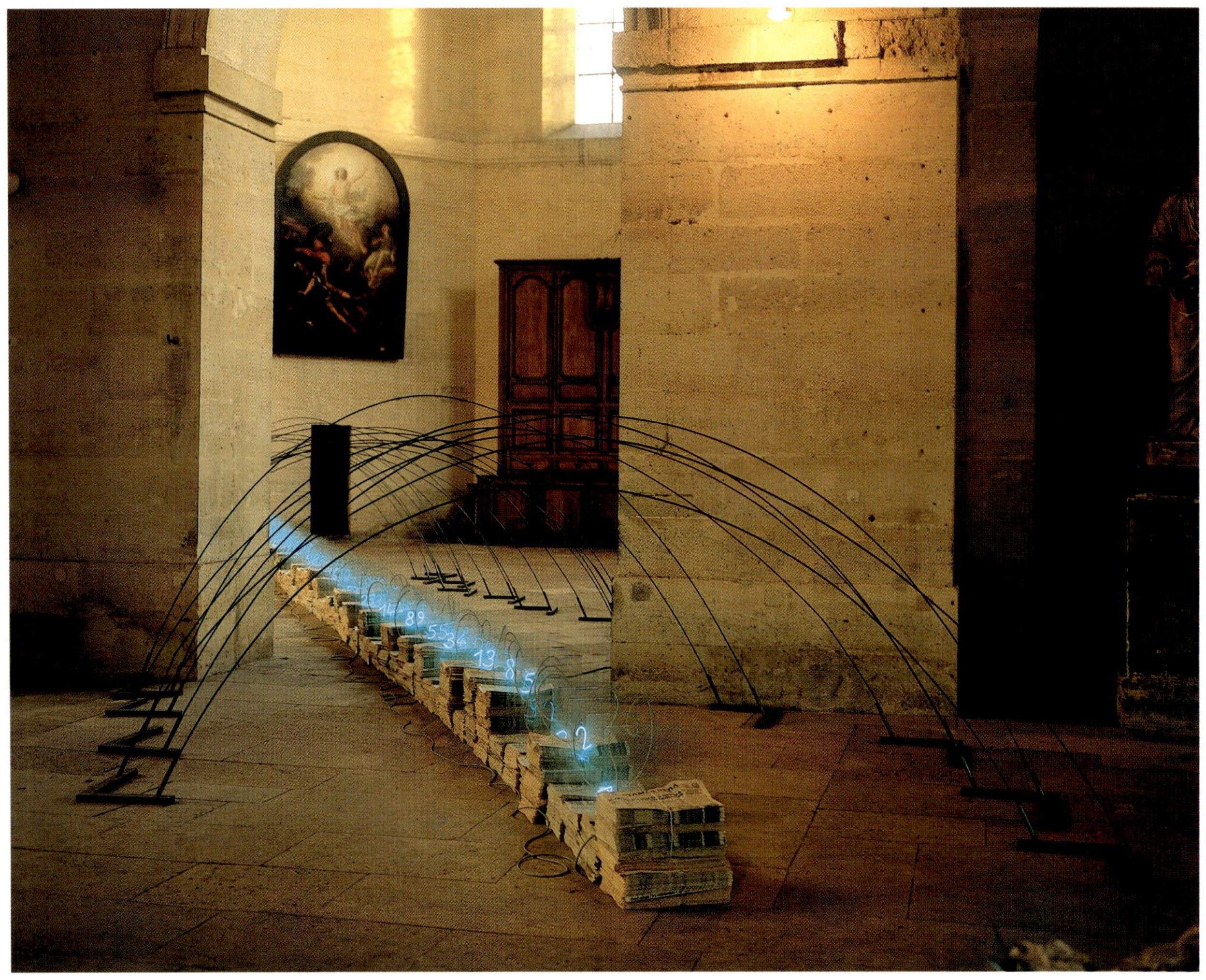

MARIO MERZ, IL FIUME APPARE (FLUSS, DER AUFTAUCHT / *RIVER, THAT CROPS UP), 1986,*
EISEN, GLAS, ZEITUNGEN, NEON / *IRON, GLASS, NEWSPAPER,* 240 x 400 x 2500 cm / *8' x 13' x 82'.*
INSTALLATION: CHAPELLE DE LA SALPÊTRIÈRE PARIS, 1987.

(Photo: Salvatore Licitra)

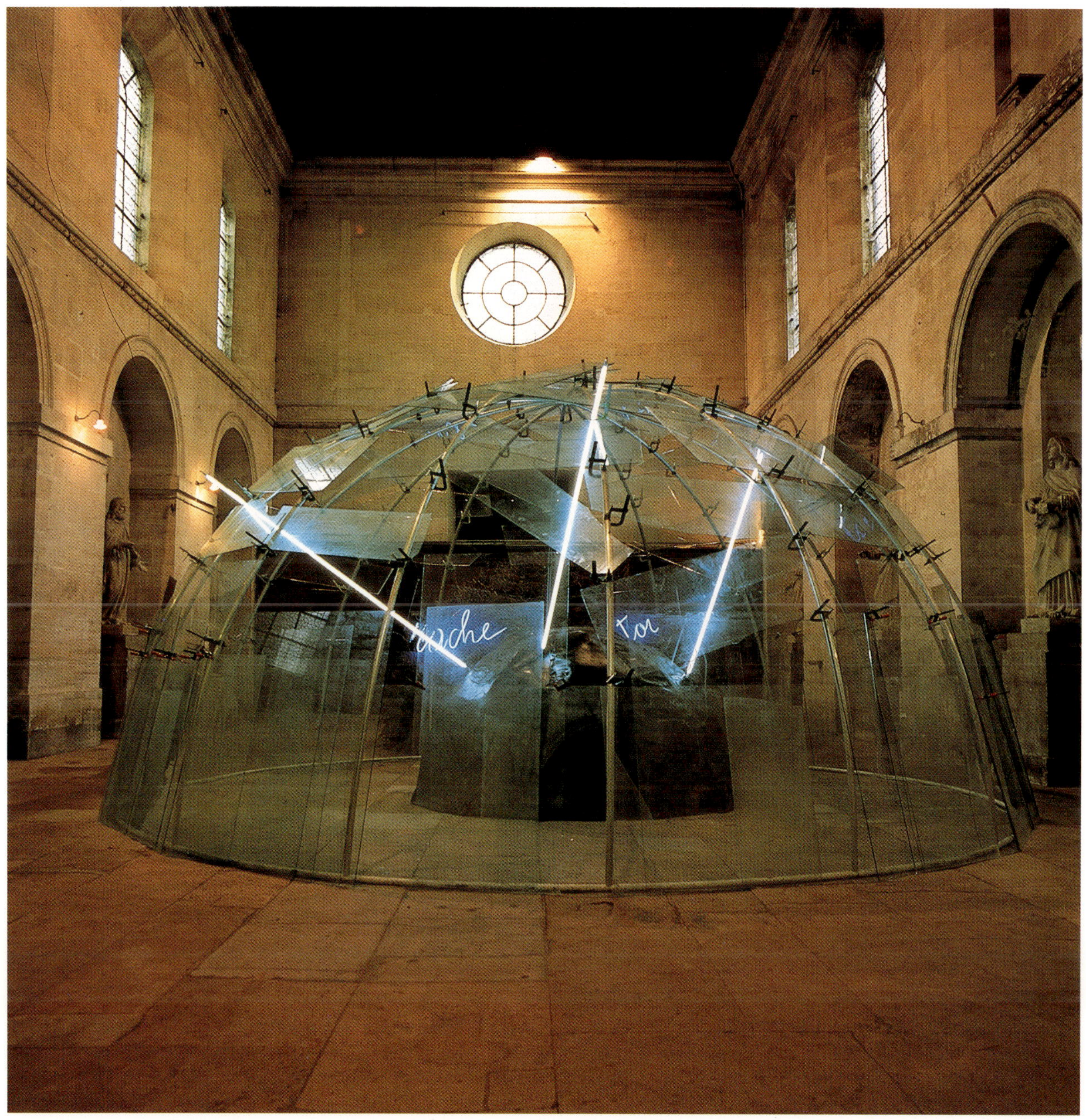

MARIO MERZ, 8 5 3, 1985, TRIPLE IGLOO,
DREI METALLSTRUKTUREN, GLAS, REISIGBÜNDEL, TEER, NEON /
THREE METAL STRUCTURES, GLASS, FAGOTS, TAR, NEON;
IM ZENTRUM DES GROSSEN IGLU / *IN THE CENTER OF THE BIG IGLOO: OBJET CACHE-TOI, 1968.*
INSTALLATION: CHAPELLE DE LA SALPÊTRIÈRE PARIS, 1987.

(Photo: Salvatore Licitra)

MARIO MERZ'S FUTURE OF AN ILLUSION

JEANNE SILVERTHORNE

The work of Mario Merz leaves the impression of a compulsive urge toward transcendence. On the one hand, he is himself a kind of Second Coming, considerably less glorious than was anticipated, bringing confirmation of another postponement in the offing, a third and fourth and fifth Coming. He exalts, on the one hands, the habit of craning forward, knowing the impossibility of arrival. On the other hand, he is the last Futurist left standing in the wake of a future that has exhausted itself in an orgy of big bangs. This expresses itself in a visual vocabulary bequeathed to him by the Futurists – vectors, spirals, and directional lines pull our eyes and minds toward some point of convergence at which time and space will be superseded. The ritualistic qualities and functions of his installations conflate this movement with that of a religious epiphany. And Merz's relationship to Futurism is like his relationship to religion. Both await the Millennium, but Merz takes up both at a post-Millennial point.

Many are the indications of Merz's Transcendentalism. The physical, although indispensable, is, in the end, merely material. Forms come and go; only the root remains,[1] says Merz the Platonist, illustrating with an empty raincoat pierced by

neon (the constant energy and vanished corpse of UNTITLED, 1971), with neon numbers rocketing up a spire into the heavens (UNTITLED, 1984), with sea gull footprints chiselled up a wall and out through a window (at San Benedetto del Tronto, 1969). Flight to the freedom of disembodiment – the motorcycle accelerates centrifugally, defying gravity on the wall (ACCELERATION-DREAM, FIBONACCI NUMBERS IN NEON AND FANTASY MOTORCYCLE, 1972). Like acceleration, an attempt to cross some barrier of inertia, sound or light, the transparency of the igloos and the translucence of the vellum constructions allow vision and light to pass through. In Merz's paintings the use of gold leaf, aluminium paint and shiny enamels, and the "atmospheric halo" of the neon, "dissolves" their "physicality (…) creating a spectral quality that is enhanced by (…) the spray paints with their vaporous appearance."[2] And what is it that will appear when Merz's paintings disappear?

The artist characterizes his landscape images as a reprise of nineteenth-century landscape painting. (It is certainly an unintentional irony that neon enacts one of the most trenchant criticisms of nineteenth-century Romanticism, being literally a "circumambient gas.") The painters Merz emulates were Transcendentalists, taking nature as a conduit for a higher being.

JEANNE SILVERTHORNE is a New York sculptor who writes about art.

A <u>secular</u> search for transcendental freedom obsessed the Italian Futurists, and Merz has much in common with them. The visual congruences are unmistakable. According to the Futurist writer Ardengo Soffici, the essentials of pure painting were the arabesque and the chiaroscuro. Merz emphasizes both. Neon wands are "lines of force" (as early as 1966, in <u>Structures with Neon Passing Through</u>). Vectors, the "passionate" and beautifully willful "acute angles" of the Futurists, recur in painting after painting. Indeed, as Luciana Rogozinsky has described, an entire installation can be ripped by a three-point perspective. [3] In a 1983 Bologna grouping, the vanishing point and the viewer's eye came to rest in a corner (another vector) containing one dark and one light canvas.

Beyond the visual connections, Merz and the Futurists desire the same freedoms – for one, a freedom from rationality. The spiral, for example, "permits … Malevich's square to acquire the same expressive power as the vision of a mentally ill," according to Merz, taking the supremely controlled vision of Malevich and making it illogical (insane). [4] Liberation for Merz, as a member of Arte Povera, would come out of a Marcusian philosophy: political and sexual repression is overcome through the intensely personal, where one touches the perpetual movement of energy in the cosmos. [5] In addition, when Merz places fruits and vegetables on spiralling tables that resemble conveyor belts, as if they were headed to fruition, he is close to achieving another Futurist freedom: the finite released hurtling into the infinite. Merz speaks constantly of space as something oppressive, which he battles to penetrate. An igloo can be too large, too swollen for a given space, in Merz's own description, like an overgrown "elephant." [6] Rogozinsky describes works so "squeezed together" that "they appeared to want to force themselves on each other and reproduce." The Futurists, for their part, in embracing Bergsonian simultaneity, claimed to sense molecular motion and vibrating waves within an object; this absolute motion was joined with relative motion, the interaction of this never-still object with its never-still environment. The result was the birth of a new entity – the <u>object-milieu.</u>

With Merz, leaning as a construction method is a trope for the interdependence of all things. Works are psychologically as well as physically enmeshed. The struggle for freeing consummation in the <u>object-milieu</u>, then, need not be simply between an object and space. Neon, in addition to being Merz's "Goddess of Speed," [7] was on at least one occasion an allusion to a minor shooting pain in his knee. This is akin to Russolo's bringing street noises into the theater with his "noiseintoners"; it is further proof of Merz's tendency to mix all contexts.

In the process of blending figure and ground, unit and matrix, the Futurists believed genres would distill; progress would result in their harmonious fusion. Merz, however, shows a more banausic future, one in which genres have collapsed rather than united. His works are the <u>ad hoc</u> combinations of a scarcity economy. Merz's use of indigenous materials, such as eucalyptus branches from the bush when he was in Australia, is part of a scavenging aesthetic which creates "a utopia dreamed up from the unwanted substance of the world" (Rogozinsky). A bundle of hay and a Simca automobile cooperate out of mutual interest, genres in league together out of necessity. "People who live in glass houses shouldn't throw stones" – it's as though Merz's glass igloo has survived the thrown stone, possibly a real one such as that in STONE MOVED FROM CONTINENT TO CONTINENT (1983–84). The global nature of the shattering event is suggested by the title. Fragmented structures rise tentatively out of ruins. Their provisional nature – stacked and leaning rather than secured with nuts and bolts, leaning now out of weakness as well as camaraderie – shows them holding themselves in readiness for the next catastrophe. Merzian animals look irradiated. Bronze and oil can barely be remembered. The institutions the Futurists wanted to destroy – the museum, the library – are effaced in Merz's scenario.

Time is multidimensional. The simple temporal divisions of the Futurists are dissolved. With eyes filled with nuclear-age <u>tristesse</u>, the contemporary viewer looks on Merz's futurama as a post-apoca-

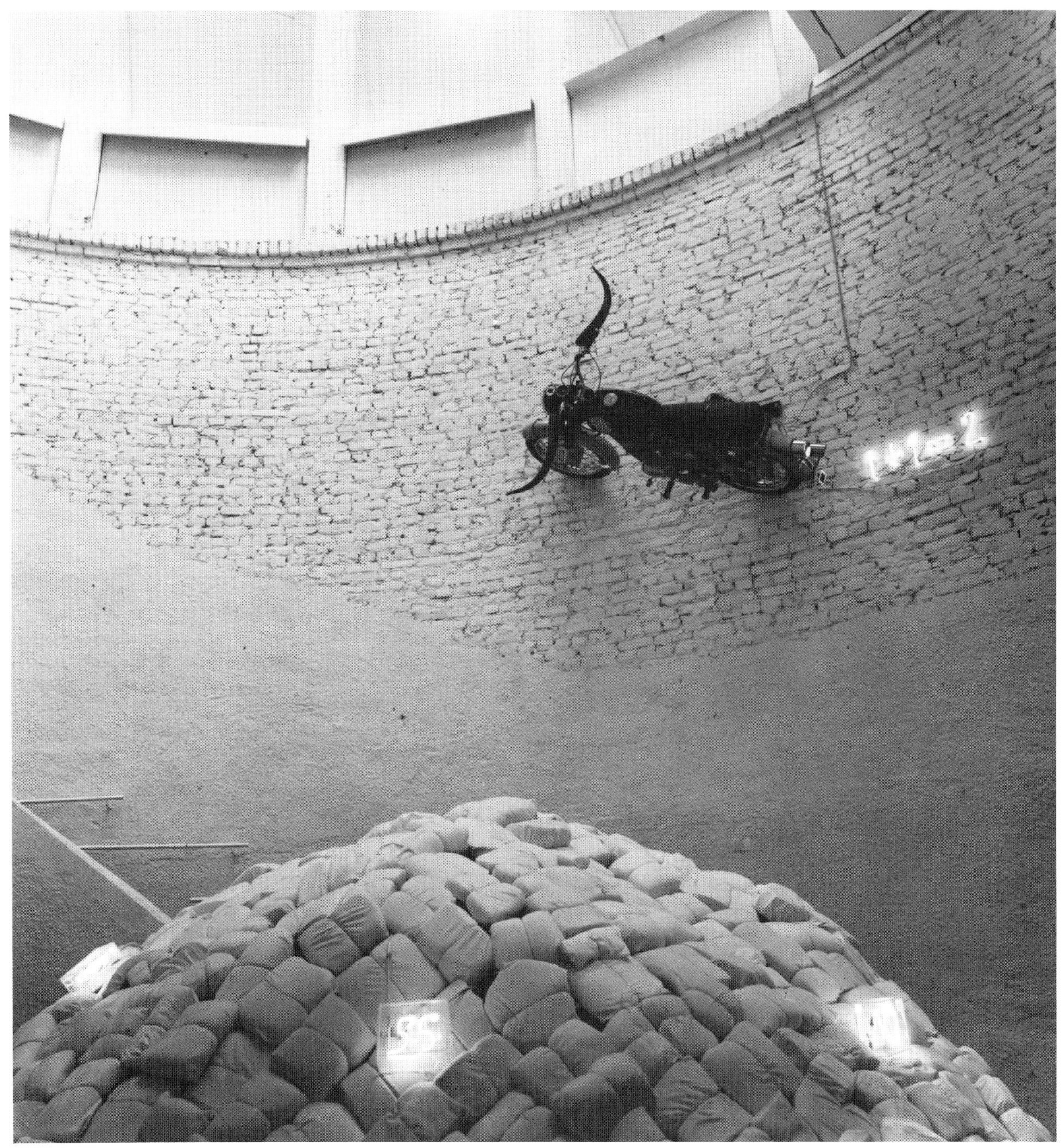

MARIO MERZ, ACCELERATION-DREAM, FIBONACCI NUMBERS IN NEON AND FANTASY MOTORCYCLE /
BESCHLEUNIGUNGSTRAUM, FIBONACCIZAHLEN IN NEON UND MOTORRADPHANTASIE, 1972.
INSTALLATION: DOCUMENTA 5 KASSEL, 1972.

(Photo: Paolo Mussat Sartor)

MARIO MERZ, INSTALLATION VIEW AT GALERIA L'ATTICO, ROME, 1969.

(Photo: Claudio Abate)

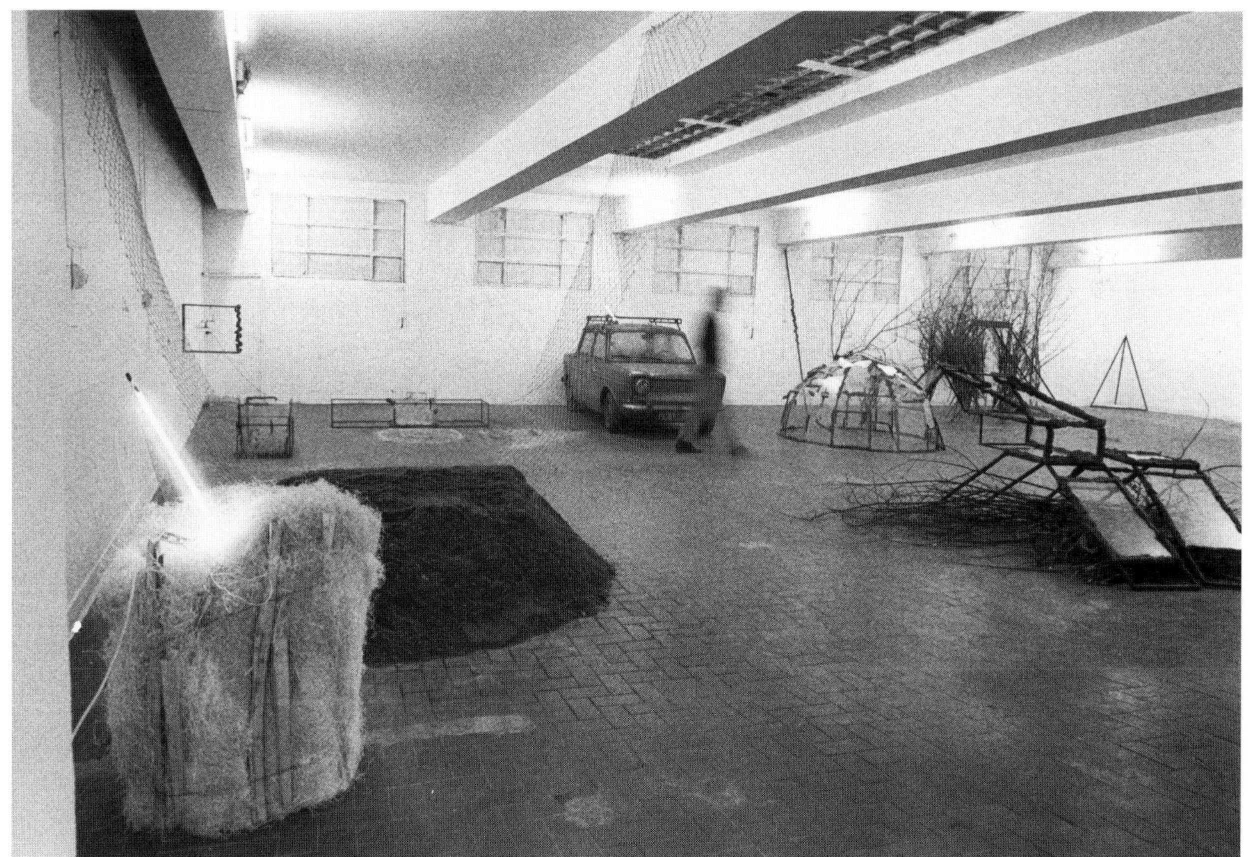

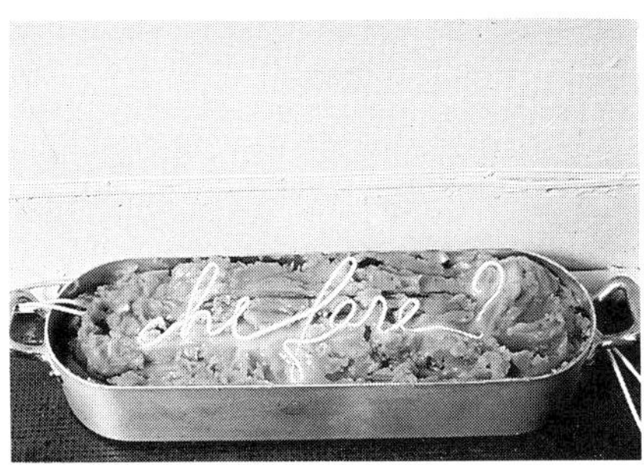

MARIO MERZ, CHE FARE? (WAS TUN? /
WHAT IS TO BE DONE?) 1968,
PFANNE, WACHS, NEON /*PAN, WAX, NEON. (Photo: Paolo Mussat Sartor)*

lyptic reconstruction that is, paradoxically, prehistorically primitive. The speed of force lines, spirals and vectors transports us – shades of H. G. Wells' time machine – into an Einsteinian relativity, a soup of tenses. IL FIUME APPARE (1986) consists of newspapers topped by Fibonacci numbers arranged in a long line which is bridged periodically by iron arches. This is the march of events through a cross-current of eternal return – time and tide. Even this is more orderly than the relativistic implications of DOUBLE IGLOO (1979). An outer glass igloo "skin" is topped by a hat, as if that hemisphere were a head, while an inner igloo composed of clay shards makes an imbrication suggestive of the tumuli of the brain, and echoes the scales of a stuffed alligator placed on the ceiling. This environment reminds us that we possess a primitive section in our brains, one might say a lizard brain, coexisting with more advanced sections.

Merz's concern with the dignity of labor, the communality of workers, and his conflicting adherence to a modified Nietzscheanism of the self recapitulate an uncertain social evolution. The Futurists abhorred the masses except as they cohered into a symbolic <u>uebermensch</u>, "the disciple of the Engine," as Emilio Filippo Tommaso Marinetti wrote, whose "glory rests in his personal qualities."[8] Futurism's populism seemed always to turn elitist. The artist could be done away with some day when exquisite perception became commonplace. One of Soffici's principles was that there "will come about such a state of perfect commu-

nion between the creator and the contemplator that one word ... one sign will reveal everything." But these signs will be "an hermetic cryptography intelligible only to the initiated."[9] Merz has made art out of employees in a company cafeteria; his neon phrases are graffiti from the May '68 demonstrations, the title of a book by Lenin, and a slogan attributed to North Vietnamese General Giap. Germano Celant interprets Merz's nomadism as a way of "keeping alive the fusion between property and work."[10] Nevertheless, "collectivism," claims Merz, "...has a meaning in life; in art ... the big problem is to overcome it," through, one surmises, a discovery and assertion of self.[11]

This contradiction comes together in the religious aspect of Merz's endeavor. A kind of early Christian communality links up with Merz as Messiah. Food-sharing rituals inform many of his presentations. Christian iconography permeates the painting THE MORNING STAR (1983–84), its domesticated animal burdened with overtones of innocence and potential sacrifice. In fact, there is at the same time a prelapsarian quality in Merz's animal archetypes and a post-Edenic one. In his own view, the creatures are Gothic demon-angel changelings.[12] Neon-pierced objects also suggest transformation. Transubstantiation and the Nativity are foregrounded when the object is a bottle of wine or a bale of hay. Recently, in Naples, the pieces of ONDA D'URTO (1987) were deployed to form an area resembling a nave. Finally, in Paris, Merz was given a chapel, Salpêtrière, in which to put together an environment (1987) which was somewhat homesick for Catholicism.

Onto these sacred stages steps Merz the proselytizer. He is as prolific verbally as he is sculpturally. His proclamations address the issues of how to live and how to make art. He practices a species of laying-on-of-hands, taking possession of an object by arranging it in his hands until its structure manifests itself. This is the modern-day holy man-philosopher, an oceanic, Whitmanesque figure. In truth, Merz's work, so repetitive, is a performance, not an artifact, a series of recreations of a handful of symbolic actions. Along with Beuys, he has been called a shaman, a magician, and an alchemist.

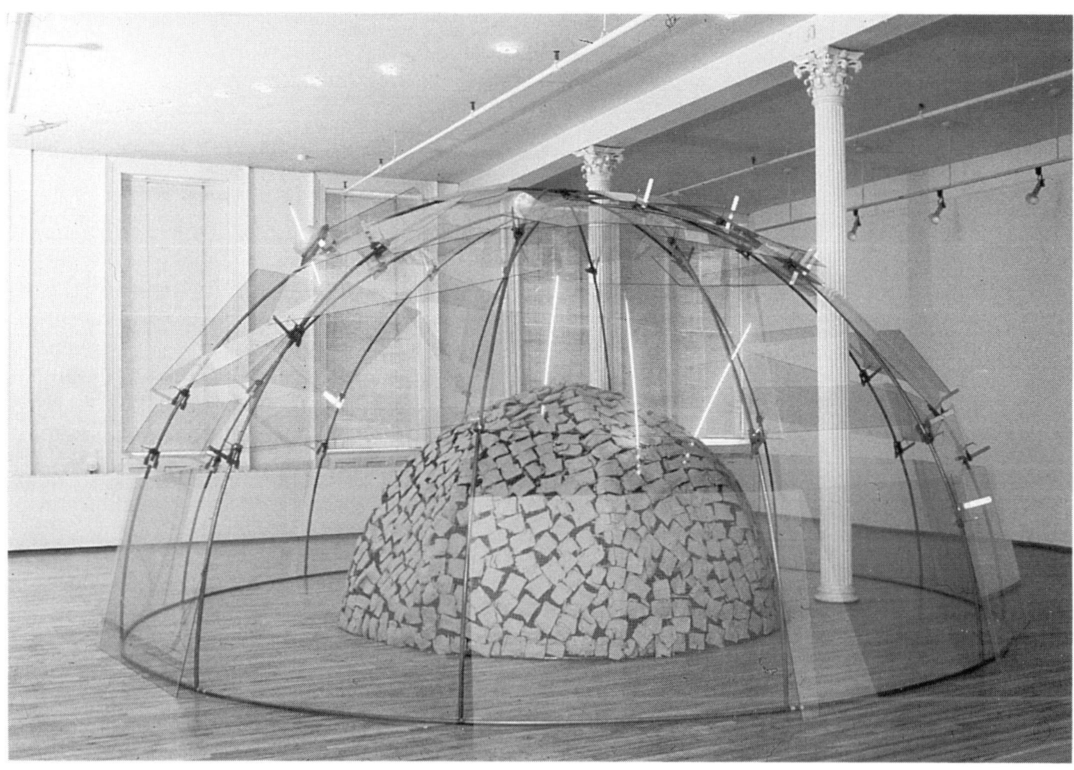

MARIO MERZ, DOUBLE IGLOO; ALLIGATOR WITH FIBONACCI NUMBERS TO 377.
INSTALLATION: SPERONE WESTWATER FISCHER GALLERY NEW YORK, 1979.

Still, the issue of nostalgia remains controversial. Merz's dramaturgy is completely in keeping with Walter Benjamin's contention that art that ignores mechanical reproduction is, willy nilly, religious in aspiration. Merz credits only nature or the life force with reproductive power and gives it unlimited credit. Merz wishes to reestablish Wagnerian myth; he assuages the fear of the demise of the symbolic in the modern era. [13] Perhaps he combines Charles Baudelaire's sense that "we are all celebrating some funeral" with William Butler Yeats' vision of the birth of a new age. Yeats had his spiral, the "widening gyre"; he too saw "things fall apart," felt that "surely some revelation is at hand." However, Merz's Second Coming is no rough beast. His narrative thrust remains utopian and it is this more than anything that constitutes his risk. In history, utopias have always failed.

NOTES

[1] "When the form disappears, the root is eternal" was a phrase Merz wrote above a painting in an installation at Flow Ace Gallery in California, 1982.

[2] Susan Krane, catalogue for show of Merz's work at Albright-Knox Art Gallery, Buffalo, N.Y., Jan. 18–March 18, 1984, p. 10, 18.

[3] Review in ARTFORUM, April 1983, p. 83.

[4] Mario Merz, «Une petite maison mythique et cosmique», LIBÉRATION, Fall 1987, pp. 4–6.

[5] Carolyn Christov-Bakargiev, "Arte Povera, 1967–87," FLASH ART, Nov.–Dec. 1987, pp. 52–69.

[6] Patrick Javault, «Entretien de Mario Merz», LA REVUE, Oct. 1987, pp. 6–7.

[7] Marinetti's term.

[8] This is from Marinetti's May 1910 attack on the Professors, as quoted in Rosa Trillo Clough, FUTURISM, THE STORY OF A MODERN ART MOVEMENT: A NEW APPRAISAL (New York: Philosophical Library Inc., 1961), p. 33.

[9] A. Soffici, PRIMI PRINCIPII DI UNA ESTETICA FUTURISTA (Firenze: Valecchi, 1920), as quoted by Clough, p. 57.

[10] "Mario Merz: The Artist as Nomad," ARTFORUM, Dec. 1979, pp. 52–58.

[11] Interview with Carolyn Christov-Bakargiev, in "Arte Povera."

[12] «Une petite maison», p. 5.

[13] Rogozinsky

DIE ZUKUNFT EINER ILLUSION

JEANNE SILVERTHORNE

*Das Werk von Mario Merz vermittelt ein heftiges Stre-
ben nach Transzendenz. Einerseits ist dieser Künstler weit weniger herrlich als erwartet, selbst eine Art
Wiederkunft, und bringt die Bestätigung eines weiteren, in Bälde zu erwartenden Aufschubs: eine zweite
und dritte und vierte Wiederkunft. Ausserdem preist
er die Gewohnheit, sich nach vorn zu recken, und
weiss doch um die Unmöglichkeit jeglicher Ankunft.
Andererseits ist er der letzte Futurist, der im Kiel-
wasser einer Zukunft steht, die sich in einer Orgie
von Urknällen erschöpft hat. Dies findet seinen Ausdruck in einem, ihm von den Futuristen vermachten,
visuellen Vokabular. Vektoren, Spiralen und Rich-
tungslinien lenken unsere Blicke und Gedanken auf
irgendeinen Konvergenzpunkt, an dem Zeit und Raum
aufgehoben werden. Die ritualistischen Eigenschaften
und Funktionen seiner Installationen vereinigen diese
Bewegung mit der einer religiösen Offenbarung. Und
Merz' Verhältnis zum Futurismus gleicht seinem Verhältnis zur Religion. Beide erwarten das Zeitalter des
Glücks, aber Merz greift beide an einem Punkt auf, der
ausserhalb der Reichweite des Zeitenwechsels liegt.*

*Für Merz' Transzendentalismus gibt es viele Hin-
weise. Das Physikalische ist, obwohl unentbehrlich,*

*am Ende bloss materiell. Formen kommen und gehen.
Nur die Wurzeln bleiben,* [1] *sagt Merz, der Platoniker,
und illustriert das mit einem leeren Regenmantel, der
von Neon durchbohrt wird (die konstante Energie und
der unsichtbar gewordene Leichnam von OHNE TITEL,
1971), mit Neonzahlen, die die Windungen einer Spirale entlang himmelwärts schiessen (OHNE TITEL,
1984), mit Möwenfussabdrücken, die eine Wand hinauf
und aus dem Fenster hinaus gemeisselt sind (in SAN
BENEDETTO DEL TRONTO, 1969). Flucht in die Freiheit der Entkörperung – das Motorrad beschleunigt
zentrifugal und fordert die Schwerkraft an der Wand
heraus (BESCHLEUNIGUNGSTRAUM, FIBONACCI-
ZAHLEN IN NEON UND MOTORRADPHANTASIE, 1972).
Wie Beschleunigung – jener Versuch, eine Barriere
aus Trägheit, Geräusch oder Licht zu überschreiten –
gestatten die Transparenz der Iglus und die Durch-
sichtigkeit der Pergamentkonstruktionen dem Blick
und dem Licht, durchdringend zu sein. Die Verwendung von Blattgold, Aluminiumfarben und glän-
zendem Emaillelack, sowie der «atmosphärische
Glorienschein» des Neons, «lösen die Körperlichkeit
der gemalten Bilder auf (...) und geben ihnen
etwas Schwebendes, was durch (...) die Sprüh-
farben mit ihrem nebelhaften Erscheinungsbild gesteigert wird.»* [2] *Und was ist es, was statt dessen
erscheinen wird, wenn Merz' Bilder verschwinden?*

---

*JEANNE SILVERTHORNE ist Bildhauerin in New York
und schreibt über Kunst.*

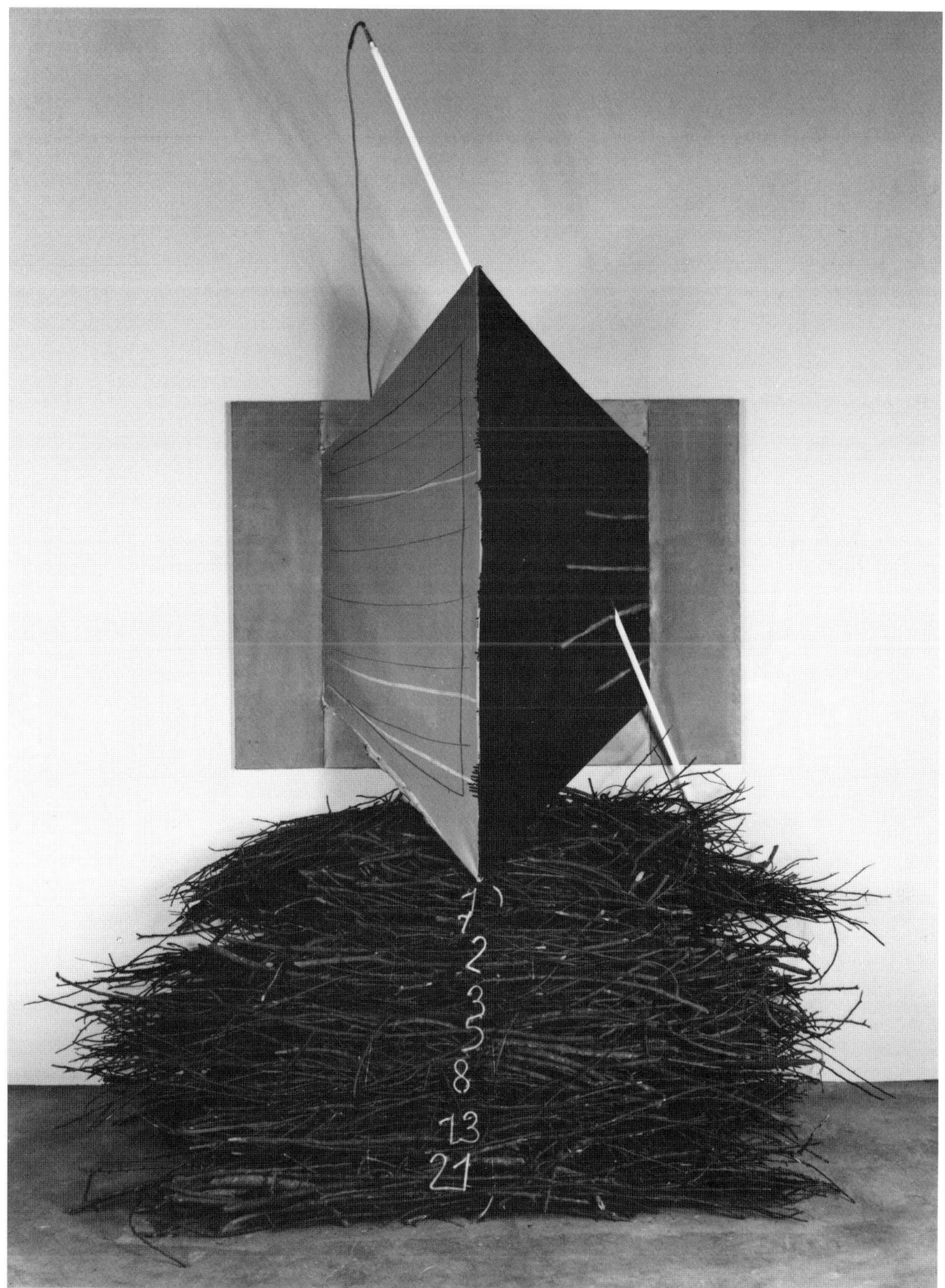

MARIO MERZ, VENTO PREISTORICO DALLE MONTAGNE GELATE
(PRÄHISTORISCHER WIND VON DEN EISIGEN BERGEN / *PREHISTORIC WIND FROM ICY MOUNTAINS*), 1962,
BEMALTE LEINWAND, NEON, REISIGBÜNDEL / *PAINTED CANVAS, NEON, FAGOTS, ca. 300 x 200 x 100 cm / 118 x 79 x 40”.*

(Photo: Paolo Mussat Sartor)

Der Künstler charakterisiert seine Landschaftsbilder als eine Wiederaufnahme der Landschaftsmalerei des 19. Jahrhunderts. (Es ist gewiss unbeabsichtigte Ironie, dass Neon das Potential birgt, die Romantik des 19. Jahrhunderts schärfstens zu kritisieren, indem es ein buchstäblich «ringsum eingeschlossenes Gas» ist.) Die Maler, denen Merz nacheifert, waren Transzendentalisten, die die Natur als ein Mittel zur Erreichung eines höheren Seins betrachteten.

Eine d i e s s e i t i g e Suche nach transzendentaler Freiheit verfolgte die italienischen Futuristen, und Merz hat vieles mit ihnen gemeinsam. Die visuellen Übereinstimmungen sind unverkennbar. Dem futuristischen Schriftsteller Ardengo Soffici zufolge waren die Arabeske und das Chiaroscuro die Wesensmerkmale der reinen Malerei. Merz hebt beide hervor. Neonstäbe sind «Kraftlinien» (bereits 1966, in den STRUKTUREN, DURCH DIE NEON HINDURCHFÜHRT). Vektoren, die «leidenschaftlichen» und wunderschönen, willentlichen «spitzen Winkel» der Futuristen, wiederholen sich von Bild zu Bild. Wie Luciana Rogozinsky es beschrieb, kann eine ganze Installation durch eine Dreipunktperspektive aufgebrochen werden.[3] In einer Ausstellung in Bologna, 1983, kamen der Fluchtpunkt und das Auge des Betrachters in einer Ecke zur Ruhe, einem weiteren Vektor, der eine dunkle und eine helle Leinwand enthielt.

Über die visuellen Anknüpfungspunkte hinaus streben Merz und die Futuristen dieselben Freiheiten an – zum einen eine Befreiung von Rationalität. Die Spirale zum Beispiel «gestattet … dem Quadrat von Malewitsch, dieselbe Ausdruckskraft zu erlangen wie die Visionen eines Geisteskranken», meint Merz, indem er die auf erhabene Weise kontrollierte Sehweise Malewitschs aufgreift und sie unlogisch (irrsinnig) macht.[4] Für Merz als ein Mitglied der Arte Povera würde Befreiung sich aus einer Philosophie im Sinne von Herbert Marcuse ergeben: Politische und sexuelle Unterdrückung wird durch das intensiv Persönliche überwunden, wo man die perpetuelle Energiebewegung im Kosmos berührt.[5] Hinzu kommt, dass Merz nahe daran ist, eine weitere futuristische Freiheit zu erlangen, wenn er Früchte und Gemüse auf spiralförmige Tische legt, die, als steuerten sie auf ein Ziel zu, Fliessbändern ähneln: das endlich ausgelöste

Purzeln ins Unendliche. Merz spricht fortwährend von Raum als etwas Bedrückendem, welches er zu durchdringen sucht. In einem gegebenen Raum kann ein Iglu zu gross, zu bombastisch sein; nach Merz' eigener Beschreibung wie ein übergrosser «Elefant».[6] Rogozinsky beschreibt Werke, die so «zusammengedrängt» sind, dass «sie erscheinen, als wollten sie gegenseitig zueinanderdrängen und sich vermehren». Indem die Futuristen sich die philosophische Simultaneität im Sinne von Henri Bergson zu eigen machten, behaupteten sie ihrerseits, im Inneren eines Gegenstands Molekularbewegungen und schwingende Wellen wahrzunehmen. Diese absolute Bewegung war mit relativer verbunden: Interaktion dieses niemals stillstehenden Objekts mit seiner niemals stillstehenden Umgebung. Das Ergebnis war die Geburt einer neuen Ganzheit – das OBJET-MILIEU. Bei Merz ist Anlehnung als Konstruktionsmethode ein bildlicher Ausdruck für die gegenseitige Abhängigkeit aller Dinge voneinander. Werke sind sowohl psychologisch wie auch physisch miteinander verstrickt. Der Kampf, im OBJET-MILIEU Vollendung zu erlösen, muss dann nicht einfach ein Kampf zwischen Objekt und Raum sein. Neon war, ausser dass es Merz' «Göttin der Geschwindigkeit»[7] ist, bei wenigstens einer Gelegenheit eine Anspielung auf einen geringfügigeren stechenden Schmerz in seinem Knie. Dies lässt an Russolo denken, der mit seinen «Lärm-Intonierern» Strassenlärm ins Theater trug; es ist ein weiterer Nachweis für Merz' Neigung, alle Zusammenhänge zu vermischen.

Beim Vorgang des Vermischens von Figur und Grund, von Einheit und Matrix, meinten die Futuristen, den Kern der Genres zu detaillieren, dass bei ihrer harmonischen Verschmelzung das Resultat Fortschritt wäre. Merz jedoch zeigt eine mechanischere Zukunft auf, in der Genres viel eher kollaborieren denn sich vereinigen. Seine Werke sind die Ad-hoc-Vereinigungen einer Mangelwirtschaft. Merz' Verwendung einheimischer Materialien, wie z. B. von Eukalyptuszweigen aus dem Busch, als er in Australien war, bildet einen Bestandteil einer reinigenden Ästhetik, die «ein Utopia» schafft, «welches aus der unerwünschten Substanz der Welt zusammengeträumt wurde» (Rogozinsky). Ein Bündel Heu und ein Simca-Automobil kooperieren aus gegenseitigem

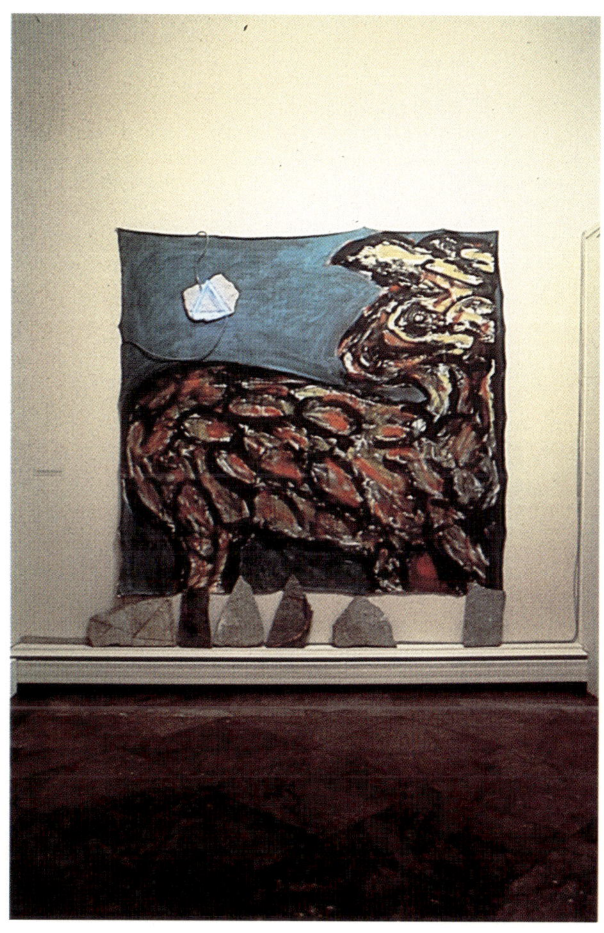

MARIO MERZ, LA STELLA DEL MATTINO (DER MORGENSTERN / *THE MORNING STAR), 1983/84,*
ACRYL, KOHLE UND NEON AUF LEINWAND; ACRYL UND EMAIL AUF STEIN /
ACRYLIC, CHARCOAL AND NEON ON CANVAS; ACRYLIC AND ENAMEL ON ROCKS, 240 x 100 cm / 7'10½" x 8'9½".

Interesse aneinander – Genres, die aus Notwendigkeit miteinander im Bunde sind. «Leute, die in Glashäusern wohnen, sollten nicht mit Steinen werfen» – es ist, als hätte Merz' Glas-Iglu den Steinwurf überlebt, möglicherweise einen richtigen, wie der *VON KONTINENT ZU KONTINENT BEWEGTE STEIN (1983-84). Die globale Natur des splitternden Ereignisses wird durch den Titel angedeutet. Aus Trümmern bestehende Strukturen erheben sich versuchsweise aus Ruinen. Ihre provisorische Natur – vielmehr aufeinandergestapelt und aneinandergelehnt als mit Muttern und Schrauben gesichert, welche sich hier aus Schwäche anlehnen wie auch aus Kameradschaft – zeigt, wie sich diese Strukturen für die nächste Katastrophe in*

Bereitschaft halten. Merzsche Tiere sehen verstrahlt aus. Bronze und Öl lassen sich kaum noch erahnen. Die Institutionen, die die Futuristen zerstören wollten – das Museum, die Bibliothek –, sind in Merz' Szenario ausgelöscht.

Zeit ist multidimensional. Die einfachen zeitlichen Unterteilungen der Futuristen sind aufgehoben. Mit Augen voller Atomzeitalter-t r i s t e s s e blickt der zeitgenössische Betrachter auf Merz' Futurama als eine postapokalyptische Rekonstruktion, die, paradoxerweise, prähistorisch primitiv ist. Die Geschwindigkeit von Kraftlinien, Spiralen und Vektoren befördert uns – Schatten von H. G. Wells Zeitmaschine – in eine Einsteinsche Relativität, in einen dichten Nebel aus

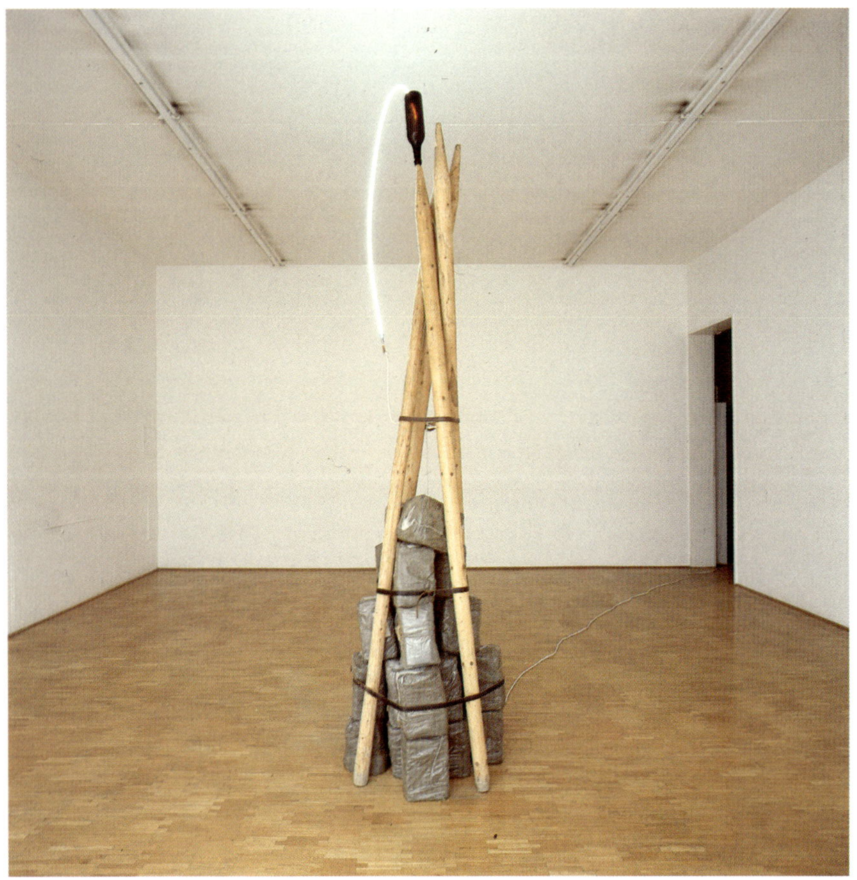

MARIO MERZ,
TERRA GRIGIA, TERRA CHIUSA
(GRAUE ERDE, VERSCHLOSSENE ERDE /
GREY EARTH, CLOSED EARTH), 1979,
HOLZ, TON, FLASCHE MIT NEON /
WOOD, CLAY, BOTTLE WITH NEON.
(Photo: Dorothee Fischer)

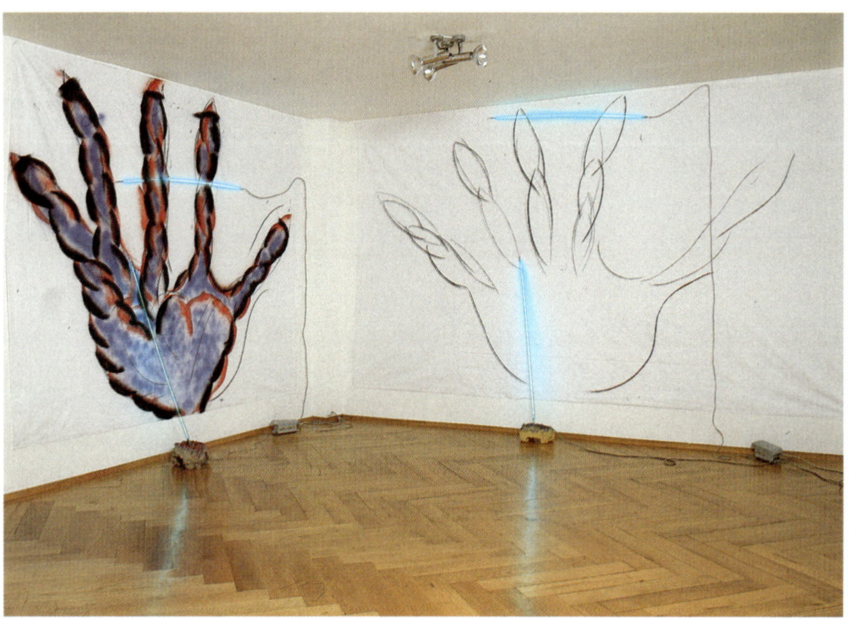

MARIO MERZ,
IRRITABILE – IRRITATO
(REIZBAR – GEREIZT /
IRRITABLE – IRRITATED, 1979,
KOHLE, ACRYL, NEON AUF LEINWAND,
TONOBJEKT / *CHARCOAL, ACRYLIC,*
NEON ON CANVAS, CLAY OBJECT,
233 x 270 cm / 7'7"x 8'10".
INSTALLATION: GALERIE ANNEMARIE
VERNA ZÜRICH, 1979.
(Photo: Doris Quarella)

MARIO MERZ,
TISCH, FRÜCHTE UND GEMÜSE /
TABLE, FRUIT AND VEGETABLES, 1982,
Ø 550 cm / *Ø 18'.*
INSTALLATION: SPERONE WESTWATER
GALLERY NEW YORK, 1982.
(Photo: Zindman/Fremont)

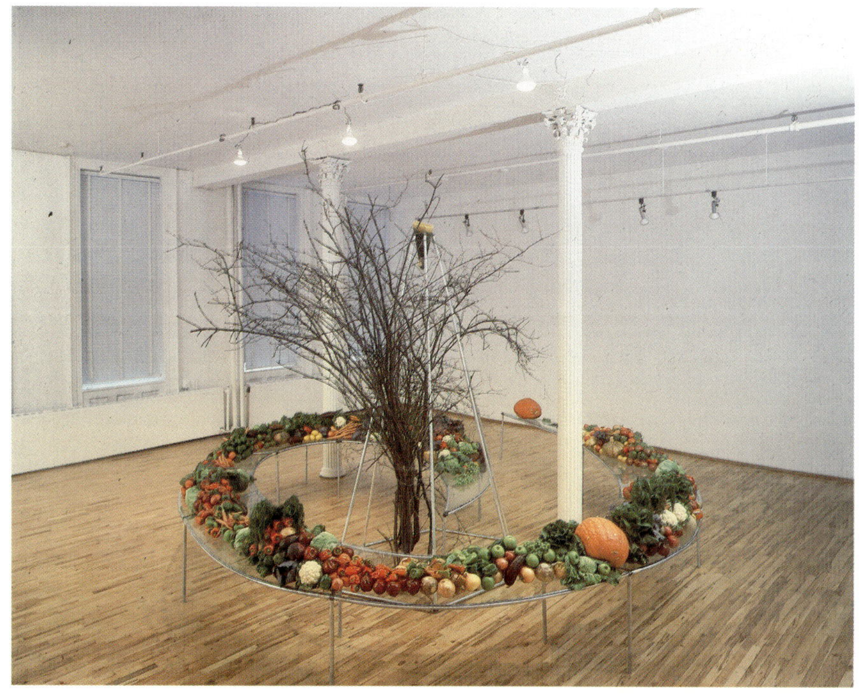

MARIO MERZ, VIER TISCHE IN FORM
EINER MAGNOLIE / *FOUR TABLES*
IN SHAPE OF A MAGNOLIA, 1985,
BIENENWACHS UND MISCHTECHNIK
AUF STAHLTISCHEN /
BEESWAX AND MIXED MEDIA ON
WELDED STEEL TABLES,
0,7 x 20 x 1,5 m / *29" x 65' 3" x 60".*
BÂTEAU IVRE, 1983,
ACRYL UND KOHLE AUF LEINWAND /
ACRYLIC AND CHARCOAL ON CANVAS,
2,6 x 23,5 m / *8' 8" x 77' 4".*
INSTALLATION: LEO CASTELLI IN
COOPERATION WITH SPERONE
WESTWATER GALLERIES, NEW YORK, 1985.
(Photo: Dorothy Zeidman)

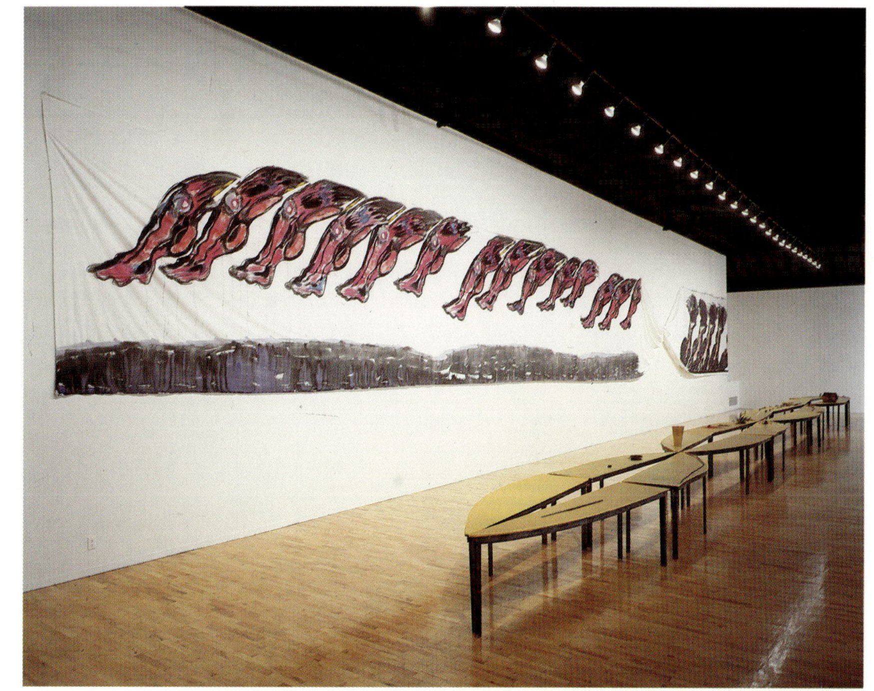

Zeitformen. IL FIUME APPARE (1986) besteht aus Zeitungen, auf denen, in einer langen Reihe, die regelmässig von Eisenbögen überbrückt wird, Fibonacci-Zahlen angeordnet sind. Dies ist der Gang der Ereignisse durch eine Strömung von ewiger Wiederkehr – Zeit und Gezeit, wohlgeordneter als die relativistischen Verflechtungen des DOUBLE IGLOO (1979). Eine äussere Glasiglu-«Haut» ist mit einem Hut bedeckt, als wäre jene Halbkugel ein Kopf, indes ein aus Tonscherben zusammengesetzter, innerer Iglu Schuppen aufweist, die an die Gehirnstruktur erinnern und visuell ein Echo aufnehmen mit den Schuppen eines unter der Decke angebrachten, ausgestopften Krokodils. Dieses Environment erinnert uns daran, dass wir in unseren Gehirnen über eine primitive Sektion verfügen, ein Eidechsengehirn, könnte man sagen, die mit fortgeschritteneren Sektionen koexistiert.

Merz' Aufmerksamkeit für die Würde der Arbeit, die Gemeinschaft der Arbeiter und sein im Gegensatz dazu stehendes Festhalten an einer modifizierten Philosophie des Selbst im Sinne von Friedrich Nietzsche rekapitulieren eine ungewisse soziale Evolution. Die Futuristen verabscheuten die Massen, ausgenommen da, wo sie einem symbolischen ÜBERMENSCHEN anhingen, «dem Gefolgsmann der Maschine», wie Emilio Filippo Tommaso Marinetti schrieb, dessen «Ruhm in seinen persönlichen Qualitäten ruht». [8] Der «Populismus» der Futuristen schien sich stets ins Elitäre zu verkehren. Der Künstler könnte eines Tages – dann, wenn äusserst feine Wahrnehmung ein Gemeinplatz geworden wäre – beseitigt werden. Einer von Soffics Leitgedanken war, dass es «einst einen solchen Zustand vollendeter Gemeinschaft zwischen Schöpfer und Beschauer geben wird,

dass ein Wort . . . ein Zeichen alles offenbaren wird». Nur werden diese Zeichen «eine hermetische, nur Eingeweihten verständliche, Kryptographie» sein. [9] Merz hat Angestellte in einer Kantine in Kunst verwandelt; seine Neonsätze sind Graffiti aus den Tagen der 68er-Mai-Demonstrationen: der Titel eines Lenin-Buches und ein dem nordvietnamesischen General Giap zugeschriebener Wahlspruch. Germano Celant deutet Merz' Nomadentum als eine Methode, «die Verschmelzung von Besitz und Werk lebendig zu erhalten». [10] Nichtsdestoweniger behauptet Merz: «Kollektivismus . . . hat eine Bedeutung im Leben; in der Kunst aber . . . besteht das grosse Problem darin, ihn» – durch eine, wie man mutmasst, Entdeckung und Verfechtung des Selbst – «zu überwinden». [11]

Dieser Widerspruch trifft sich im religiösen Aspekt der Bemühungen von Merz. Eine Art frühchristliche Gemeinschaft verbindet sich mit Merz als Messias. Rituale des Nahrungsausteilens beseelen viele seiner Präsentationen. Christliche Ikonographie durchdringt das Gemälde DER MORGENSTERN (1982-84), dessen gezähmtes Tier mit Assoziationen von Unschuld und möglicher Opferung belastet ist. Tatsächlich weisen die Archetypen der Merzschen Tiere gleichzeitig Merkmale aus der Zeit vor dem Sündenfall und nach der Vertreibung aus dem Paradies auf. In seiner eigenen Sicht sind die Kreaturen mittelalterliche Dämonenengel-Wechselbälge. [12] Neondurchbohrte Objekte deuten ebenfalls Transformation an. Umwandlungen von Stoffen und die Nativität werden, wenn ihr Objekt eine Weinflasche oder ein Ballen Heu ist, in den Vordergrund gerückt. In Neapel wurden die einzelnen Stücke von ONDA D'URTO (1987) kürzlich so verteilt, dass sie einen dem Hauptschiff einer Kirche ähnelnden Raum bildeten. In Paris wurde Merz schliesslich eine Kirche, die Salpêtrière, zur Verfügung gestellt, um darin ein Environment (1987) aufzubauen, welches ein wenig das Heimweh nach dem Katholizismus verkörperte.

Auf diese heiligen Schauplätze tritt Merz, der Neubekehrte. Verbal ist er ebenso ideenreich wie als Bildhauer. Seine Proklamationen sprechen die Punkte an, wie zu leben und wie Kunst zu schaffen sei. Er praktiziert eine Art des Handauflegens und nimmt einen Gegenstand in Besitz, indem er ihn in seinen Händen dreht und wendet, bis seine Struktur sich

MARIO MERZ, REGENMANTEL / *RAINCOAT,* 1963.

(Photo: Paolo Mussat Sartor)

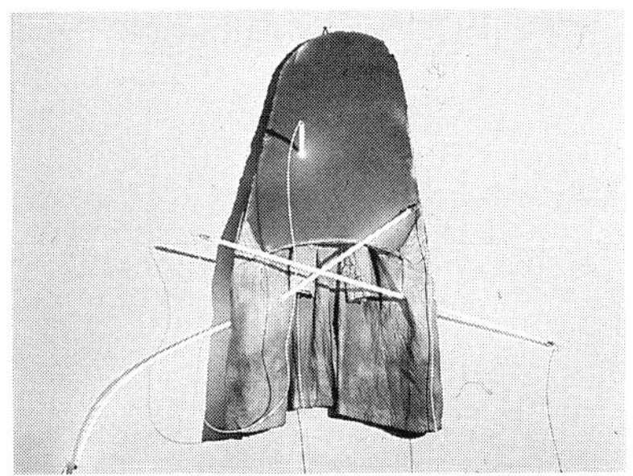

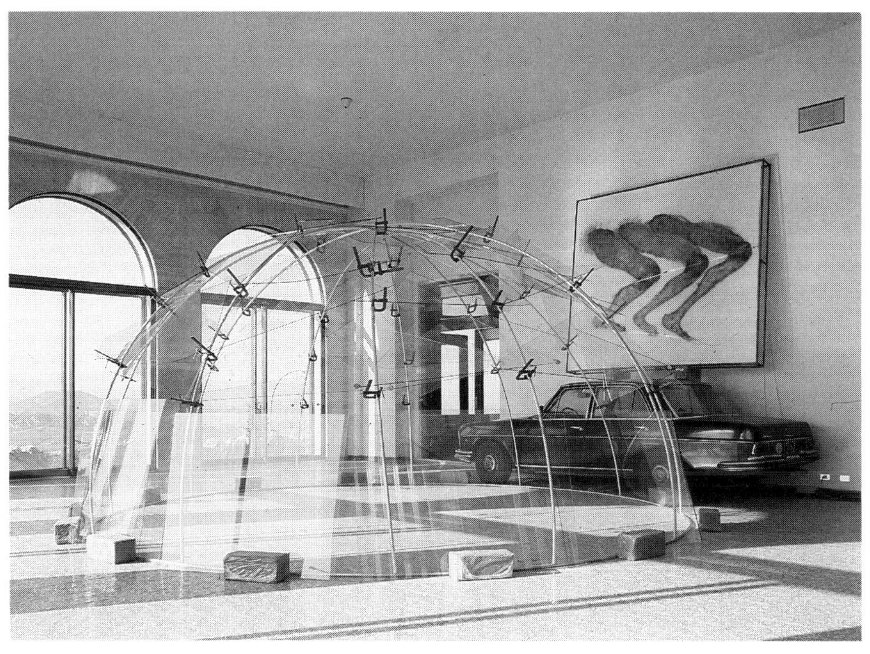

MARIO MERZ, INSTALLATION VIEW AT PALAZZO CONGRESSI ED ESPOSIZIONI,
REPUBBLICA DI SAN MARINO, 1984. *(Photo: Salvatore Licitra).*

selbst manifestiert. Dies ist der zeitgenössische Heilige/Philosoph, eine ozeanische, whitmaneske Gestalt. Das so sich wiederholende Werk ist in Wahrheit eine Performance, kein Artefakt, eine Reihe von Wiedererschaffungen einer Handvoll symbolischer Handlungen. Wie Beuys hat man ihn einen Schamanen genannt, einen Magier und einen Alchemisten.

Das Problem der Nostalgie ist noch immer kontrovers. Merz' Dramaturgie stimmt völlig überein mit Walter Benjamins Behauptung, dass Kunst, die mechanische Reproduktion ignoriert, in ihrem Trachten wohl oder übel religiös ist. Allein der Natur, oder der Lebenskraft, traut Merz die Macht der Reproduktion zu und räumt ihr unbeschränkten Kredit ein. Merz möchte den wagnerischen Mythos wieder einführen; er mildert die Furcht vor dem Hinscheiden des Symbolischen in moderner Zeit.[13] Vielleicht verbindet er Charles Baudelaires Empfindung, dass «wir alle ein Begräbnis feiern» mit William Butler Yeats' Vision von der Geburt eines neuen Zeitalters. Yeats hatte seine eigene Spirale, die «sich weitende Kreisbewegung»; auch er sah «Dinge auseinanderfallen», fühlte, dass «gewisslich eine Offenbarung naht».

Merz' Wiederkehr ist jedoch keine wilde Bestie. Seine erzählerische Wucht bleibt utopisch, und dies, mehr als alles andere, ist es, was sein Risiko verkörpert. In der Geschichte hat jede Art von Utopia stets versagt.

(Übersetzung: Udo Breger)

ANMERKUNGEN

[1] «Wenn die Form auch vergeht, bleibt ihre Wurzel doch immerwährend», war ein Satz, den Merz anlässlich einer Installation in der Flow Ace Gallery in Kalifornien, 1982, über ein Gemälde schrieb.

[2] Susan Crane im Merz-Ausstellungskatalog der Albright-Knox Art Gallery in Buffalo, N.Y., Januar/März 1984, S. 10, 18.

[3] Rezension in ARTFORUM, April 1983, S. 83.

[4] Mario Merz, «Une petite maison mythique et cosmique», LIBÉRATION, Herbst 1987, S. 4–6.

[5] Carolyn Christov-Bakargiev, «Arte Povera, 1967–87», FLASH ART, November/ Dezember 1987, S. 52–69.

[6] Patrick Javault, «Entretien de Mario Merz», LA REVUE, Oktober 1987, S. 6–7.

[7] Marinettis Wortprägung.

[8] Marinettis Beschimpfung der Professoren im Mai 1910, zitiert in Rosa Trillo Clough, FUTURISM, THE STORY OF A MODERN ART MOVEMENT: A NEW APPRAISAL, Philosophical Library Inc., New York 1961, S. 33.

[9] A. Soffici, PRIMI PRINCIPII DI UNA ESTETICA FUTURISTA, Valechi, Firenze 1920, S. 57, zitiert von Clough.

[10] «Mario Merz: The Artist as Nomad», ARTFORUM, Dezember 1979, S. 52–58.

[11] Interview mit Carolyn Christov-Bakargiev in «Arte Povera».

[12] «Une petite maison . . . », S. 5.

[13] Rogozinsky.

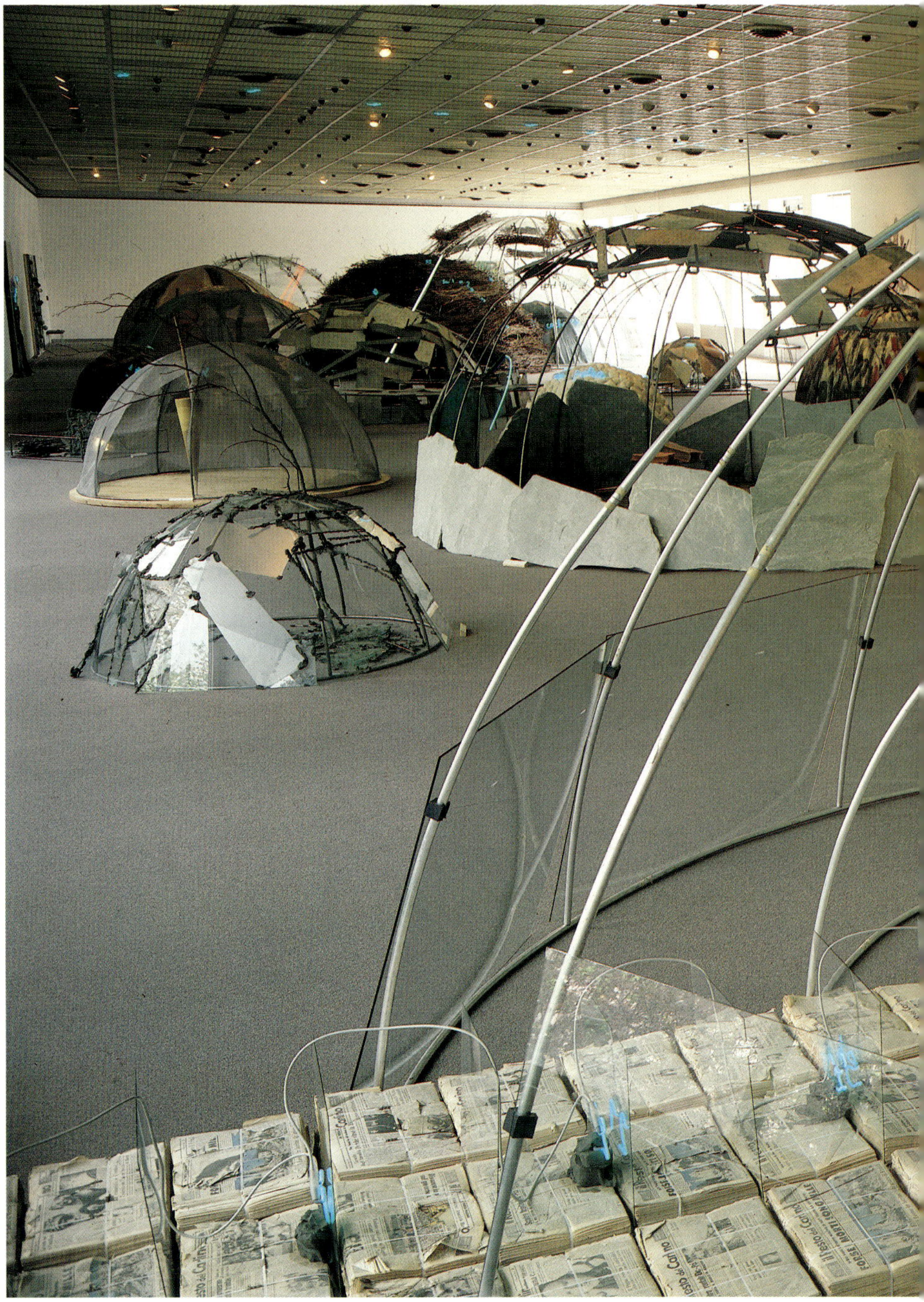

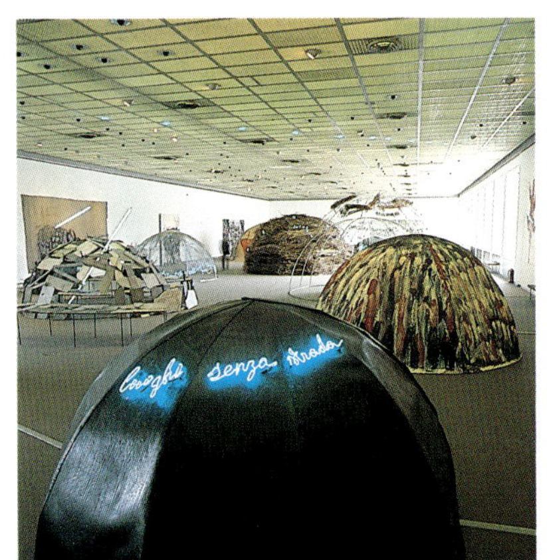

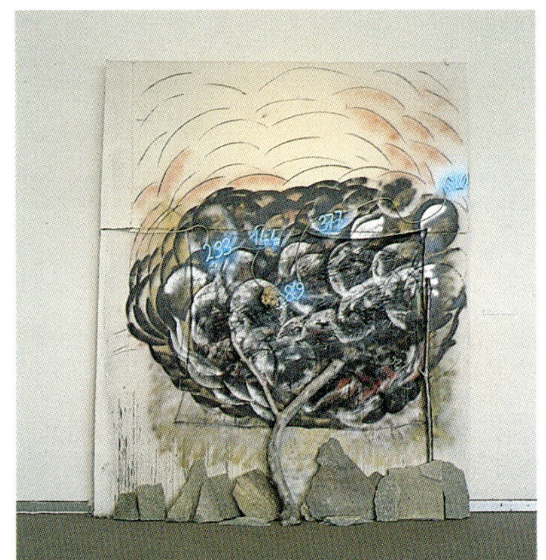

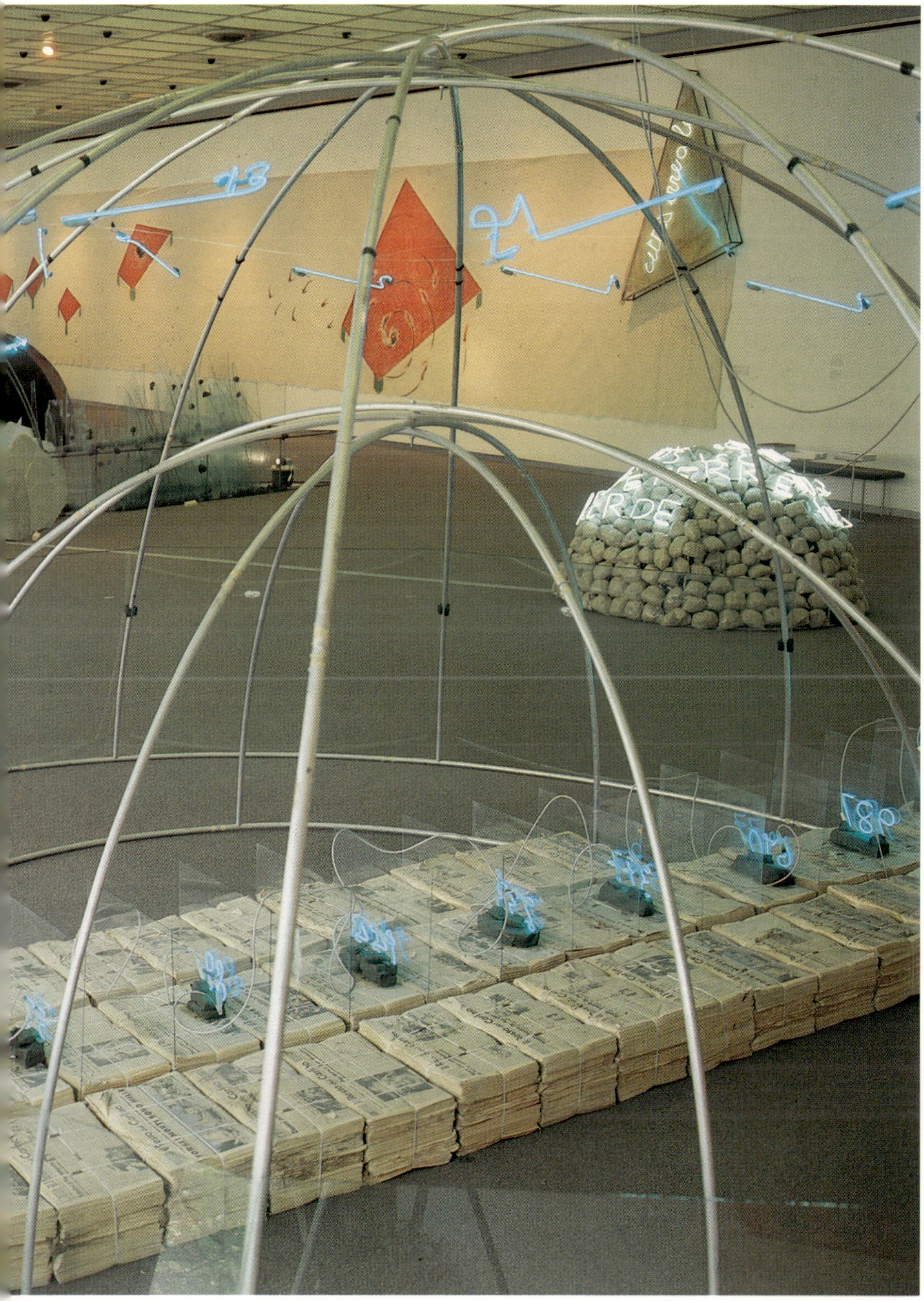

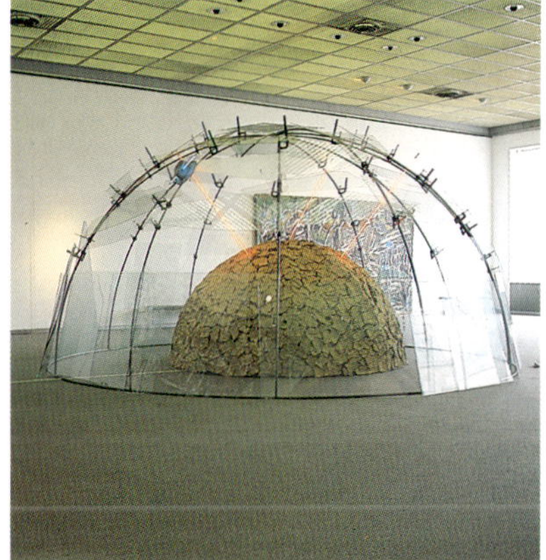

INSTALLATION VIEWS MARIO MERZ EXHIBITION, KUNSTHAUS ZÜRICH, 1985. *(Photo: Salvatore Licitra)*

MARIO MERZ

SAGT ICH'S ODER SAGT ICH'S NICHT?!

Auszüge aus Gesprächen mit der Redaktion, Dezember/Januar 1987/88

Die Idee zu meiner Ausstellung im Kunsthaus Zürich 1985, in dem riesigen, rechteckigen Raum alle Iglus zusammen wie ein Dorf aufzubauen, stammte von Harry Szeemann, und diese Idee war gut. Das Ganze erhielt einen horizontalen, wuchernden Charakter, der durch die Niedrigkeit des Raumes im Verhältnis zu seiner Grösse zusätzlich betont wurde.

In der Ausstellung in der Salpêtrière in Paris habe ich gemerkt, dass Kirchen mir keine Angst machen. Ich habe dort in meiner Arbeit LUOGHI SENZA STRADA (Orte ohne Strassen) ein Quadrat aus Reisigbündeln ausgelegt, weil in dieser Kirche sonst alles rund ist. Zudem wollte ich eine Diagonale mit den Fibonaccizahlen schaffen, und diese verlangt nach dem Quadrat. An sich war es gar kein richtig freies Quadrat, denn es berührte eine Säule, und bildete somit eine andere Art Zeichen. Rundum, den Wänden entlang, standen entsetzliche Beichtstühle, denen wollte ich etwas entgegensetzen, um mich auf eine andere Ebene zu stellen. Mit dem Quadrat rückte ich die Beichtstühle ein wenig in die Ferne. In der Mitte des Quadrats von LUOGHI SENZA STRADA stand dann wieder das runde Iglu.

Alle italienischen Dörfer sind nach dem System aufgebaut, dass neben der Kirche die Antikirche steht, ein Regierungsgebäude, welches ein anderes Zeichen zu setzen hat. Das ist ganz fundamental. Die Architektur muss die Bedürfnisse reflektieren. Weil sich in der Salpêtrière alles dreht und auch in meiner Arbeit die Drehbewegung enthalten ist, musste ich das Quadrat auslegen, welches mein

Nicht-so-religiös-Sein reflektiert, denn das Sich-im-Kreis-Drehen hat meistens etwas mit Kult zu tun; denke an die rituellen Tänze. Ich fühle mich den Tänzen der Papuas näher als unserer streng aufgebauten Kirche.

Nehmen wir Pollock, auch er brachte die Idee der Tänze der Papuas in sein geistiges Dreieck «Europa–Asien–Amerika» ein. Seine Bilder sind überhaupt nicht amerikanisch, sondern betreffen die ganze Welt. Mit der Pop Art hingegen bewegte man sich wieder in der lokalen urbanen Landschaft. Carl Andre ist jemand, der die Ernsthaftigkeit und Ausdauer besitzt, sowohl Amerikaner als auch Weltbürger zu sein. Ihn kannst du nach Japan, China oder Russland bringen.

◆ ◆ ◆

Meine Hommage an Arcimboldo, das Werk mit dem Krokodil, kommt der Idee der Statue nahe. Und jetzt erzähle ich die Geschichte der Statue: Sie ist eine uralte Idee und entstand, weil einer jemandem Angst einflössen wollte, ihm dies mit seinem eigenen Gesicht aber nicht gelang und er deshalb eine Statue kreierte. Dann kam das antike Griechenland, wo die Statuen, statt zu erschrecken, die Dinge so darzustellen hatten, wie sie sind. Daraufhin kamen die Katholiken, die Madonna musste Mitleid erregen, die Heiligen mussten dem Menschen ähnlich sein, wogegen der Herrgott Ehrfurcht erwecken sollte. Von Mal zu Mal musste die Statue etwas anderes darstellen, und die ganze Problematik lag in der Unterschiedlichkeit ihrer Funktion. Als dann die abstrakten Künstler kamen, geschah wegen des Problems der Abstraktion nichts mehr. Und dann: Henry Moore. Er idealisierte die Frau so sehr, dass sie zu einer Form in gigantischer Ferne wurde, fast ausserhalb der Welt. Jetzt bin ich da und sage, aha, nun also weiss ich nicht was tun. Aber es kommt mir die Erinnerung der Urzeit, und ich stelle fest, ich bin ein Krokodil, habe fünf Finger, vier Füsse, einen Mund und einen Schwanz. Also stelle ich mich selbst dorthin und erwecke weder Angst noch erwecke ich sie nicht.

◆ ◆ ◆

Ich bin ein Freund der Wissenschafter, vor allem der Physiker. Sie erzählen sich Dinge, die mich faszinieren. Und meine Arbeiten kannst du besser mit den Begriffen der Physik als mit jenen der Ästhetik erklären. Zum Beispiel: In der Physik spricht man, um das Phänomen des Wassertropfens zu erklären, von der «Oberflächenspannung». Diese hält den Wasser- oder etwa den Quecksilbertropfen zusammen. Meine Iglus kannst du ohne den Begriff der Oberflächenspannung, welche das Ausserhalb und das Innerhalb definiert, nicht verstehen. Dieses Phänomen ist für mich so wichtig, dass ich meinem bisher grössten Iglu den Titel GOCCIA D'ACQUA (Wassertropfen) gab. Im Iglu sind Innenraum und Aussenraum gleichwertig.

Goethe beschäftigte sich auch mit diesem Problem, denn er besass sowohl für das Relative als auch für das Synthetische einen Sinn. Allerdings neigte er dazu, das Relative – etwa die Frauen – wie ein Hündchen am Halsband zu führen, dann aber sann er den grossen Problemen nach. Auch er war eine Art Träumer.

◆ ◆ ◆

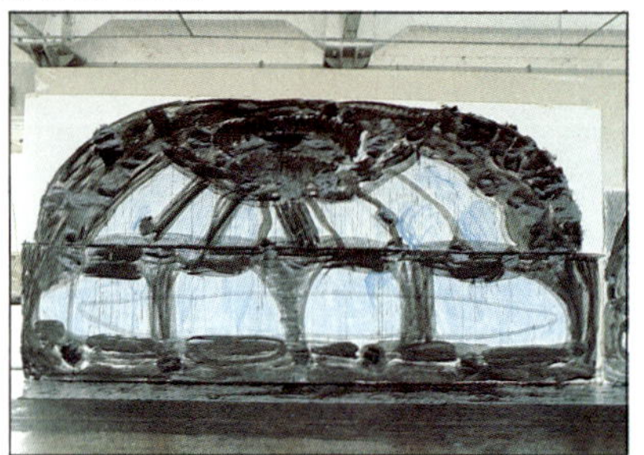

Die Konzeptkunst war sehr wichtig, doch schau, was daraus geworden ist; schade, denn darin lag viel Material, lebendiges, phantastisches Material, Mikrokosmos. Bezüglich der Welt des Mikrokosmos sind wir uns alle einig. Bezüglich des Makrokosmos hingegen ist dies unmöglich. Im Mikrokosmos sind gewisse Gegenstände wunderbar, doch kannst du sie nicht breit und hoch zu einem Makrokosmos walzen. Ganz im Gegenteil, je kleiner sie sind, um so besser. Alles, was technologisch ist, muss ganz klein werden, um zu überleben. Heute ist die Tonbandkassette wichtiger als die Lokomotive.
Ich habe das Iglu kreiert, wo innen nichts und aussen auch nichts vorhanden ist, wo du innen und aussen alles, was du willst, hinstellen kannst. Die Skulptur ist nicht mehr nur Skulptur, sondern ein Ort, wo das Innerhalb und das Ausserhalb erdacht werden sollen. Das Innerhalb und das Ausserhalb der Erde stehen in ständiger Beziehung zueinander. Die Mikrowellen dringen in die Gestirnsysteme ein und kehren zurück, um wieder hinauszustrahlen. Alles basiert auf dem System des Kommens und Gehens, alles ist immer in Bewegung. In der Skulptur wurde das früher nie reflektiert. Nun kommt einer wie ich, und reflektiert er das etwa nicht? Ich verstehe das Prinzip des Kleinen, aber auch jenes des enorm Grossen. So wie der Mond Ebbe und Flut bewirkt, gilt, dass ich in ein Mikrophon sagen kann: Hallo, bist du da oben auf dem Mond, ciao. Das ist das Verhältnis, das heute existiert. Darum will ich nicht, dass du meine Skulpturen wie traditionelle Skulptur betrachtest.

◆　◆　◆

In der orientalischen Kultur hat die Überwindung der physischen Bedingtheiten grossen Wert. Der Künstler ist jemand, der das Unglück kennt und das Jenseits des alltäglichen Tuns sucht. Darum tendiere ich zum Unrichtigen und nicht zum Richtigen. Ich verstehe nicht, warum das niemand merkt.
Eigentlich gefallen mir Leute, die ins Alltägliche abgerutscht sind. Aber gewisse Personen sind zu alltäglich. Das Alltägliche ist die notwendige Maschine, doch was heisst das? Wir spielen mit der Sprache des Alltäglichen, doch spricht die Kunst keine Alltags-Sprache. Die Kunst kennt das Alltägliche, es ist ihr wertvoll wegen des enormen Materials, das es ihr liefert. Darum muss ich als Künstler das Alltägliche lieben, sonst verliere ich das Bewusstsein. Gerade der Verlust des Bewusstseins aber ist das Problem unserer Epoche. Es geht also um das Bewusstsein jenseits des Alltäglichen, das ich mit dem Alltäglichen und durch das Alltägliche gewinne. Ich spreche vom Bewusstsein auf einer Ebene, wo du vieles zusammenbringst und nicht bei nur einer Sache verharrst. Dann vergrössert sich der Umkreis, dann beginnen sich die Dinge zu drehen, so wie die Erde sich dreht, und du kannst sie nicht mehr aufhalten. Die Dinge werden so unaufhaltbar wie die Zeit. Steve Lacy und andere Künstler der abstrakten Musik wollen die Welt nach ihrem Tempo zum Drehen bringen – jeder Künstler mit seinen eigenen Mitteln. Als beispielsweise Pollock mit den Farben auf der flach am Boden liegenden Leinwand grenzenlose Räume schaffte, wollte er diese Idee nicht mehr aufhalten. Seine Bilder sind schön, weil sie Zeugnis von genau diesem Ereignis

sind. Pollock gelang die Verschmelzung von Mensch und Erde, nicht weil er sich entschieden hatte, etwas Bestimmtes zu tun, sondern weil er aus einem totalen Empfinden heraus arbeitete. Die Erde hatte für ihn entschieden, was er zu tun hatte. Darauf stellte er sich mit extremer Kraft ein.

◆　◆　◆

Weshalb hat heute die Form der Materie so wenig Wert? Weshalb versucht man gleichzeitig, die Form der Materie künstlich herzustellen?
Die Welt der Kunst erkennt die potentielle Kraft der Materie und auch ihre Form, d. h. die Form, die diese potentielle Kraft annehmen kann. Das ist ein euro-amerikanisches Phänomen, das dann indisch, chinesisch und zuletzt ein Phänomen der ganzen Welt werden kann. Die potentielle Kraft der Materie wurde von Künstlern wie Burri oder Pollock und auch von ganz wenigen Interpreten gespürt. Das Phänomen der Arte Povera ist auf dieser Basis entstanden. Das Konzept der potentiellen Kraft der Materie wirkt auf und durch den Willen, die Erfahrung und den lyrischen Sinn. In der Kirche spürt man sie ebenfalls, denn es gibt diese ungewisse Kraft des Jahres 2000. Die Materie hat ein Leben, das der Mensch spürt und erkennt. Je stärker die potentielle Kraft der Materie, desto klarer wird sie vom Menschen erkannt. Das Wasser fliesst den Berg hinunter, und das interessiert den Menschen. Stürmt das Wasser aber mit ungeheurer Kraft zum Meer, fürchtet sich der Mensch. Er kann diese Kraft als negativ empfinden, als ein Zuviel an Kraft. Genau solche Kräfte wirken in den Kunstwerken.

◆　◆　◆

Da die Form aus inneren Elementen besteht, kannst du sie nach gegebenen Gesetzen verändern. Umwandeln kannst du auf der Erde alles, doch entfernen nichts. Kein Staubkorn kannst du von der Erde entfernen, auch den Mond nicht, denn die Erde würde total von ihrer Bahn abkommen. Das weiss nicht nur der Intellektuelle, das weiss jeder. Und das gefällt mir, weil deshalb niemand ein Reisigbündel von meinen Arbeiten entfernen kann.
Es gibt Material, das ich als schwer, anderes, das ich als leicht empfinde, doch sind die Verhältnisse nie so sicher, wie man meint. Du kannst ein Gewicht auf-lösen und dadurch Raum schaffen. Oder umgekehrt, du suchst das Gewicht, und dann schrumpft der Raum. Die Erde lebt vom Gegensatz von Raum und Gewicht, damit spielen wir alle.
Die Verschmelzung von Material ist aber unsicher, und daher gehört auch diese Unsicherheit zum Gleichgewicht des Globus. Das Iglu repräsentiert den Globus und sein Gleichgewicht.

◆　◆　◆

Delacroix fand, die Farben von Paris reichten ihm nicht aus. Also reiste er nach Algerien und Marokko und be-gann die Farben des Tigers neben jene berühmten der Frau zu setzen – und dies vor dem schwarzen Hinter-grund. Das war zu jener Zeit das Neueste, was man tun konnte. Die Farben des Tigers öffneten Delacroix neue Möglichkeiten, und er nutzte die Farben so maximal, wie er es für notwendig hielt. Heute sind wir nicht mehr besonders fähig, die Farbe zu sehen. Sie hat metaphysische Bedeutung erhalten und ist nicht mehr animalesk. Ich habe auf ein Bild Kohlköpfe gesetzt. Die Farbe wird so zu einem politischen Spiel, zur totalen Realität. Auch Pollock setzte Farbe als Farbe und nicht als Form ins Bild.

◆ ◆ ◆

In meiner Arbeit SENTIERO PER QUI (Ein Weg, um hierher zu gelangen) haben wir die kleine Burg so schnell und präzise wie eine Zeichnung gebaut. Dann haben wir – was eine wunderbare Idee war – Zeitungsbündel hingelegt. Zeitungen fangen einen präzisen Augenblick der Geschichte ein. Ein Erdbeben in Neapel: Alle sprachen sie von diesem Erdbeben, hundert Kilometer Zeitungen sprachen davon! Die gerade Linie aus Zeitungsbündel, die durch die kleine Burg führt, entspricht der Linie der Geschichte. Es gibt viele Dinge aus der Vergangenheit, die in meine Arbeiten einfliessen, aber ich will diese Dinge nicht benennen, denn es geht mir um den Einfall, den ich in einem bestimmten Augenblick habe. Die Arbeit SENTIERO PER QUI könnte «Zug, der eine Stadt durchfährt» heissen. Das würde ihr aber eine zu anekdotische, alltägliche Bedeutung geben, und das wäre langweilig.

◆ ◆ ◆

Mir gefällt die Architektur der Salpêtrière, sie ist wunderbar. Wenn du eine Pyramide siehst, wirst du nicht gleich ein Ägypter, doch spürst du die Qualität der Architektur. Wenn du also in eine schöne Kirche gehst, spürst du sogleich die Qualität. Kürzlich betrat ich die Krypta unter einer riesigen barocken Kirche, die nur etwa zwei Meter hoch war und vier Säulen hatte. Logischerweise fühlte ich mich dort drin sofort gut. Ich spüre die Qualität der griechischen Architektur, aber was habe ich mit Hera zu tun?! Architektur ist real, und den Sinn für ihre Qualität hat die enorme Erinnerung des Menschen gespeichert.
Ich war dagegen, für meine Arbeiten die hässlichen Beichtstühle aus der Kirche hinauszuwerfen. Das wäre, als würde man einen See anschauen und sagen, alle Schiffe müssen weg, denn sie stören. Wozu würde dann der See dienen?! Wir wollten die Kirche so lassen, wie sie eben ist, mitsamt dem sympathischen Sakristan. Nach Museumsleuten sehne ich mich nie, aber wohl nach diesem Sakristan, obschon er ständig griesgrämig war.

(Bearbeitung und Übersetzung: Jacqueline Burckhardt)

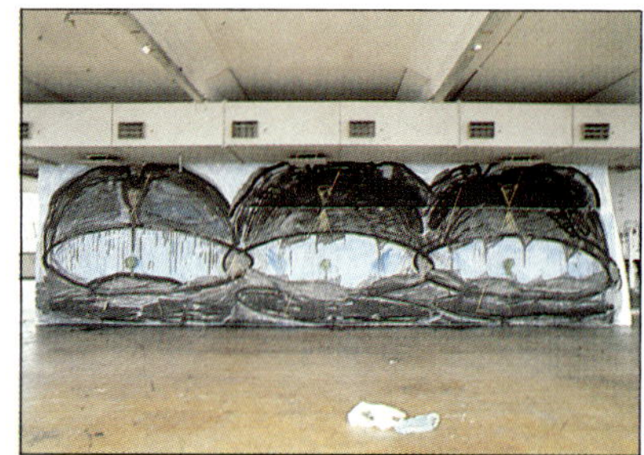

MARIO MERZ

DID I SAY IT OR DIDN'T I?

Extracts from conversations with the editorial staff of Parkett December 1987 – January 1988

The idea for my exhibition at the Kunsthaus in Zürich in 1985, with all the igloos clustered together like a village inside the huge rectangular space, came from Harry Szeemann; and it was a good idea. The whole thing took on a horizontal, spreading look, and this was further emphasized by the lowness of the space in relation to its height.

At the exhibition at the Salpêtrière in Paris I realized that churches don't frighten me. In the work I did there, LUOGHI SENZA STRADA (Roadless Places), I laid out a square of bundles of brushwood, because everything else in that church is round. I also wanted to make a diagonal incorporating the numbers in the Fibonacci series, and I needed a square for that. In itself it wasn't a real, independent square, because it touched a column, and thus formed another kind of sign. All round the walls there were dreadful confessional boxes; I wanted to establish something in opposition to those, to get myself onto another plane. With the square I shifted the confessionals a bit further away. And in the center of the square of LUOGHI SENZA STRADA, again, I put a round igloo.

All Italian villages are laid out in such a way that next to the church there is the anti-church, a government building, which is there to form another kind of sign. This is absolutely fundamental. Architecture must reflect need. Because in the Salpêtrière everything goes round and round, and because there is a circular movement in my work too, I had to lay out the square as a reflection of my own not particularly religious nature. Going round in a circle usually has something to do with a cult: think of ritual dances. I feel much closer to the dances of the Papuas than to our church with its rigid structure.

Take Pollock: he put the Papua dance idea into that mental triangle of his, Europe – Asia – America. His paintings are not American at all; they are about the whole world.

With Pop Art, on the other hand, people got back to a local, urban landscape. Carl Andre is someone who has enough seriousness and staying-power to be both an American and a citizen of the world. He is someone you can take to Japan, China or Russia.

◆　◆　◆

My homage to Arcimboldo, the work with the crocodile, comes close to the idea of a statue. And now I'll tell you the history of the statue. It's a very ancient idea; it started when someone wanted to frighten someone else but couldn't do it with his own face, so he made a statue. Then came ancient Greece, where the statues were not there to frighten people but to represent things as they really are. Then came the Catholics, and the Madonna had to inspire compassion, the saints had to be like real people, and God the Father had to be awe-inspiring. The statue had to stand for something different every time, and the problem was this variety of functions. Then, when the abstract artists came along, nothing more happened, because of the problem of abstraction. And then: Henry Moore. He idealized woman to such a degree that she turned into an immensely remote form, almost out of this world altogether. Then I come along, and I say what am I to do. But then comes the memory of prehistory, and I can see that I am a crocodile, I have five fingers, four feet, a mouth and a tail. So I set myself up there, and I neither inspire fear nor fail to inspire it.

◆　◆　◆

I approve of scientists, physicists especially. They tell each other things that fascinate me. And you can explain my works better by the laws of physics than by those of aesthetics. For instance: in physics, to explain the phenomenon of a drop of water, they use the term "surface tension." That is what keeps a drop of water or mercury together. You can't understand my igloos without the idea of surface tension to define the outside and the inside. This phenomenon is so important to me that I have given my biggest igloo so far the title GOCCIA D'ACQUA *(Drop of Water). In the igloo, interior space and exterior space are equivalent.*
Goethe thought about this same problem; he had a feeling for relativity and for synthesis. Admittedly, he did tend to keep the relative aspects – women, for instance – on a string while he pondered on the great issues. He too was a dreamer, in his way.

◆　◆　◆

Conceptual art was very important, but look what came of it. It's a pity, because there was a lot of material there: living, imaginative material, a microcosm. On the microcosmic level we all agree. On the macrocosmic level, on the other hand, this is impossible. Certain objects may be wonderful in the microcosm, but you can't just blow them up into a macrocosm. On the contrary, the smaller they are the better. Anything technological must get very small if it is to survive. Nowadays the audio cassette is more important than the locomotive.
I created the igloo, a place with nothing inside and nothing outside either, a place where you can put anything you like, inside or out. Sculpture is not just sculpture any more, but a place where the inside and the outside have to be imagined. The inside and the outside of the earth are constantly interacting. Microwaves penetrate brain systems and then radiate outwards again. Everything is based on a system of coming and going; everything is

along, and how can he not reflect it? I understand the principle of the small, but also that of the enormously big. So just as the moon causes the ebb and flow of the tides, it follows that I can say into a microphone: "Hello, are you there, up on the moon? Ciao!" That is the relationship that exists now.
That is why I don't want you to see my sculpture as traditional sculpture.

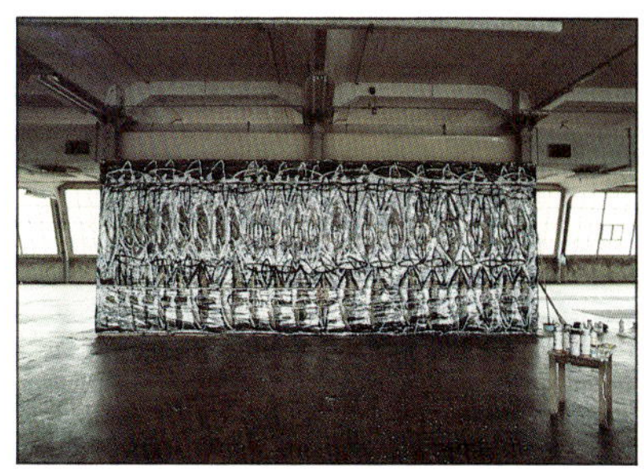

◆　　◆　　◆

Eastern culture sets great store by the overcoming of physical limitations. The artist is someone who is familiar with misfortune and who is looking for the transcendental aspect of everyday life. That's why I tend towards the incorrect rather than the correct. I don't understand why no one sees it.
The people I like best are those who have taken a tumble into commonplace life. But some people are just too commonplace. The commonplace is the mechanism we need, but what does that mean? We play with commonplace language, but art does not speak the language of commonplace life. Art is familiar with the commonplace and knows its value as an immense store of material. So as an artist I must love commonplace life or else lose consciousness. But it is precisely this - the loss of consciousness – that is the great problem of our age. By this I mean the consciousness which transcends the commonplace, but which I attain with and through the commonplace.

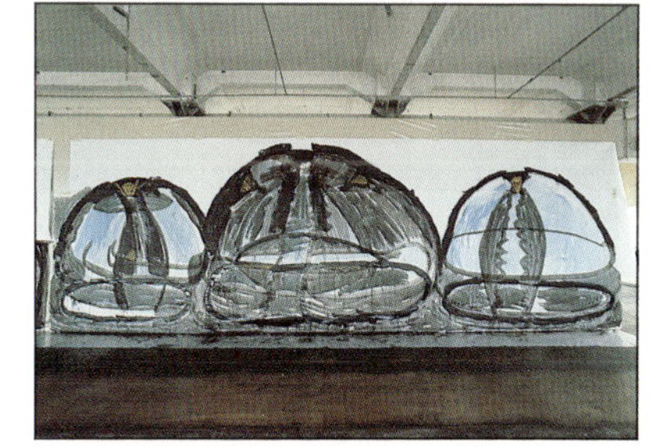

I am talking about a consciousness on a level where you bring a lot of things together and don't stay with any one thing. Then the surrounding space expands, things start to spin, just as the earth spins, and you can't stop them. Things become as unstoppable as time. Steve Lacy, and other artists who make abstract music, want to set the world spinning at their own tempo – every artist using his own means. When Pollock, for instance, created limitless spaces with paints on a canvas laid on the floor, he wanted to give free rein to this idea. His paintings are beautiful because they are the record of just this event. Pollock achieved the blending of man and earth, not because he had taken a decision to do one thing rather than another, but because he was operating from inside a total feeling. The earth had made his mind up for him. Then he put all his strength into it.

◆　　◆　　◆

Why is so little value attached to the form of matter today? Why, at the same time, is there an attempt to produce the form of matter artificially?
The world of art acknowledges the inertia of matter and also its form, i. e. the form that this inertia can assume. This is a European-American phenomenon, which can then become Indian, Chinese, and ultimately a phenomenon belonging to the whole world. The inertia of matter is sensed by artists like Burri or Pollock, and also by a very few commentators. The Arte Povera phenomenon happened like this. The concept of the inertia of matter operates on and through will, expe-

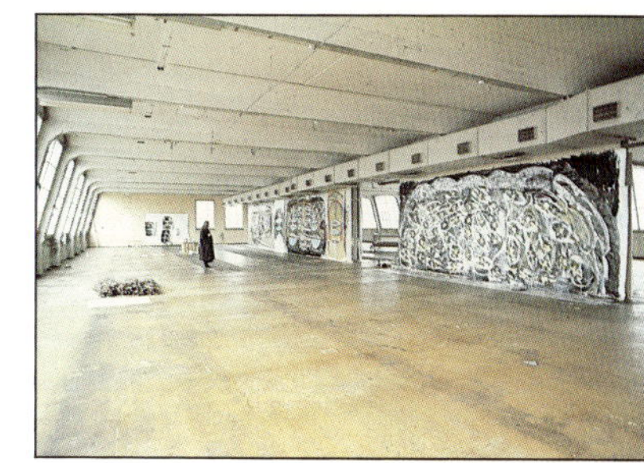

rience and the lyrical sense. And because this undefined power of the year 2000 exists, it can be felt in church too. Matter has a life which man senses and knows. The greater the inertia of matter, the more clearly it is known by man. Water flows down the mountain, and that interests man. But when the water rushes on into the sea with enormous power, then man is frightened. He can feel this power as something negative, an excess of power. It is powers like this that are operative in works of art.

◆ ◆ ◆

As form consists of inner elements, you can alter it in accordance with given laws. You can t r a n s f o r m anything on earth, but you can't r e m o v e anything. You can't remove a grain of dust from the earth, and you can't remove the moon either; the earth would come right out of its orbit. It isn't just the intellectuals who know this, everybody knows it. This pleases me, because for the same reason no one can remove a bundle of twigs from my works.
There is some material that I feel to be heavy, other material that I feel to be light; but the relationships are never so certain as you think. You can disperse a weight and thus create space. Or, conversely, you can try for weight, and then space shrinks. The earth lives by the contrast between weight and space; we all play with it all the time.
There is nothing certain about the melting of material, either; and so this uncertainty is part and parcel of the global balance. The igloo represents the globe and its balance.

◆ ◆ ◆

Delacroix decided that the colors of Paris were not enough for him. So he went to Algeria and Morocco and started to set down the colors of the tiger next to the familiar colors of woman – and all this in front of a black background. At that time this was the newest thing that anybody could have done. The colors of the tiger opened up new possibilities for Delacroix, and he used colours as intensively as he felt he needed to. Nowadays we are no longer capable of seeing color. It has taken on a metaphysical meaning; it's not an animal thing any more. In one picture I put in some cabbage tops. And so color becomes a political game, a total reality. Pollock too put color into the picture as color, not as form.

◆ ◆ ◆

In my work SENTIERO PER QUI (The Way Here) we built the little castle as quickly and precisely as a drawing. Then – and this was a wonderful idea – we added bundles of news-papers. Newspapers capture a precise moment in history. An earthquake in Naples: they all reported this earthquake in Naples. Sixty miles of newspapers about it! The straight line of newspaper bundles, which leads through the little castle, stands for the line of his-tory. There are many things from the past that get into my work, but I don't want to name them, because what matters to me is the idea that I have at a given moment. SENTIERO PER QUI might be called "Train Passing Through a Town"; but then its meaning would be too anecdotal and too commonplace, and that would be boring.

◆ ◆ ◆

I like the architecture of the Salpêtrière; it's wonderful. When you see a pyramid you don't turn into an Egyptian, but you do sense the quality of the architecture. So when you walk into a beautiful church you're aware of the quality right away. Not long ago I went down

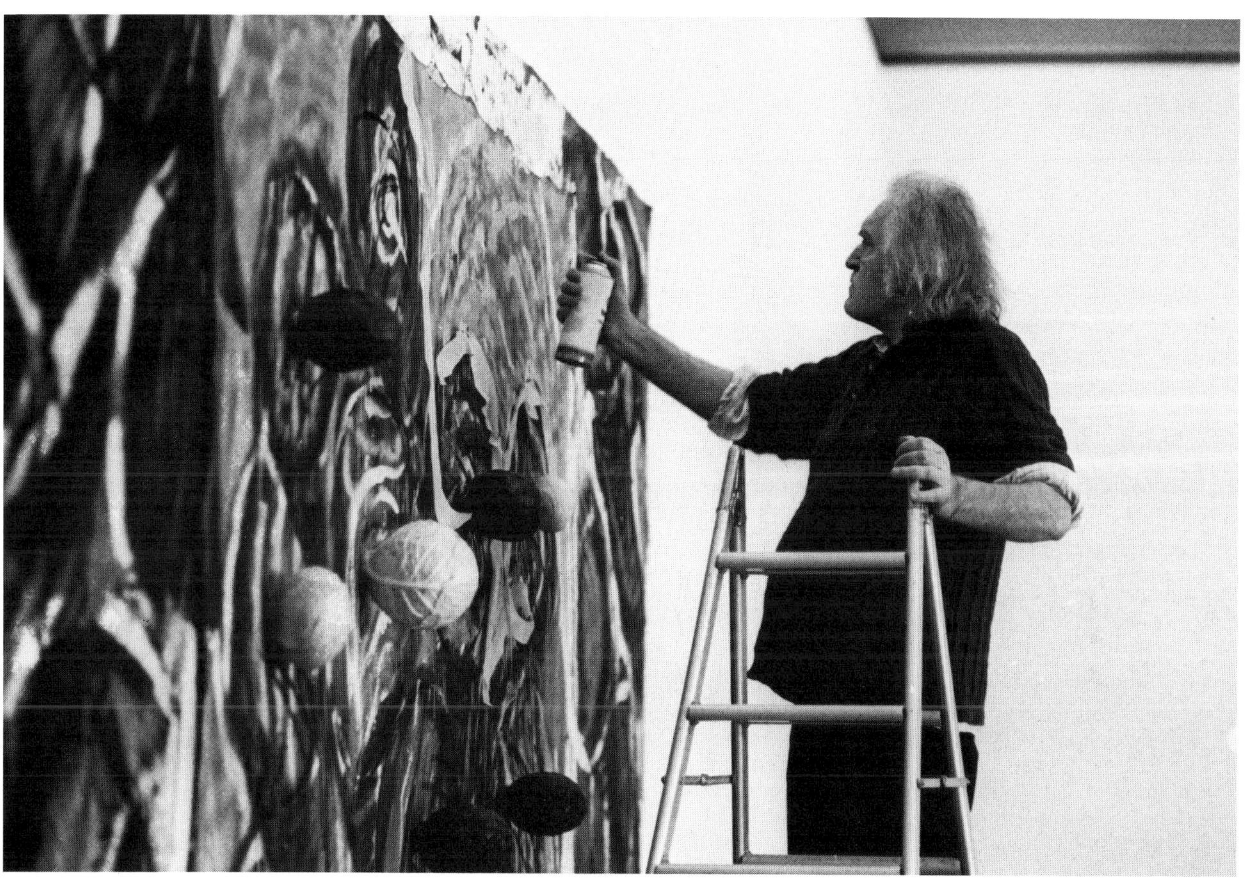

MARIO MERZ, ZÜRICH, 1985.

(Photo: Walter Drayer)

into the crypt of a huge Baroque church; it was only about six and a half feet high and had four columns. Quite logically, I felt good straight away. I sense the quality of Greek architecture, and yet what is Hera to me? Architecture is real, and the feeling for quality is something that man's immense memory has given him.
I wouldn't let them throw out those ugly confessionals to make way for my works. That would be like looking at a lake and saying all the boats must go because they spoil the view. What use would the lake be then? We wanted to leave the church just as it was, complete with its sacristan, whom I liked. I never miss museum people, but I do miss that sacristan, always grumpy though he was.

(Translation: David Britt)

Edited by Jacqueline Burckhardt

THE PICTURES BY RUDOLF TREFZER WERE TAKEN IN 1988 IN MARIO MERZ' STUDIO IN SCHAFFHAUSEN, SWITZERLAND.

Edition für Parkett /
Edition for Parkett

Mario Merz, «Ohne Titel» / *"Untitled", 1988*

Radierung, Aussprengverfahren, Kaltnadel und Aquatinta auf Hahne-Mühle 300 g.
Auflage: 100 Exemplare, signiert und numeriert.
Gedruckt bei Peter Kneubühler, Zürich, Januar 1988.

Etching, sugar lift, drypoint and aquatint on Hahne-Mühle 300 g.
Edition: 100 impressions, signed and numbered.
Printed by Peter Kneubühler, Zürich, January 1988.

Jede Nummer der Zeitschrift entsteht in Collaboration mit einem Künstler, der eigens für die Leser von Parkett einen Originalbeitrag gestaltet. Dieses Werk ist in der gesamten Auflage abgebildet und zusätzlich in einer limitierten und signierten Vorzugsausgabe erhältlich.

Each issue of the magazine is created in collaboration with an artist, who contributes an original work specially made for the readers of Parkett. The work is reproduced in the regular edition. It is also available in a signed and limited Deluxe-Edition.

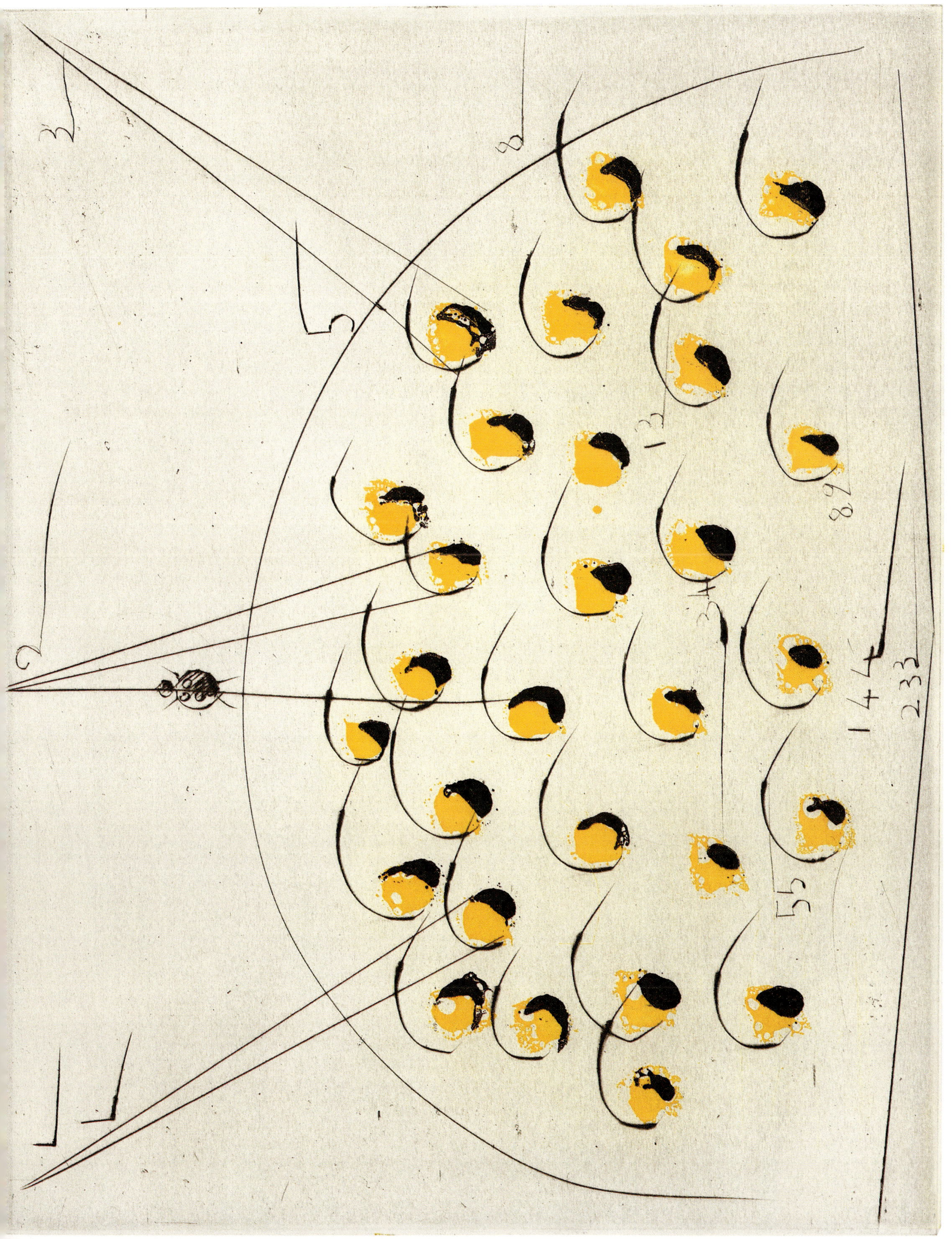

Das «JEN» des Kung Fu-Tse und die MERZSCHE CITÉ

DEMOSTHENES DAVVETAS

Häufig führt Mario Merz in seinen Äusserungen zur Entstehung der Idee des IGLU die folgenden Worte des asiatischen Generals Giap an: «Wenn der Feind sich zusammenrottet, verliert er an Boden, wenn er sich zerstreut, verliert er an Kraft.»

Jedesmal, wenn ich diese Worte hörte oder las, kamen mir einige Sätze aus einer Anthologie des Kung Fu-Tse (Nr. 165) in den Sinn: «Wer studiert, ohne zu denken, ist verloren. Wer denkt, aber nicht studiert, ist in Gefahr.» Ich erkannte einen Zusammenhang zwischen diesen beiden Gedanken, einen Zusammenhang, der durch folgende Fragestellung versinnbildlicht wird: Wie ist es möglich, dass der Künstler (das «Subjekt») ein Werk erschafft, ohne der Form der Schöpfung Grenzen zu setzen? Oder, um es anders zu sagen,

wie ist es möglich, dass der Künstler Formen konstruiert, die durchweg «offen» und nicht geschlossen sind?

Mario Merz beantwortete diese Frage ganz konkret: Nur wenn der Schöpfer eines Kunstwerkes nicht einfach nur von dem eher «mechanischen» Antrieb motiviert wird, etwas «herzustellen», sondern von dem WILLEN, etwas «zu erschaffen»! Dieser Wille wird gesteuert von dem konfuzianischen JEN (Menschsein). Es ist das JEN, das zu dem eigentlichen Akt der Konstruktion führt. Und das JEN ist es auch, das die Gesetzmässigkeiten, die dieses Werk beinhaltet, erst in Bewegung setzt (und sie gleichzeitig stützt).

Im umgekehrten Fall sind diese Gesetze sinnentleert. Ohne die sie antreibende Kraft (das JEN) vermögen sie nicht zu bewirken, dass das menschliche Element und seine Konstruktionen in eine Harmonie oder höhere Form der Vollkommenheit münden.

DEMOSTHENES DAVVETAS ist Schriftsteller und lebt in Paris. Er schreibt regelmässig für «Libération». Bisher sind von ihm erschienen: «Oreste», Flammarion, 1986, und «Eros im Kampf», Edition E. Kaufmann Zürich, 1987.

Die Merzsche Gesellschaft und der Himmel

Als gegenständlichen «Beweis» seiner Ideen präsentiert uns dieser italienische Künstler die Schöpfung seines IGLU: dessen halbkugelförmigen Umriss, stets durch feste Fundamente mit dem Boden verbunden, die aber nie von geometrischer Klarheit sind; diese Gesamtform ist die Darstellung einer Gesellschaft.

(Der Künstler benutzt hierfür Materialien, die durch ihre horizontale und vertikale Plazierung bildmässig die hemisphärische Geometrie durchbrechen.)

Die durch das IGLU dargestellte Gesellschaft besitzt seit ihrem Anbeginn bestimmte Gesetze: sie sind die hauptsächlichen Elemente, die MARIO MERZ für seine Arbeiten benutzt.

Diese von ihm verwendeten Elemente sind von Fall zu Fall verschieden (z. B. bei Ausstellungen, Installationen usw.); sie tauchen aber immer wieder auf, als wären sie in einen Kreis fester Ideen eingebunden, sind also die Schlüssel seiner «künstlerischen Gesellschaft».

Die Elemente als Gesetzmässigkeiten der Merzschen Gesellschaft wurden nicht ausgewählt bzw. stützen sich nicht auf die Grundlage trockener mathematischer, geometrischer, politischer, ästhetischer oder architektonischer Notwendigkeiten dieser Gesellschaft, sondern hauptsächlich auf die Notwendigkeit des JEN.

Konkreter bedeutet das: wenn MARIO MERZ in seinen Werken unter anderem Wachs, Glas, Plastilin usw. verarbeitet, so verwendet er diese Materialien nicht in einem statischen oder unstatischen Sinn. Er gebraucht sie als die Verkörperung, als ein Symbol von Energie, von Bewegung, von Lebendigkeit. Merz stützt sich also in seinen Werken auf die Bestandteile, die Zusammensetzung und den Gebrauch der Elemente/Gesetzmässigkeiten, die er immer wegen ihrer vielseitigen Verwendungsmöglichkeiten auswählt. Derselbe Geist von Energie und Bewegung beherrscht auch die Auswahl anderer Gesetze der Merzschen Gesellschaft: z. B. das NEON, die Zeitungen, die REISIGBÜNDEL oder gar den Gebrauch des mathematischen Systems «Fibonacci». Alles dies sind Materialien, die unter dem Einfluss des JEN verwendet werden. Was für einen anderen Sinn hätten denn die Gesetze einer Gesellschaft als zur Harmonie des Kollektivs beizutragen? Gemeint sind Gesetze, die das Althergebrachte mit dem Neuen verbinden (z. B. REISIGBÜNDEL mit dem Material NEON), die alltäglichen Informationen mit dem technologischen Fortschritt und der Wissenschaft (z. B. die Zeitungen und darüber das versinnbildlichte System FIBONACCI).

Neben den obgenannten Elementen/Gesetzmässigkeiten gibt es noch ein Gesetz, das nicht als das Ergebnis einer bestimmten Materialauswahl oder Materialart gelten kann. Es ist das Ergebnis eines Willensaktes des Künstlers, in der Form seiner Schöpfung einige «Öffnungen» bestehen zu lassen.

Diese Öffnungen sind die Ritzen. Die Merzsche Gesellschaft befindet sich nicht in einem Zustand der Selbstgenügsamkeit. Ganz im Gegenteil: Sie glaubt, als der «Mikrokosmos» die Möglichkeit zu einer Verständigung mit dem «Makrokosmos» zu haben. Diesen Wunsch oder Glauben symbolisieren in den IGLU also die Ritzen: sie sind der Durchgang, der den beidseitigen Dialog zwischen MENSCH und HIMMEL ermöglicht. Mit Hilfe der Ritzen übermittelt der HIMMEL seine Botschaften an die menschliche Gesellschaft der IGLU. Durch sie ruft das «Menschliche» den HIMMEL an. Und durch sie will MARIO MERZ – mit seiner CITÉ, seinem Werk – folgendes ausdrücken: Wer das «Nicht-Greifbare» berühren will, darf sich nicht in die IGLU einschliessen. Oder: Wer nicht mit ansehen will, wie sein Staat, einer Blume gleich, dahinwelkt, verrottet und schliesslich zusammenbricht (anstatt sich zu erneuern), der sollte sich nicht allein der Jagd und der Kommunikation mit dem «Nicht-Greifbaren» widmen, sondern sich den menschlichen Dingen zuwenden.

(Übersetzung aus dem Griechischen: Bettina Mette)

The "JEN" of Kung Fu-Tse and the MERZIAN CITY

DEMOSTHENES DAVVETAS

Often in his interventions about the genesis of the IGLOO concept, Mario Merz cites as one of the causes, the phrase of the Asian General Giap: "If the enemy is too concentrated, he loses ground, if he spreads out, he loses force."

These words, every time that I have heard or read them in print, have brought to mind another phrase from a selection of Confucian sayings (No. 165): "Whoever studies, but does not think, is lost. Whoever thinks, and does not study, is in danger."

I found a relation between the two above paragraphs which was best expressed in the following question-problem: how is it possible for the creative subject to create without limiting the form of his creation, or, in other words, is it possible for the creator to construct forms which are constantly open and never close? Mario Merz, in response to these questions, specifies, the following: only when the subject of the construction

is driven not simply by some mechanical disposition "to create" but by a DESIRE "to create." This desire is governed by the Confucian JEN (translated: humanity), it is the JEN which guides the act of construction, the JEN which activates the laws which are contained in and support this construction.

In the opposite case of mechanical disposition the laws are unjust. Without a motivating power (JEN), laws are unable to incorporate both the human element and its constructions and thus to lead to a more harmonious or higher form of perfection.

The Merzian Society and the Heavens

To materially prove his point, this Italian artist offers the construction of the IGLOO: his hemispheric line, always based on sturdily grounded foundations, and never simply a clean geometric form (the artist covers this igloo in all sorts of materials which, through their horizontal and vertical placement, iconographically break with the hemispheric geometry) suggests the presence of a whole society. And this society from its concep-

---

DEMOSTHENES DAVVETAS is a writer who lives in Paris. He writes regularly for "Libération" and is the author of "Oreste," Flammarion, 1986, and "Eros im Kampf," Edition E. Kaufmann Zürich, 1987.

MARIO MERZ, IGLOO DI PIETRA (IGLU AUS STEIN / STONE IGLOO), 1968–82,
INSTALLATION: DOCUMENTA 7 KASSEL, 1982. (Photo: Salvatore Licitra)

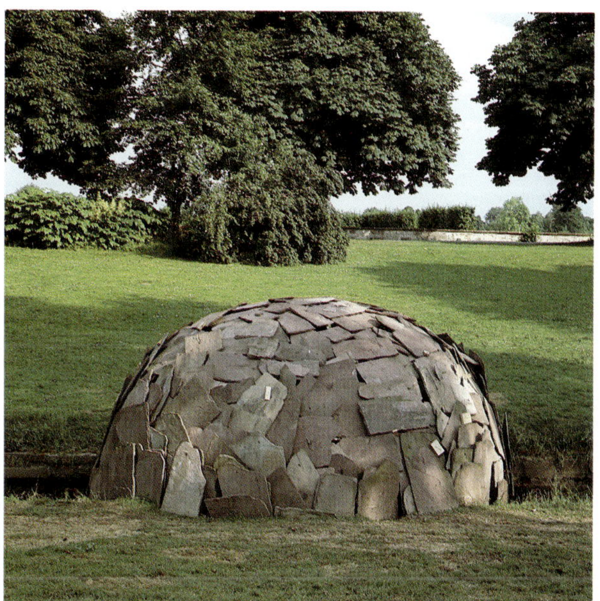

tion has certain laws: and these laws are the basic ingredients of Mario Merz's work.

Depending on what the particular situation demands (an exhibit, an installation, etc.) he will employ one or the other of these ingredients, but always all the ingredients are implicitly present; like a circle of underlying assumptions which constantly repeats itself, they are the basic keys to his artistic society.

The ingredients-laws of the Merzian civilisation were originally chosen and constructed, not on the basis of the dry mathematical, geometrical, political, aesthetic or architectonic needs of society, but on the basis of the JEN's need.

And even more specifically: when Mario Merz uses wax or glass or plasticine, etc. in his work, amidst all the rest of his materials, he doesn't use it as something static, as something that shrinks and stays put, but rather as the embodiment of the living, like some symbol of motion. This dynamism is based on and aided by the process of composition and the incorporation of those ingredients-laws which were chosen, in the first place, because of their many faceted powers.

This same spirited energy and motion governs the choice of other Merzian laws: for example the use of neon, newspapers, bundles of sticks and even mathematical system; Fibonacci's all materials are employed in the name of JEN. And what else could these society's laws offer, laws that are capable of marrying the old with the new (bundles of sticks with neon), everyday bits of information with the development of technology

and science (the Fibonacci system superimposed on the newspapers), except a way of symbolizing the harmony of a collective identity?

Along with the above laws-materials, there is yet another law, which is not the product of a specific material choice or material form. Instead, in positive terms, I could call it the product of the subject's desire (of the artist, in our case) to leave some blank space. These blank spaces are formal fissures; the Merzian society can not completely fulfill itself; it is never thoroughly satisfied nor self-sufficient. On the contrary, it wants to believe that it might, no matter how microcosmic its own proportions, have the ability to communicate with the macrocosmos. It depends referentially on the macrocosmos. This is the belief or desire that is expressed by the fissures in the IGLOO; and that allows a two-way dialogue between the HUMAN and HEAVENLY.

Through these fissures the HEAVENLY passes its signs to the human society of the IGLOO. Through these fissures the HUMAN invokes the HEAVENLY.

It is as if with these fissures and his city (his work) Mario Merz is saying or trying to say: those who want to gain access to the UNTOUCHABLE should not alienate themselves in an IGLOO; if they do not want to see their community wilt like a flower and rot, instead of renewing itself and only much later falling to ruin, then they should forget the UNTOUCHABLE and busy themselves instead with the truly human.

(Translation from the Greek: Karen Van Dyke)

Präsenz – Rätsel – Grössen

Was ist es?

Das ist kein Haus

Das ist keine Skulptur

Das ist kein Bild

Bildträger manchmal

Schriftträger oft

Fassade nie

Es ist nicht lediglich Menschenwärme im Kalten

Es ist nicht nur Strahlung im Warmen

Es ist profan und sakral

Am Boden ist es, oben und dazwischen

Wunder im Raum tut es, dunkel und licht

Über-all, ecken-los

Was ist das?

DER IGLU VON MARIO MERZ.

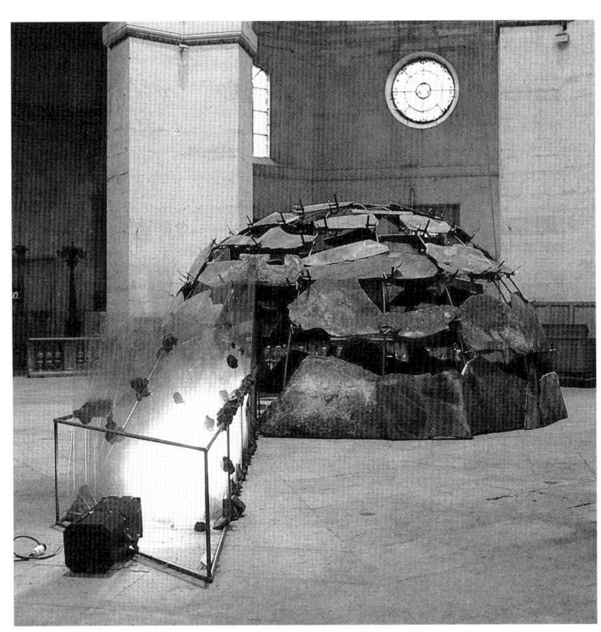

MARIO MERZ, NOI GIRIAMO INTORNO ALLE CASE O LE CASE GIRANO INTORNO A NOI? (DREHEN SICH DIE HÄUSER UM UNS ODER DREHEN WIR UNS UM DIE HÄUSER? / DO THE HOUSES REVOLVE AROUND US OR DO WE REVOLVE AROUND THEM)?, 1977/1985, ⌀ 500 x 270 x 1000 cm / ⌀ 16' 5" x 8' 10" x 32' 10". INSTALLATION: CHAPELLE DE LA SALPÊTRIÈRE, PARIS, 1987. (Photo: Salvatore Licitra)

HARALD SZEEMANN

Presence – Riddle – Entities

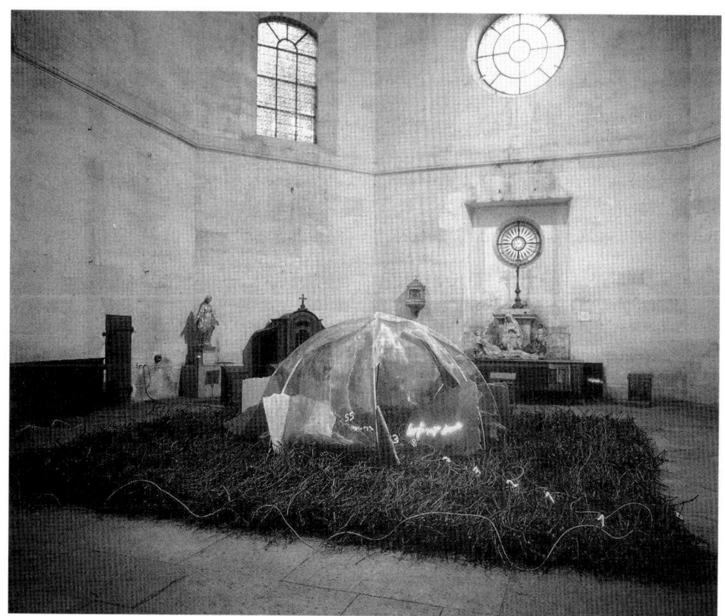

MARIO MERZ, LUOGHI SENZA STRADA (UNWEGSAME ORTE / IMPENETRABLE PLACES), 1974/1987, METALLSTRUKTUR, STEIN, REISIG, NEON / METAL STRUCTURE, ROCKS, FAGOTS, NEON, ⌀ 400 x 220 cm / 13'2" x 7'3", REISIGQUADRAT / SQUARE OF FAGOTS 800 x 800 cm / 26' x 26'. INSTALLATION: CHAPELLE DE LA SALPÊTRIÈRE, PARIS, 1987. (Photo: Salvatore Licitra)

What is it?

It's not a house

It's not a sculpture

It's not a picture

Pictorial vehicle sometimes

Scriptorial vehicle often

Façade never

It is not merely human warmth in coldness

It is not only radiation in warmth

It is profane and sacred

On the ground it stands, above and inbetween

It performs miracles in space, darkness and light

Over-all, corner-less

What is it?

(Translation: Catherine Schelbert)

Mario Merz

Die Gegenwart des Werks

DENYS ZACHAROPOULOS

Das Werk von Mario Merz weist in seiner Herkunft auf mehr als eine Quelle zurück: Auf Empedokles ebenso wie auf Rabelais, auf Leonardo wie auf Bruegel, auf Voltaire und Nietzsche, auf Leopardi und Pound, Monteverdi und Wagner, Bernini und Sant'Elia, de Chirico und Boccioni, Giordano Bruno und Cuvier, Géricault und Fautrier usw. Es ist Überfluss, Richtung, Bewegung, Dynamik, geht immer wieder über sein eigenes Stillstehen hinaus. Ungestüm wirft sich das Werk jeder ikonographischen Organisation, jeder Symbolik voraus und bringt den Sinn gerade in seiner poetischen Fremdheit, in seiner politischen Vertrautheit hervor. Jede Evidenz ist hier nur eine neue Hypothese des Unwahrscheinlichen, und jede Unwahrscheinlichkeit ihrerseits nur der Seitenweg, auf dem der Sinn in die Gegenwart eintritt. Was im Innehalten verworren scheinen könnte, ist in der Bewegung nichts als die Verbindung der Unterschiede: Ziffer, Poesie, Kritik, Ironie gegenüber jedem Schicksal, jeder Bedeutung, jeder Bestätigung, jeder Geschichte. [1] Die Gegenwart der Ziffer ist die unendliche Zahl, die ihre Wirklichkeit jenseits von Zufall und Notwendigkeit enthält.

Seit 1970 leitet die Proliferation der Ziffern, wie sie von dem Mönch Leonardo von Pisa (bekannt unter dem Namen Fibonacci) gedacht wurde, in Mario Merz' Werk vollkommen zwanglos das Politische, Poetische und Künstlerische, inso-

fern sie ein und dasselbe komplexe Sein des Werkes ausmachen, nämlich analog zum Biologischen, Mathematischen und Physischen, das ebenso eine einzige, vielgestaltige Wirklichkeit der Proliferation ist. [2] Diese Gleichursprünglichkeit der Dinge gestaltet im Werk beständig das Überschreiten jeder referentiellen Funktion, wenn man bedenkt, dass die Proliferation selbstbezüglich ist und sich ausschliesslich aus ihrer Selbsterzeugung ableitet. Die Gleichursprünglichkeit der Dinge lässt den Raum zu einer komplexen Bewegung werden, in der das Gedächtnis, das Tier und die Ziffer nie in einem (dialektischen) Dreischritt erstarren, sondern sich mit dem Sinn des Lebens selbst verbinden und in jedem Augenblick die ihm unmittelbare Virtualität bezeichnen. Der Mensch, das Werk und das Ereignis bringen also die offenkundige Aktualität jener Gleichursprünglichkeit hervor – die Gegenwart dieses Lebens und seine unumgehbare Prägnanz. Tatsächlich lässt sich aus dieser Sicht der Horizont des Werks umreissen. Das Erfassen des eigentlich unmöglichen, aber gegenwärtigen Abstandes zwischen Sicht und Horizont, zwischen Werk und Ereignis gibt den Menschen, und zwar nicht, um ihn zu zerteilen oder seine Dualität zu behaupten, sondern um den Menschen mit der Welt zu vereinigen, ohne ihn zu vereinheitlichen. Hier wird das Prinzip selbst berührt, das die Fibonacci-Folge beginnen lässt: 1.1.2.(3.5...): die mit sich identische Ziffer, die dabei zugleich das ist, was ihr vorausgeht und was ihr folgt, die also jedesmal mit sich selbst identisch

DENYS ZACHAROPOULOS ist Kunstkritiker und lebt in Paris.

und gleich den anderen ist. Damit wird ebenso der Sinn der Spirale deutlich: Kaum bezeichnet sie die Eventualität einer Geschlossenheit eines Kreises, öffnet sie sich unumkehrbar der Äusserlichkeit einer Welt, die sie als Raum und als Sinn erfasst.

In diesem doppelten Erfassen gibt das Iglu zugleich das Werk und das Ereignis, den Ort und den Sinn der Dinge, den Menschen und die Welt. Über alle Dialektik, alle Zerteilung und Vereinheitlichung hinausgehend durchdringt das Iglu gegenwendig das Offene und das Geschlossene, das Volle und das Leere usw. Das Iglu ist die einzige Konstruktion, Architektur, Wohnstätte, die weder Dekoration noch Schmuck, weder Komposition noch Einebnung der Teile in einem hierarchisierten Ganzen kennt. Es ist Form, Funktion und Werk in einem; und deshalb ist das Werk Ereignis und bleibt doch Werk. Mario Merz' Werk ist weder Skulptur noch Malerei; es ist eine Wirklichkeit, die im Moment selbst ihres Erfassens realisiert wird; es ist Gegenwart und Form jenseits des Dreischritts der Zeiten und des Raums. Die Proliferation bei Fibonacci kennt keine dialektische Aufhebung. Sie hört nicht mit 1.2.3. auf, sondern krümmt und entfaltet sich, wenn es Falte und Entfaltung [3] gibt; doch gibt es niemals eine Verschliessung, weil sie sich in einer einzigen Zeit und in einem Raum faltet und entwickelt, den man schwerlich von einem Ort trennen könnte – wenn es sich auch um einen mentalen Ort handelt, zu dessen Materialität, Erfassen und Bekundung das Werk wird. Zumal dieser mentale Ort nicht in einer «einfachen», sondern in einer «komplexen» Weise mental ist: er ist immer identisch mit einem physischen Ort, mit einem Sinn, der das Wirkliche kennt und es in diesem Sinn erkennt, weil er mit ihm zusammen entsteht, ihm gleichursprünglich ist. Ebenso ist die Ziffer zugleich <u>Natur</u> (Ursprünglichkeit), die Sprache <u>Poesie</u>, der Mensch <u>Werk</u> und die Erkenntnis <u>Ereignis</u>. All das geschieht sogar den Dingen, den Formen zuvor. Dieses «Zuvor» lässt sich kaum ebenso glücklich wie im Griechischen kennzeichnen, das einst den Sinn des Wortes «meta» prägte, um so von einer «Meta-Techne» (spiegelbildlich zu einer Metaphysik) sprechen zu können. Alle Fragen nach einer terminologischen

Ordnung schliessen sich heutzutage eher wieder an die Aporien von Molières Monsieur Jourdain als an die des Aristoteles an. Aber belasten wir uns nicht mit pedantischen Diskussionen und naiven Meinungen; wir wollen hier nur festhalten, dass dem Werk und den Dingen zuvor das Ereignis in der Idee des Werks selbst seinen Ort findet – in seinem Projekt und seinem Sinn, die nichts anderes sind als die Idee selbst der Gegenwart. [4]

Die Kunst ist die Ordnung der Gegenwart. Ihre unzähligen Hypothesen, ihre unberechenbaren Virtualitäten geben den Blick auf die Evidenz ebenso wie auf das Unwahrscheinliche frei. Sie kommen jedoch erst in der Dimension in ihr Eigenes, welche sich die Zeit der sinnlichen Erfahrung wie auch die geschichtliche Zeit aneignet; und diese Dimension lässt nun ein Ding der Welt gegenwärtig sein, indem es sich selbst gegenwärtig ist. Sie bezeichnet nichts anderes als die Dimension des Werks, die der Kunst die Eitelkeit der Objekte, die Endlichkeit der Umrisse nimmt und sie in die unreduzierbare Dynamik der Existenz überführt. Das Werk ist deshalb die «feierliche» Form, durch die Gegenwart sich selbst ihre Gegenwart verleiht und die Abwesenheit erfasst, und zwar gerade nicht im Modus des Stillstellens oder des Bildes. Den Dingen und den Wesen zuvor erweist sich die Abwesenheit also nur als eine bedrohliche Version des A priori des Raums [5] – als das Ungedachte, das die Leere vertreibt.

Innerhalb einer Diskontinuität – desjenigen Raums, der die Brüche enthält, ohne daraus seine Umrisse zu machen, und in dem die Innerlichkeit in sich selbst unbegreiflich, wenn nicht unmöglich ist – geben sich das Ereignis und das Werk mit ebensolcher Intensität wie d i e Zeiten. Es gibt niemals drei Zeiten, also Vergangenheit, Gegenwart, Zukunft; es gibt sie nicht und gibt sie zugleich doch, weil es immer d i e Zeit gibt. Die Artikulationen des Werks bedeuten eine einzige Unmöglichkeit, die sich als möglich gibt und ebenso als Negation ihrer Möglichkeit durch die Wirklichkeit, welche die Unmöglichkeit ergreift und verwirklicht, ohne sie zu kennen. Sie unterdrückt sie nicht noch überholt sie sie, sondern verkennt sie in einem positiven Modus. Das Werk hält niemals inne, wie auch das

Leben nur in seinem Zuendegehen innehält; es sei denn, es hielte seine Formen zurück, wie eine Macht seine Entscheidungen. Die Artikulationen dieser Formen und Entscheidungen indessen bewirken nur eine Üppigkeit, eine Verästelung, in denen allein der gegenwärtige Weg, das aktuelle Werden ihre positive Unentscheidbarkeit bekräftigen; die einer Form, welche nie aufhört, Werk zu sein, also Augenblick und Ort der Arbeit – ein Ding, das nur durch die doppelte (oder vielfache) Verwandlung seiner selbst und der Bedingungen seiner Möglichkeit existiert. Deshalb ist es, das Ding, gegenwärtig, insofern es Werk ist, d. h. jenseits aller Dialektik von Anwesenheit und Abwesenheit, ohne den mindesten Rückgriff auf eine Wirkung der Anwesenheit (wie etwa die Intensivierung der Anwesenheit durch das Mittel der Apostrophe oder anderer Figuren). [6] Es ist Form [7] in der Gegenwart; es ist Gegenwart der Form – Erfassen in der Zeit und in der Idee der Zeit, die zugleich als Raum der Idee und Materialität des Ereignisses, als Kraft und Boden verwirklicht ist. [8]

Offenkundig erfasst die Sprache der Kritik bzw. der Theorie nur mit Mühe den lebendigen Stoff. Wie das Wort «Hund» nicht beisst (Henry James), so ist das Werk Mario Merz' i m T e x t nur in der grundlegenden Unentschiedenheit zwischen der Antizipation eines Prinzips einerseits, das kaum den Beginn des Anwachsens: 1.1.2.(3.5.) bezeichnet, und ebenso dessen Einklammerung andererseits, die mit dem durch den Sinn der Ziffer Zwei (2) gestellten Problem einhergeht – dem Problem der Trennung und der Identität, das allem Nachdenken über die Repräsentation seit Platon implizit ist. Angesichts dieser Dialektik, die jeder Arbeit an der Bedeutung, jeder Textualität innewohnt, «macht mich das ewige Schweigen dieser unendlichen Räume schaudern». [9] Die Spirale ist in der Sprache kaum skizziert, um gleich in eine Schleife umzuschwenken, die den Kreis wieder schliesst. Hegel oder Proust führen uns immer wieder auf die Vernunft, auf die Erinnerung, auf die wiedergefundene Zeit oder auf den Geist zurück, während das Werk von Mario Merz unerschütterlich seinen Gang zum Reich der Welt fortsetzt; dieses Wirkliche, das jedem Realismus und jeder Realität die Stirn bietet. Das Tier oder die Pflanze, das Mineral oder die Materie, das Menschliche oder das Aktuelle sind schliesslich die Gegenwart des Werks [10] und dasjenige, dem das Werk die Gegenwart gibt. Gerade das aber muss jedem Text entgleiten, weil es der eigentümliche Boden und die eigentümliche Kraft des Werkes ist, seine Unreduzierbarkeit und sein Unsagbares – das Ungedachte, das die Leere vertreibt, wie auch der Sinn, der das Denken trägt.

(Übersetzung aus dem Französischen: Reinhard Loock)

ANMERKUNGEN

1) Vgl. Karl Löwith: MEANING IN HISTORY. The University of Chicago Press. Chicago, London 1949, passim.

2) Die Fibonacci-Folge «fördert nicht den Widerspruch, sondern (die Zahlen) absorbieren ihn, so weit sie es vermögen, insofern bei jeder fünften Zahl die 5 wieder enthalten ist, weil die Zahlen vegetativ, biologisch natürlich sind; vorausgesetzt, dass sie eine Art vorhergehende Mutter und Vater haben, um den folgenden Sohn zu erzeugen.» Leonardo da Pisa: Liber Abaci (1202). Im italienischen Original zitiert bei Germano Celant: Mario Merz. Mazzotta, Milano 1983, S. 60.

3) Gilles Deleuze: FOUCAULT. Minuit, Paris 1986, S. 115–130, und das Kapitel «Sur la mort de l'homme et le surhomme», a. a. O., S. 131–141.

4) «Die Vergangenheit bringt nicht die Gegenwart hervor, weil sie gerade in dem Moment stirbt, in dem die Gegenwart eintritt, weil diese sich von ihr löst, um zu leben, und darin ihre absolute Unabhängigkeit manifestiert. Wenn also die Gegenwart determiniert ist, dann nur durch das, was niemals Gegenwart ist und niemals die Vergangenheit in einem Augenblick werden kann. Sonst ist sie absolut frei. Diese Zeit ausser der Zeit nennen manche die Ewigkeit, andere die Zukunft. (...) Aber die Zukunft ist nur eine Instanz der Ewigkeit; denn wenn sie ein Moment der Dauer wäre, ginge sie eines Tages aus dem Zustand der Gegenwart hervor. Ewigkeit und Zukunft haben in ihrem Bezug auf die Gegenwart einen gemeinsamen Charakter, insofern beide d i e I d e e d e r G e g e n w a r t sind. Und wenn die Gegenwart wirklich determiniert ist, dann kann sie es nur durch ihre Idee sein, u n t e r d e r B e d i n g u n g jedoch, d a s s m a n n i c h t d u r c h s i e d i e g e g e n w ä r t i g e I d e e d e r G e g e n w a r t v e r s t e h t.» Brice Parain: Recherches sur la nature et fonctions du langage. Gallimard, Paris 1942, coll. Idées, S. 236 f. (Unterstreichungen von mir, D. Z.)

5) Kant, KRITIK DER REINEN VERNUNFT, französische Ausgabe, P. U. F. Paris 1944, S. 56–57, vgl. D. Zacharopoulos, DE KANT À MONET. REPRÉSENTATION DE L'ESPACE. ESPACE DE LA REPRÉSENTATION. POINT AVEUGLE, in Artists 15, Paris, Frühling 1982.

6) «DU SUBLIME». Les Belles Lettres, Paris 1965, S. 26–31.

7) Zum Begriff der Form vgl. Henri Focillon: VIE DES FORMES, P. U. F., Paris 1943, passim.

8) Zum Verhältnis von «Boden» und «Kraft» im Werk von Mario Merz vgl. Denys Zacharopoulos: Mario Merz: Solitaire/Solidaire. In: ARTSTUDIO 3, Paris, Januar 1987, S. 93 f., ausserdem den genannten Text Deleuzes (Anm. 3) über Foucault, S. 137.

9) Blaise Pascal: PENSÉES, Nr. 201 (Lafuma), Nr. 206 (Brunschvicg).

10) «Animali, vegetali e minerali sono insorti nel mondo dell'arte.» Erster Satz von Germano Celants ARTE POVERA, Mazzotta, Mailand 1969, S. 225.

MARIO MERZ, TEMPEL, VON DEN ABGRÜNDEN ENTFÜHRT / *TEMPLE, RAPED BY THE ABYSSES, 1981,*
BEMALTE LEINWAND, NEON, METALLSTRUKTUR / *PAINTED CANVAS, NEON, METAL STRUCTURE,*
380 x 700 x 65 cm / *12'6" x 23' x 2'2".* INSTALLATION: HALLEN FÜR NEUE KUNST SCHAFFHAUSEN.
(Photo: Paolo Mussat Sartor)

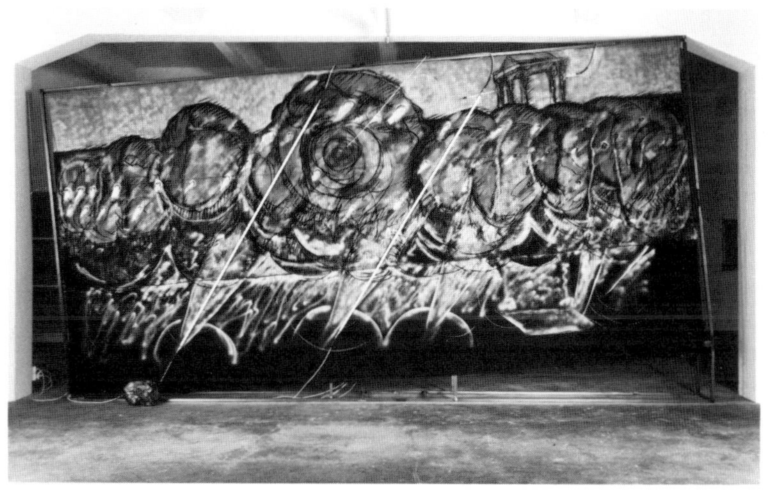

*The Present
of a Work*

DENYS ZACHAROPOULOS

Mario Merz's work draws its roots from Empedocles and from Rabelais, from Leonardo and Bruegel, from Voltaire and Nietzsche, from Leopardi and Pound, from Monteverdi and Wagner, from Bernini and Sant'Elia, from Chirico and Boccioni, from Giordano Bruno and Cuvier, from Géricault and Fautrier, etc... It is altogether overspill, trend, movement and dynamics. It ceaselessly moves ahead of its own limits. It impetuously precedes all iconographical organisation, all symbolical arrangement, in order to generate sense at the actual point of its poetic strangeness, of its political familiarity. Each bit of evidence is a new hypothesis for improbable events, and each improbabil-

DENYS ZACHAROPOULOS in an art critic. He lives in Paris.

ity is a bias through which sense shifts into the present. What might seem confused at a standstill, turns, once it starts to move, into a fusion of distinctions: numbers, poetics, critical thought, and ireny, as opposed to all destiny, all signification, all confirmation, all history. [1] *The present of a numerical configuration is the infinite number containing its reality beyond chance and necessity.*

The proliferation of figures uncovered by the monk Leonardo da Pisa (ca. 1180–1240), later known as Fibonacci, has been ruling Mario Merz's work since 1970, driving in its wake politics, poetics and art as a sole complex entity of the work, just as biology, mathematics and physics are but one manifold reality of proliferation. [2] *This co-naturality of things strips the work of referential functions: proliferation, being sui-referential, ceaselessly generates itself. This co-naturality of things turns space into a complex movement where memory, animals and numbers never freeze in a rigid triangular structure, but merge with the sense of life itself, announcing at every moment its impending virtuality. Hence Man, work and event constitute the blatant actuality of space the present of life and its inescapable impact. In fact, this defines the horizon of Merz's oeuvre. There Man is given by his grasp of the basically impossible, but inescapably present gap between a view and a horizon, between a work and an event. The point is not to divide Man or to stress his duality, but to unite him without unifying him with the world. This, in fact, is the principle behind Fibonacci's series: 1.1.2. (3.5…): the number is identical to itself but is also that which precedes and follows it, so that it is always equal to the others. This is also the sense of the spiral: no sooner does it herald the possibility of a closure, than a circle will irreversibly open itself to the exteriority of a world seen and seized as being space and sense.*

Within this double grasp, the igloo is a given of both work and event, of both place and sense of things, of both Man and the world. Moving beyond all dialectics, all divisions and all attempts at unification, the work criss-crosses what is open and what is closed, what is full and what is empty, etc… Amongst constructions, dwellings and architectural forms, igloos are unique for they need no decoration, no composition, no levelling out of various parts within the hierarchy of a whole. The igloo is form, function and work at the same time. This is why the work is an event while it is also a work. Neither painting nor sculpture, Mario Merz's work becomes real at the moment of its comprehension: it is there, it is present, and thereby gives form beyond the triangularity of space and times. Fibonacci's proliferation is alien to dialectical suppression. It does not stop at 1. 2. 3. but coils up and unfurls. It may fold and unfold, [3] but it never folds back upon itself, because it folds and unfolds within one time and one space that could hardly be dissociated from a place – be it a mental place where the work would materialize, where the work would materialize, where it could be grasped and manifest. Moreover, this mental place is never "simply" but always "complexly" mental. It is constantly identi-

cal to a physical place, to a sense that knows reality and acknowledges it as such, because it was born with it, because it naturally belongs with it. Thus, numbers are also nature, language is poetry, Man is work, and knowledge is event. This happens prior to things, prior to forms, prior to sense. There is no more apt designation of this "priority" than the Greek word "meta," which allows us to speak of meta-techne (in analogy to meta-physics). Yet nowadays, any discussion on terminology will have less to do with Aristotle's aporiae than with those of Molière's Monsieur Jourdain. But let us not burden ourselves with pedantic discussion and naive opinions. It only remains to be said that, prior to a work and prior to things, an event finds its locus within the idea of the work itself, within its project and sense, within an idea of the present. [4]

Art is the order of the present. Its innumerable hypotheses, its unaccountable virtualities have to do with obviousness as well as with improbability. They are actually given, but only with a dimension that appropriates both the time of sensory experience and that of history. Hence, things can be present to the world while they are present to themselves. Such a dimension is that of a work which removes art from the vanity of objects, from the finite status of shapes, to bring it back to the irreducible dynamics of existence. The work is the great form through which the present presents itself and takes hold of absence apart from the mode of standstills or of images. Absence, being prior to things, is then merely a threatening version of the a priori of space [5] – the unthought that sweeps the void away.

Work and event are given with the same intensity as t h e times, within the discontinuous configuration of a space that contains breaks without appropriating their contours, of a space where interiority is at the same time inconceivable and impossible. There are never just three times (past, present, and future): they do and they do not exist at one and the same time, they are never there, because there, they will always be time. The work's articulations are one, sole impossibility that acts as if it were possible and simultaneously negates its own possibility, through the present that grasps and actualizes it without knowing it. It does not suppress it or go beyond it, but positively ignores it. The work never stops, just as life only stops when it ceases to be, unless form is held back, just as power holds back deci-

sions. Meanwhile, the articulations of these forms and decisions are but a teeming abundance, a ramification where only the present itinerary, the current evolution can ensure their positive undecidedness: that of a form which never ceases to be a work, i. e. a time and place of work. Such a thing can only exist through a double (or multiple) transformation of itself and of its conditions of possibility. Hence, the thing is present inasmuch as it is a work – i. e. beyond all dialectics of presence and absence, without the slightest recourse to an effect of presence (such as emphasizing presence by means of an apostrophe or any other rhetorical figure). [6] *This is form* [7] *in the present; it is the present of form – grasped within time and within the idea of time which is actualized as the space of an idea and as the materiality of an event envisaged as a force and field at the same time.* [8]

It seems obvious that critical – let alone theoretical – language can hardly grasp living matter. Since the word "dog" does not bite as Henry James says, Mario Merz's work is, in its <u>text</u>, nothing but deep rooted indecision between the anticipation of a principle which hardly marks out a starting point for proliferation – 1.1.2.(3.5.), and the suspension of this principle by virtue of the question it raises about the sense of the number two (2): the question of separation and identity implicit in all discussions on representation since Plato. In the face of such dialectics, inherent to all research on meaning, to all configurations of text, "I shudder at the eternal silence of those infinite spaces." [9] *No sooner has the spiral been sketched within language, than it turns immediately into a loop which closes the circle. Both Hegel and Proust strive to bring us back to reason, to memory, to Time regained or to the spirit. Meanwhile, Mario Merz's work moves on, implacable, towards the empire of the world: an actuality that defies all realism and all reality with its positive inconceivability. Whether animals or plants, whether minerals or matter, whether human or actual, all are the work's present.* [10] *And it is their present that the work gives. This is actually what escapes all and any text, because it is, specifically, the work's force and field, its imperviousness to reduction and its unspeakability – the unthought that sweeps away both the void and the sense which carries thought.*

(Translation from the French: François Boué)

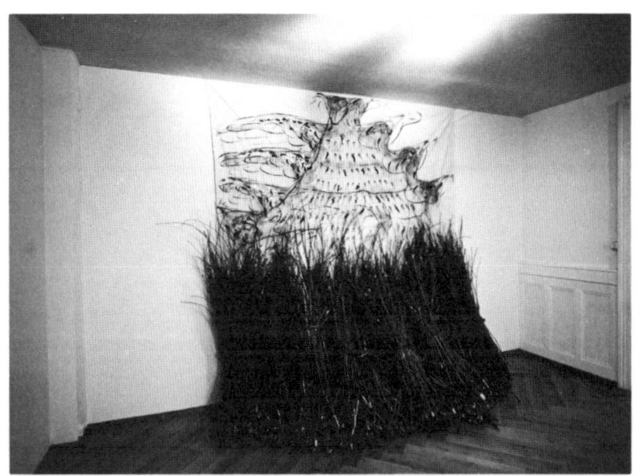

MARIO MERZ, *VENTO PREISTORICO DALLE MONTAGNE GELATE*
(PRÄHISTORISCHER WIND VON VEREISTEN BERGEN /
PREHISTORIC WIND FROM ICY MOUNTAINS), 1977,
BEMALTE LEINWAND / *PAINTED CANVAS*, 147 x 240 cm / 57⅘ x 94½",
UND 13 REISIGBÜNDEL / *AND 13 FAGOTS. (Photo: Thomas Cugini)*

NOTES

1) See Karl Löwith, MEANING IN HISTORY, The University of Chicago Press, Chicago, London 1949. passim.

2) Fibonnaci's series "do not cultivate contradiction but absorb as much as they can, the contradiction whereby numbers are repeated, five after five, because they are vegetal, biologically natural, for they have a sort of preceding mother and father to make the son to come." Leonardo da Pisa, Liber Abaci, 1202, quoted in the 1228 edition by Germano Celant in Mario Merz, Mazzotta, Milan 1983, p. 60.

3) Gilles Deleuze, FOUCAULT, Minuit, Paris 1986, pp. 115–130 and the chapter "Sur la mort de l'homme et le surhomme." id. pp. 131–141.

4) "The past does not produce the present because it dies at the precise moment when the present is born, because the latter moves away from it to live on, thereby showing its absolute independence. If, then, the present is to be determined, it can only be by way of what the present never is and of what can never become the past within an instant. Otherwise, it is absolutely free. This time outside of time, some call it eternity, others the future (...). But the future is only one instance of eternity, because if it were a moment within duration, it would then go one day through a state of the present. Eternity and future have a common core in relation to the present: they are both an i d e a o f t h e p r e s e n t . And, in fact, if the present is to be determined, it can only be by way of the idea of the present, provided however, t h a t i t w i l l n o t b e u n d e r s t o o d a s t h e p r e s e n t i d e a o f t h e p r e s e n t ." Brice Parain, R e c h e r c h e s s u r l a n a t u r e e t f o n c t i o n s d u l a n g a g e , Gallimard, Paris 1942, Coll. Idées, pp. 236–237 (Underlined by D. Z.).

5) Kant, CRITIQUE DE LA RAISON PURE, P. U. F., Paris 1944, pp. 56–57. See also D. Zacharopoulos, De Kant à Monet. REPRÉSENTATION DE L'ESPACE, ESPACE DE REPRÉSENTATION, POINT AVEUGLE, in Artistes 15, Paris spring 1982.

6) DU SUBLIME, Les Belles Lettres, Paris 1965, pp. 26–31.

7) On the concept of form, see H. Faucillon, VIE DES FERMES, P. U. F., Paris 1943, passim.

8) On the relation between force and field in Mario Merz's work, see "Notre Solitaire Oblique Solidaire," ART STUDIO 3, Paris, Jan. 1987, pp. 93–94, as well as Gilles Deleuze's text (see footnote 3 above) p. 137, concerning Foucault's work.

9) Blaise Pascal, PENSÉES, 201 (Lafuma), 206 (Brunschwick).

10) "Animals, plants and minerals are entrenched in the world of art." Opening sentence of Germano Celant's ARTE POVERA, Mazzotta, Milan 1969, p. 225.

Francesca Woodman

BRUNELLA ANTOMARINI

Beim Betrachten von Francesca Woodmans Photographien glaubt man, sie selbst oder ihre Modelle durch den geschlossenen Raum eilen zu sehen, auf der Suche nach dem Ort, wo der Körper durch seine Umgebung erhellt wird. Gegenstände, Körper, Licht und Raum scheinen sich kurz vor ihrer Erstarrung auf dem Film wie gehetzt zu umkreisen, bis sie den Augenblick und die Stellung gefunden haben, wo sie sich als Form offenbaren. Die Bewegung zum Licht hin und vom Licht zu den Gegenständen kann vom Kameraauge nur dann beobachtet und erfasst werden, wenn die Vision einer Form vorliegt. Erst wenn sich diese als gefunden und nicht zufällig erfunden erweist, wird die Photographie ausgelöst, und die Bewegung geht in Form über.

Im «Flachwerden»,[1] in der Bannung auf das Medium Papier, erfahren menschliche Körper und Gegenstände eine Eingrenzung, die sie zum Bild werden lassen. Dieses Fesseln scheint der Leitgedanke in Francesca Woodmans Werk zu sein. Bei jeder photographischen Aktion wiederholt sie jenes Vorgehen, das zwar allgemein und archetypisch ist, aber nur durch jede einzelne Photographie ermöglicht wird. So wird jene Idee – die auf jedes beliebige visuelle Kunstwerk angewendet werden könnte – zu ihrer spezifischen Absicht und prägenden Eigenart.

BRUNELLA ANTOMARINI schloss ihre Studien in Philosophie an der Universität Urbino mit einer Arbeit über Ernst Cassirer ab. Sie lebt in Rom.

Der Eindruck mag entstehen, Francesca Woodmans Werk sei eine Studie über den menschlichen Körper, insbesondere über den weiblichen,[2] oder eine negative und provokative Auseinandersetzung, eine Stellungnahme zur Unterdrückung oder zur Leidenschaftlichkeit, mit der Aufgezwungenes erduldet wird. Ohne diesen unnötigen Filter betrachtet, ist ihre Arbeit jedoch nichts anderes als reiner Ausdruck der erweiterten Dimension des Körpers hin zur Form, und zwar gerade dank seiner räumlichen Eingrenzung. Statt eine vorgetäuscht selbstverständliche und leichte, aber versagte Freiheit heraufzubeschwören, veranschaulichen diese Bilder ganz einfach ihren eigenen Möglichkeitszustand. Sie sind herausragend, weil sie ohne einen artfremden Diskurs auskommen, für den es keinen Unterschied macht, ob das Bild nun «spricht» oder «aufzeigt». Die Aufnahmen zwingen zur Betrachtung und fesseln die Aufmerksamkeit durch ihre eigene visuelle Sprache. Eben diese Sprache erlaubt der unbestimmten Form der Dinge, sich auf dem Papier zu verdichten, sich aus der flüchtigen und stummen Dreidimensionalität in eine einleuchtende Zweidimensionalität zu verwandeln.

In der «House»-Serie ist der Körper dem Papier angepasst; weiblich rückt er sich zurecht, zeigt er sich, und alles, womit er sich umgibt, ist im Verfall begriffen. Aber nur so setzt er sich die Grenzen, die ihm die Möglichkeit bieten, sichtbar zu werden und somit anzudauern und zu existieren: Was den

Anschein erweckt, der Körper wolle sich angleichen, sich anpassen und sich verwischen, erzeugt in ihm gleichzeitig den Wunsch, sich zu unterscheiden und abzuheben. Er passt sich Mauern, Papier, Früchten und Glas an, aber gerade dadurch wird er belebt, tritt hervor und findet so einen Zwischenbereich für seinen Lebensraum; der Kamin nimmt zwischen sich und der Wand die Arme und Beine in Bewegung auf, und seine geometrische Starre lässt den Gegensatz zum Dynamischen und Runden der menschlichen Form zu. Francesca Woodman greift nicht nur auf ihre eigene Subjektivität zurück – was jener Beschränktheit entsprechen würde, mit der «weibliche» Ausdruckskraft gemeinhin in Verbindung gebracht wird. Sie leistet nicht nur eine reflexive Arbeit, sondern stellt in erster Linie die Frage nach der Wahrnehmbarkeit, indem sie uns zeigt, w i e sich eine Objektivität behaupten lässt und wie wir einen Kosmos betrachten und uns als einen Teil von ihm erkennen können. Weder soll das Fehlen der Ordnung aufgezeigt noch eine Ordnung erfunden werden, aber man soll ihre Unvermeidlichkeit befragen.

Auch ohne diesen Bildern ein Geschlecht zuzuweisen, wird man von ihnen angezogen, nicht wegen ihrer Dekadenz, sondern, im Gegenteil, wegen ihrer Strenge, die kein Abgleiten in persönliches und psychologisches Geplauder zulässt. Hier geht es um die Erforschung des Anderen, ausserhalb von sich selbst, um zu verstehen, wie es wahrgenommen und erdacht wird. Der Körper schmiegt sich den Dingen an, umkreist sie, um die gegenseitige Beziehung zu erforschen. Er studiert die Dinge von hinten und von der Seite, streckt sich gar unter ihnen aus, um herauszufinden, wie weit die gegenseitige Bereitschaft zur Begegnung geht. Spiegel, Früchte, Kleider und Räume verbinden sich in Einigkeit und gegenseitiger Grenzbestimmung, so dass das Objektive und das Formale sich das Subjektive und das Dynamische einverleiben; jedes Element empfängt Licht, indem es nicht das andere ist, das es berührt. Die Bilder scheinen uns nicht so sehr Metapher als vielmehr Definition zu sein; ein Element ermöglicht das andere, und wir wissen, dass wir die Dinge nur in jenem Licht sehen können.

Allein die Flächenhaftigkeit, welche die Körper in sich einschliesst, erlaubt uns, jene zu erfassen. Selbst die «zerfallenden» Räume übernehmen eine formale Funktion, da sie wesentlicher Bestandteil der künstlerischen Erforschung sind. Viele Spuren und Überreste suchen ihre Form, viele Möglichkeiten verbleiben der Form, um ans Licht zu kommen. Francesca Woodman will in ihrem Werk nichts festhalten, bevor es sich nicht zurechtgefunden hat, bevor die Dinge nicht gesehen und nebeneinandergestellt wurden; und so wie sich in Wut und Ekstase unvermutet Harmonie ergibt, tritt das Bild gleich einer plötzlichen Gegebenheit und nicht als ein «kreatives» Ergebnis hervor.

Weit über das hinausgehend, was in Worte gefasst werden kann, verlangen diese Photographien eher einen Sinn für das Schlichte als für das Gegensätzliche und das Existentielle. Sie sind deshalb keine weiteren Metaphern für die condition humaine, sondern wollen Menschliches herausdestillieren, bis es den Zustand der Form erreicht. Das photographierte Bild soll somit nicht der Ausgangspunkt sein, um etwas zu umschreiben, sondern das Endziel und die einfache Absicht, eine Form und ihren Entstehungsprozess, eine Innerlichkeit, die nach aussen gestülpt ist, aufzuzeichnen: der Aufruhr des Jetzt und Hier, welcher nur durch das Licht verändert und nicht durch einen Diskurs verunstaltet wird.

Die Schwermut wird weder geschürt noch genossen – dem wird entgegengewirkt –, sie bezieht ihre Kraft aus dem Suchen mit dem Körper, mit den Augen und mit der Hilfe der Dinge; aber auch aus den sich einschränkenden Möglichkeiten, die dem Bild übrigblieben, um aus sich heraus die Bewegung auszustrahlen, die in der Notwendigkeit der Form kulminiert. Deshalb entwickelt sich aus der rastlosen Fragilität schliesslich eine erkennende Einfachheit, die nichts anderes als sich selbst aufzeigen will.

(Übersetzung aus dem Italienischen: Catherine Hürzeler)

ANMERKUNGEN

[1] Diesen Ausdruck verwendet Rosalind Krauss in: Francesca Woodman, Photographic Work, Wellesley College Museum, 1986.
[2] Hier handelt es sich um die Interpretation von Abigail Solomon-Godeau ibidem und Arthur Kroker und David Cook in: The Postmodern Scene, New York 1986, S. 243–246.

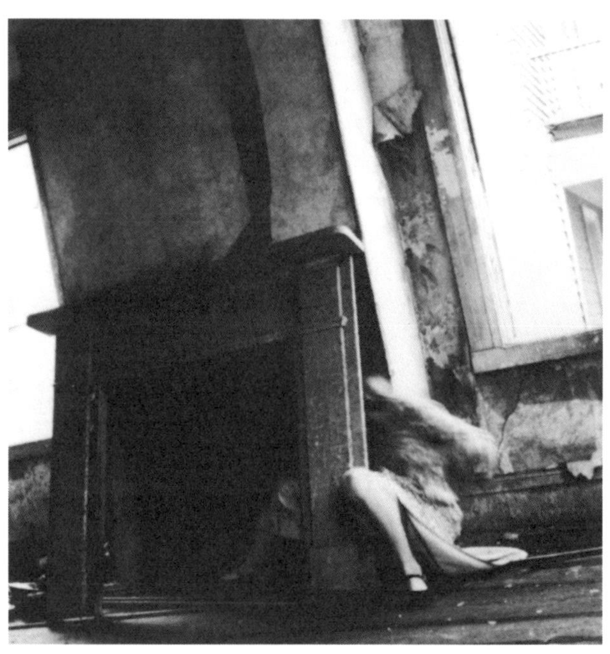

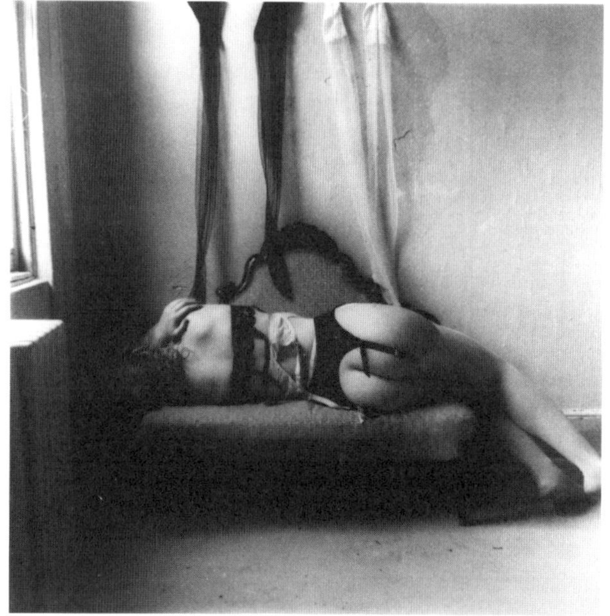

FRANCESCA WOODMAN, HOUSE NO 4, PROVIDENCE, 1975–76

FRANCESCA WOODMAN, NEW YORK, 1979–80

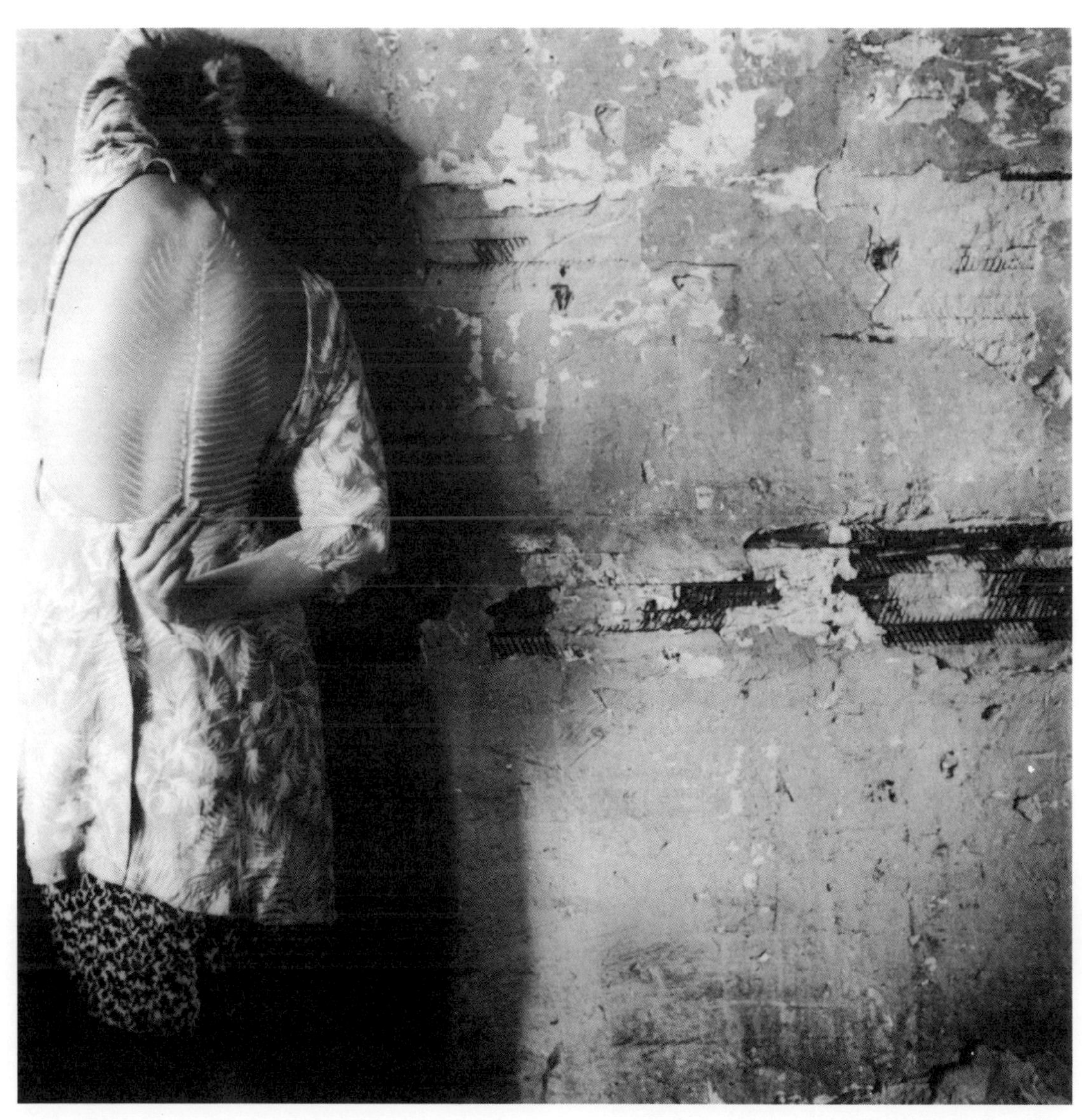

FRANCESCA WOODMAN, NEW YORK, 1979–80

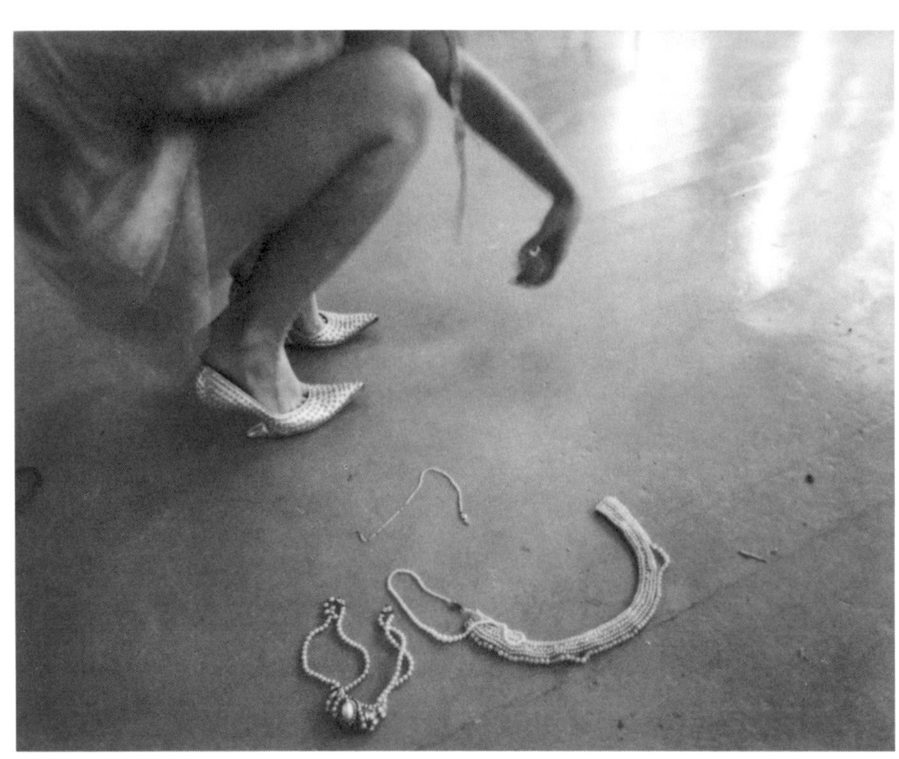

FRANCESCA WOODMAN, NEW YORK, 1979–80

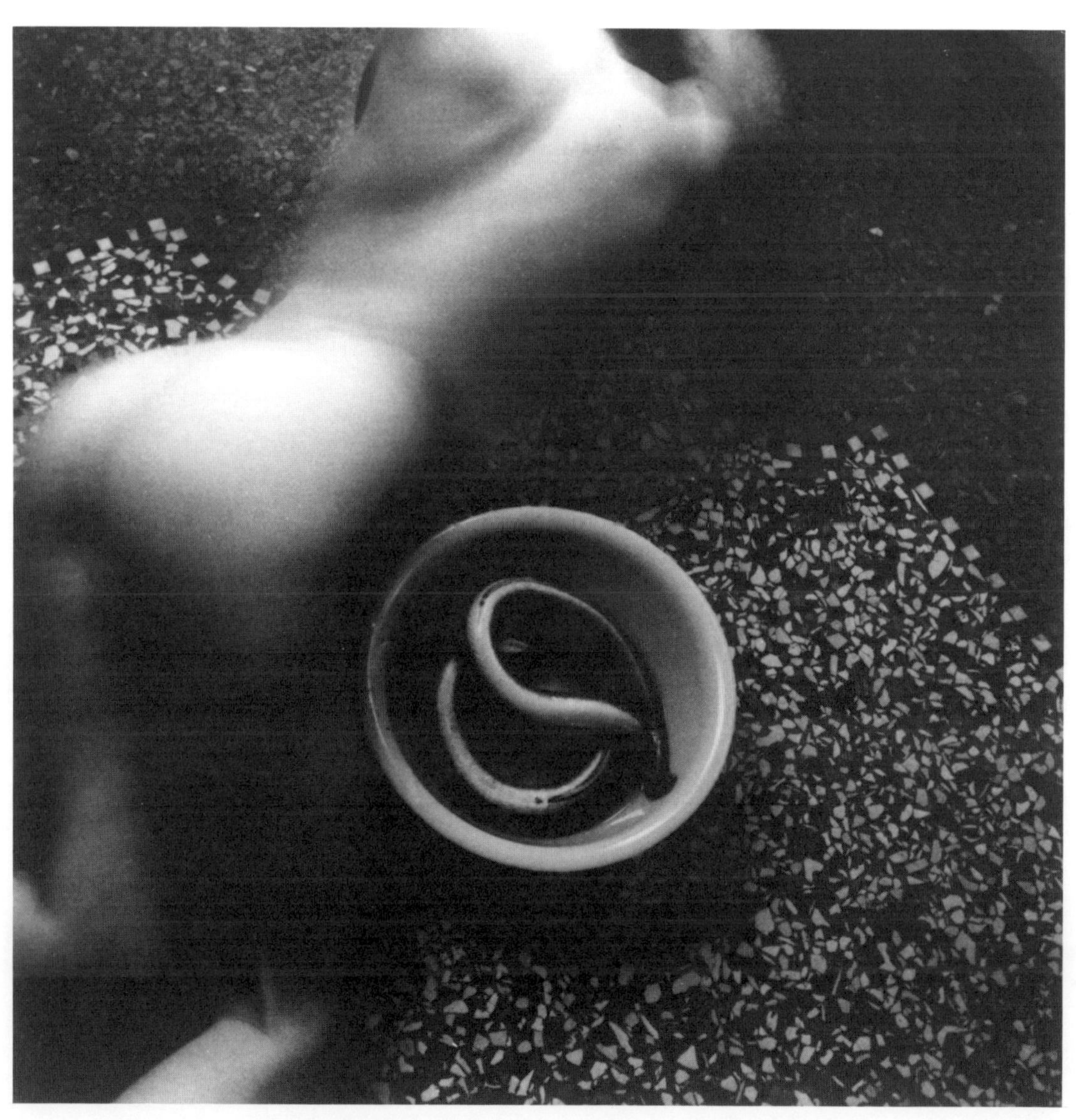

FRANCESCA WOODMAN, FROM EEL SERIES, ROME, 1977–78

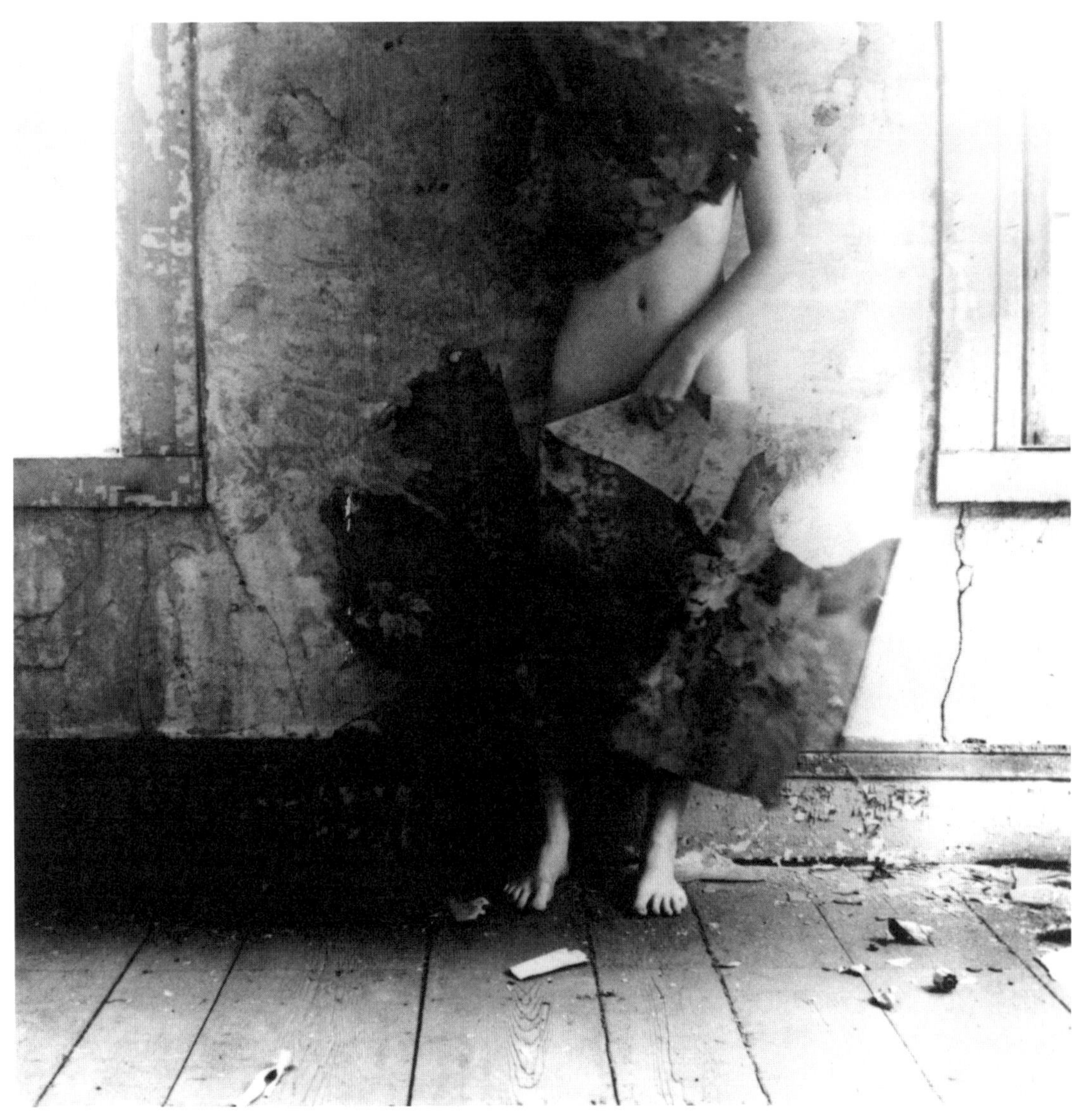

FRANCESCA WOODMAN, FROM SPACE 2, PROVIDENCE, 1975–76

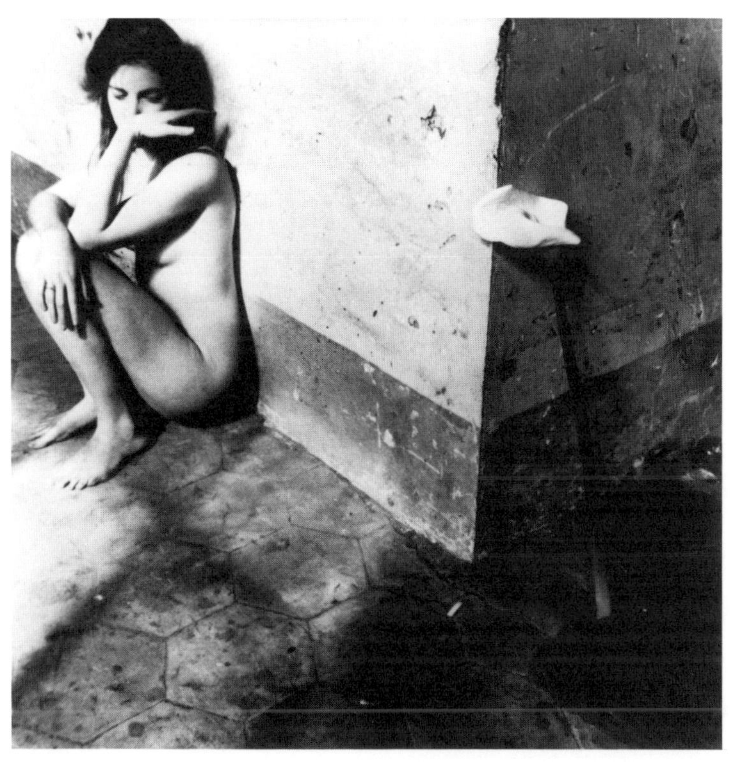

FRANCESCA WOODMAN, FLORENCE, 1975–77

FRANCESCA WOODMAN, NEW YORK, 1979–80

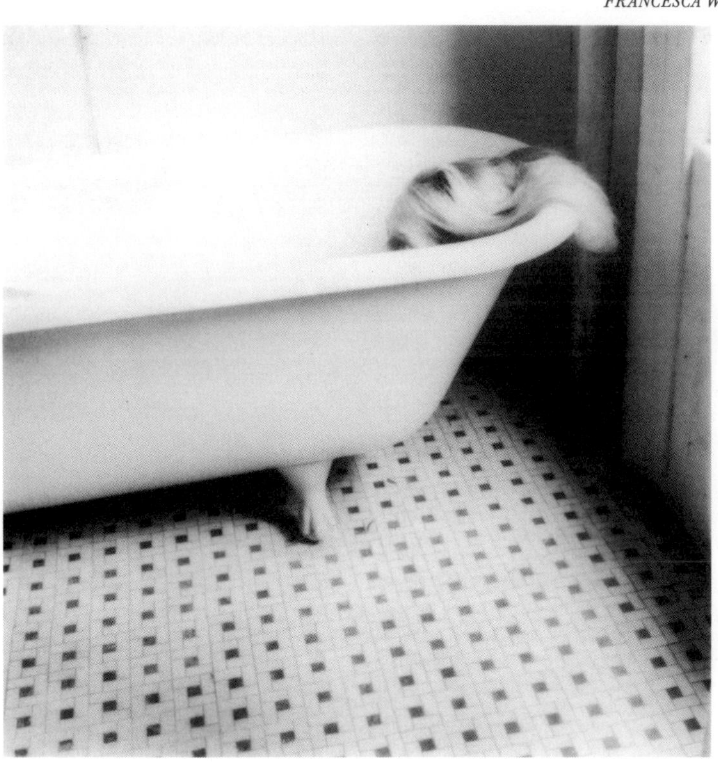

Francesca Woodman

BRUNELLA ANTOMARINI

Looking at Francesca Woodman's photographs, one seems to see the photographer or her models hastening through a closed room in search of the place where the body is enlightened by its surroundings. Objects, body, light and space, about to be fixed on film, seems to circle as if hounded until they have found the moment and position that embodies their form. Movement towards light, and from light to object, can be observed and captured by the eye of the camera only if it is guided by the vision of a form. Not until the form has been determined, rather than accidentally invented, is the photograph taken and movement turned into form.

By being flattened [1], i. e. banned to the medium of paper, the human body and objects are governed by limitations that make them into images. These limitations seem to be the motivating force behind Francesca Woodman's work. With every photographic action, she repeats a process that is general and archetypal although it can only be actualized in individual pictures. This idea – which could apply to any visual artwork – thus becomes her specific objective and the defining characteristic of her pictures.

One might get the impression that Francesca Woodman's work is a study of the human body, especially the female body, [2] or a negative and provocative statement about oppression or the passionate intensity with which it is suffered. But when viewed apart from this superfluous filter. Woodman's work is pure, unadulter-

ated expression of the expanded dimension of the body towards form, precisely because it is spatially confined. Instead of feigning a self-evident and carefree but forbidden freedom, these pictures quite simply illustrate their own possible state. They are ingenious because they do not avail themselves of alien discourse that ignores whether a picture either "talks" or "shows." The photographs compel the viewer's attention through their own visual language, a language so cogent that the undefined form of things is condensed and transformed on paper from a fleeting and mute three-dimensionality into a telling two-dimensionality.

In the H o u s e series, the body is fitted to the paper. It adjusts itself, displays itself, and everything around it is in a state of decay. Only way in this way can the body define the boundaries that allow it to become visible and thus to endure and exist. Everything that would seem to indicate assimilation, conformity, self-effacement actually spawns the desire to be different, to stand apart. The body blends into walls, paper, fruit and glass, which in their turn infuse it with life. It stands out against these elements and thus establishes an intermediate living space for itself. The fireplace absorbs the movement of arms and legs in the space between itself and the wall, and its geometric stiffness underscores the opposition of the dynamic and rounded lines of the human body. Francesca Woodman refers not only to her own subjectivity, which would correspond to the limitations that are habitually associated with "feminine" powers of expression, nor are her achievements purely reflexive. She is, in fact, primarily concerned with questions of perceptibility. We are

---

BRUNELLA ANTOMARINI took a degree in philosophy at the university of Urbino and wrote her thesis on Ernst Cassirer. She lives in Rome.

shown how objectivity can persist and how to view a cosmos and recognize ourselves as part of it. We are shown neither a lack of order nor its creation but are instead forced to question its ineluctability.

Even without ascribing a sex to these pictures, one is drawn to them not by their decadence but, on the contrary, by their austerity, which nips any personal and psychological small talk in the bud. Woodman reaches out to explore otherness beyond the self in order to understand how it is conceived and perceived. The body snuggles up to things and circles around them in order to explore its relationship with them. It studies things from behind and from the side; it even stretches out underneath them in order to find out how far the potential for mutual encounter goes. Mirrors, fruit, clothes and rooms are united in mutual delimitation so that the objective and formal substance of the pictures assimilates all that is subjective and dynamic: every element receives light through the fact that it is not the other one that it touches. The pictures seem to function much more as definitions than as metaphors; one element makes the other possible and we know we can see things only in that light.

Only the flatness that encloses the bodies allows us to grasp them.

Even the "decaying" rooms have a formal function as they are a vital aspect of Woodman's artistic exploration. Many traces and remains are in search of their form, and form has many ways of coming to light. Francesca Woodman does not want to record anything until it has figured itself out, until things have seen each other and lined themselves up. Rage and ecstasy sometimes merge in unexpected harmony. In much the same way, these pictures emerge suddenly like a fact and not as the outcome of a "creative" process.

Reaching far beyond anything discoursive, these photographs must be viewed with a feeling for simplicity rather than contradiction and existentiality. They are not additional metaphors of the c o n d i t i o n h u m a i n e but seek instead to distill the human factor until it has reached the state of form. Thus, the photographed image is not the point of departure in order to circumscribe something but rather, the goal – with the simple objective of showing a form and its evolution, an inwardness turned outwards, the turbulence of now-and-here, altered by light alone and not mangled by discourse.

Melancholy is neither fostered nor relished; on the contrary, it draws its strength from searching with the body, with the eyes, with the help of things, but also from the limitations imposed upon the picture, allowing it to convey the movement that culminates in the necessity of form. This is why the restless fragility of Woodman's pictures ultimately generates a discerning simplicity which seeks only to present itself.

(Translation: Catherine Schelbert)

[1] *An expression used by Rosalind Krauss in: FRANCESCA WOODMAN. PHOTOGRAPHIC WORK., Wellesley College Museum, 1986.*

[2] *This interpretation is advanced by Abigail Solomon-Godeau, IBID., and Arthur Kroker and David Cook, THE POSTMODERN SCENE, New York, 1986, pp. 243–246.*

René DANIELS: DER RAUM DER TRANSITIVEN BILDER

ALAIN CUEFF

Das Werk René Daniels' entspringt keinem Mythos: weder jenem der Malerei noch jenem ihres angeblichen Scheiterns. Auch der Mythos einer Rückkehr, eines Wiederaufbaus, der Ästhetizismus wie auch Instrumentalisierung beinhalten würde, ist seinem Werk ganz und gar fremd. Ebensowenig ist der verbreitete Gemeinplatz von der Aneignung der Malerei und ihrer Geschichte, welcher von solchen durch eine gleiche Ideologie vereinigten Mythen aus wirkt, mit René Daniels' Schaffen zu vereinbaren. Für diesen Künstler ist Malerei eine Praxis und somit einer vorwiegend widersprüchlichen Kontinuität unterworfen, so dass sie nach keiner totalisierenden Rechtfertigung verlangt. Die Malerei steht weder ihrem Absoluten noch ihrem Ideal gegenüber: Ihre Realität beginnt mit ihrer Anwendung.

Es scheint nun, als ob diese Anwendung keinen festgelegten Endpunkt hätte, als ob sie unablässig auf ihren verschiedenen Ebenen wiederaufgenommen werden müsste. So erweist sich auch das

Nicht-Vollendete als ein Hauptmerkmal in René Daniels' Bildern: Änderungen, Palimpsest, Überborden, Ungenauigkeiten sind das Erkennbarste seiner Malerei. Doch keinesfalls wird diese Erkennbarkeit zur Theorie; damit würde sie nämlich zum Thema und zur Finalität des Werks erhoben. Viel eher bezieht sich das Erkennbare dieses Nicht-Vollendetseins auf das Bedingungshafte, das Mögliche der Malerei, insofern als diese wiederum das Mittel zur Bildwerdung ist.

René Daniels' Bilder sind einerseits der Nicht-Vollendung der Malerei und andererseits ihrem eigenen Ungleichgewicht preisgegeben. APOLLINAIRE (1984) zeigt eine Gestalt in einem Raum ohne Boden. Das sich darbietende Bild entbehrt jedes anekdotischen Bezugs, es zeigt einen Körper ohne Gleichgewicht, in einer Pose, die sich keinesfalls fortsetzen kann, auf welche Art man sie auch betrachtet. Zudem fehlt diesem Bild alles, was die virtuellen Bezüge lesbar machen würde und ihm eine ausdrückliche Bestimmung geben könnte. Aber gerade wegen dieser paradoxalen Konstruktion des Bildes – strukturell vollendet, formal

---

ALAIN CUEFF ist Kunstkritiker in Paris.

unvollendbar – ist das Werk weder auf kulturelle Voraussetzungen noch auf die von der Malerei hervorgerufenen Erwartungen rückführbar.

So kreuzen die Heringe in HOLLANDSE NIEUWE (1982) einander verschlingend in einem Raum, der ebenso unbestimmt ist wie sie selbst. In diesem Werk, wie in vielen anderen auch, erstreckt sich das Ungefähre der Striche auf das ganze Bild, und dies mit von Unwahrscheinlichkeit geprägter Kontinuität, die nicht vertikal und auch nicht horizontal ist. Ein Mischraum ohne Anfang und Ende, dessen Perspektive vom Bild verschlungen wird.

Eine am unteren Rand des Bildes verlaufende schwarze Linie, Horizontlinie und/oder Ölschicht, wird von einer blauen Fläche mit weissen oder beinahe durchsichtigen Kreiseinsätzen überragt (oder müsste man präziser sagen: «fortgesetzt»?). Zwei Worte erheben sich aus der dunklen Fläche und geben dem Bild seinen Titel, SALLES PACI-FIQUE (1984). Die möglichen Interpretationen sind um so zahlreicher, als sie alle zwangsläufig unvoll-

liegt im Wesen dieses künstlerischen Vorhabens selbst, von elementaren visuellen Gegebenheiten und von zufallsbedingten malerischen Bestimmungen auszugehen: d a v o n   a u s z u g e h e n, ohne vorbestimmtes Ziel, ausser jenem eines Anscheins von Schliessung. Es geht dabei nicht um einen Bedeutungsmangel, sondern vielmehr darum, dass die Verschmelzung unmöglich zu erreichen ist, dass des Malers formalistische oder realistische Zugehörigkeit zu seiner Malerei unfassbar, weil gleichzeitig regressiv und utopisch ist.

Ist Malerei das Mittel zum Bild – unter den oben genannten Bedingungen –, so ist das Bild gleichermassen deren unmittelbare Veräusserung. In anderen Worten, wenn die Bilder den Zweck der Malerei verkörpern, so ist dieser Zweck stets nur ein provisorischer, der notwendig, aber nicht genügend ist, was die Bilder selbst belegen: durch ihren archetypischen Charakter wie auch durch ihre Wiederholung und ihr Auftreten als Serie.

In einer langen Serie von Bildern ab 1984 (PAINTING ON UNKNOWN LANGUAGES, OBSERVA-

Über laufende Bedeutungsänderungen einiger Gegebenheiten.
Vorzugsweise meine ich Erscheinungsformen, die nicht an der Oberfläche liegen.
Darum geht es für mich beim Amüsement: die Entkleidung der Muse.

Weiterhin reizt mich das Vlies.
Gegenstände und Begriffe erscheinen immer zweimal, einmal als Wirklichkeit, dann als Idee für die Arbeit. Eggs and verse eggs. Das Vlies liegt dazwischen (und ist zwieschlächtig wie Spreichel*). Und darüber gehen diese Arbeiten.

RENÉ DANIELS

ständig sind; will man eine von ihnen festhalten (indem man z. B. «salles» als «sale»/dreckig liest), so schliesst man damit eine andere aus («salle»/ Raum, der «Pacifique» heisst). Schon öfters gab der Topos «Rebus» in Daniels' Werk Anlass zu Diskussionen; jeder Rebus gibt nur widersprüchliche Angaben, die zuweilen ihren Zusammenhang überholen, zuweilen aber auch von ihm überholt werden. Die angenommene Bedeutung des Rebus führt deshalb nie zur Lösung: es bleibt davon nur ein visueller Ablauf, in dem Logisches und Unlogisches koexistieren und der den problematischen Horizont des Blicks dagegenstellt.

Das Werk selbst aber ist kein Rebus, auch wenn es einen solchen, oder mehrere, enthält. Es

TORIUM, DIE RÜCKKEHR DER PERFORMANCE…) zeigt sich wiederum das vereinfachte Schema eines perspektivischen Raums. Dieser Raum ist meist ohne Bedachung und hin zum realen Raum im Vordergrund unbestimmt offen. Er lässt verschiedene Identifizierungen zu: Es kann sich um ein Museum oder eine Galerie handeln, um einen Konferenz- oder Musiksaal; in einigen Bildern ist der Raum dies alles zugleich. Die quadratischen oder rechteckigen Formen an den Wänden sind Bilder einer Ausstellung, Fenster, Gucklöcher eines Observatoriums, oder einfach Flächen ohne bestimmte Funktion. Die «Fenster» nehmen Volumen an, die Volumen werden Klaviere, und Sträusse/Kleiderständer ohne Proportionen wer-

109

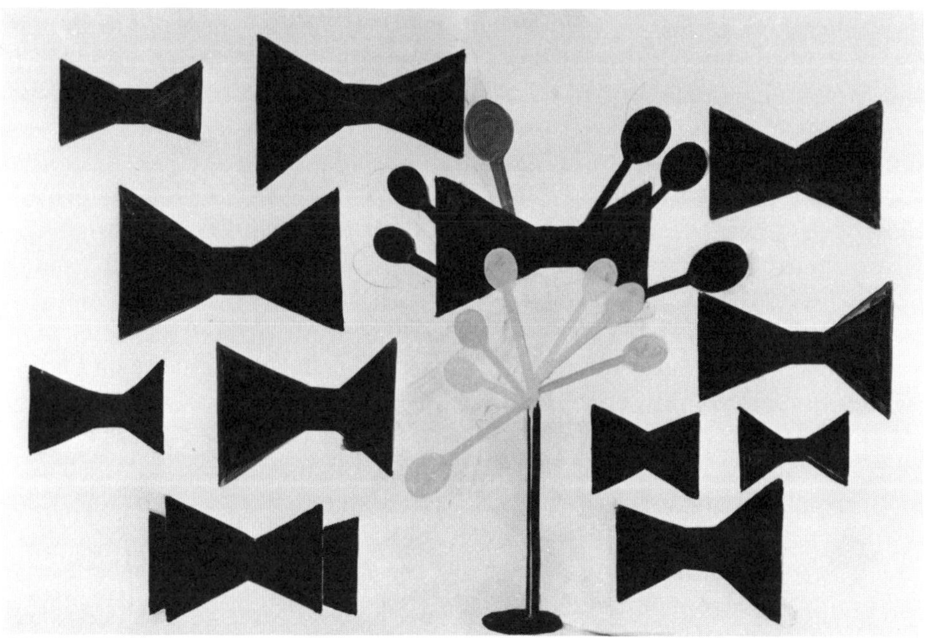

RENÉ DANIELS, DIE RÜCKKEHR DER PERFORMANCE / *THE RETURN OF PERFORMANCE, 1986,*
ÖL AUF LEINWAND / *OIL ON CANVAS,* 132 x 198 cm / *52 x 78".*

(Photo: Peter Cox)

den Mikrophone, welche anderswo wiederum zu Sträussen werden.

Dass ein Bild sich verwandeln oder zu einem anderen führen kann, ist niemals garantiert. Die Möglichkeit, dass es sich nicht verwandelt, gehört zur hypothetischen Gesetzmässigkeit, der René Daniels' Bilder unterworfen sind. Es scheint, dass das Bild nur deshalb archetypisch ist, weil es sich gleichzeitig mehrwertig darbietet, allerdings ohne diese Mehrwertigkeit zu einer unwiderlegbaren und definitiven Eigenart zu erheben. Seine Wiederholung erhöht und/oder vermindert die Unterschiede in schwer abzuschätzendem Verhältnis und bis zu einem geradezu unentscheidbaren Masse.

In DURCHLAUFEND NACH AUSSEN oder, nebst anderen, in DAS VLIES wird der Raum selbst zum Bild. Dessen eigenes Bild wiederum wird durch Metonymie zum Schlips. Die Form des Raums birgt in ihrer Vereinfachung den Vorwand zur Herausbildung eines anderen Bildes. Dieser Vorgang ist Schritt für Schritt der gleiche wie jener, der

für die Homophonie-Wortspiele gilt. Die Beziehung zwischen diesen verschiedenen Situationen wird nicht ausgedrückt: sie bleibt in einer unmittelbaren Zukunft hängen und bildet sich in ihrer Transitivität weiter fort.

KADES-KADEN bringt diese Transitivität auf einem anderen Modus zum Wirken. Die Titel von René Daniels' Bildern hängen auf den Achsen eines Plans, der jener eines Hafens ist/und zu sein scheint. Hier erhält das Bild keine Organisation und findet auch keinerlei Schlüssel dazu. Von Bild zu Bild dehnt sich das Werk aus, nähert sich neuen Horizonten, entwickelt sich durch seine eigenen Anschwemmungen und fasst sich neu, wird zu seinem eigenen Ausgangspunkt. René Daniels' Werk ist eine Bewegung in den Architekturen einer Welt, die ihren eigenen Wandlungen offen gegenübersteht.

(Übersetzung aus dem Französischen: Mariette Müller)

* *Verse* heisst auf deutsch *Vers*, auf niederländisch *frisch*.
Das niederländische *speeksel* heisst *Speichel*, *spreken* heisst *sprechen*.

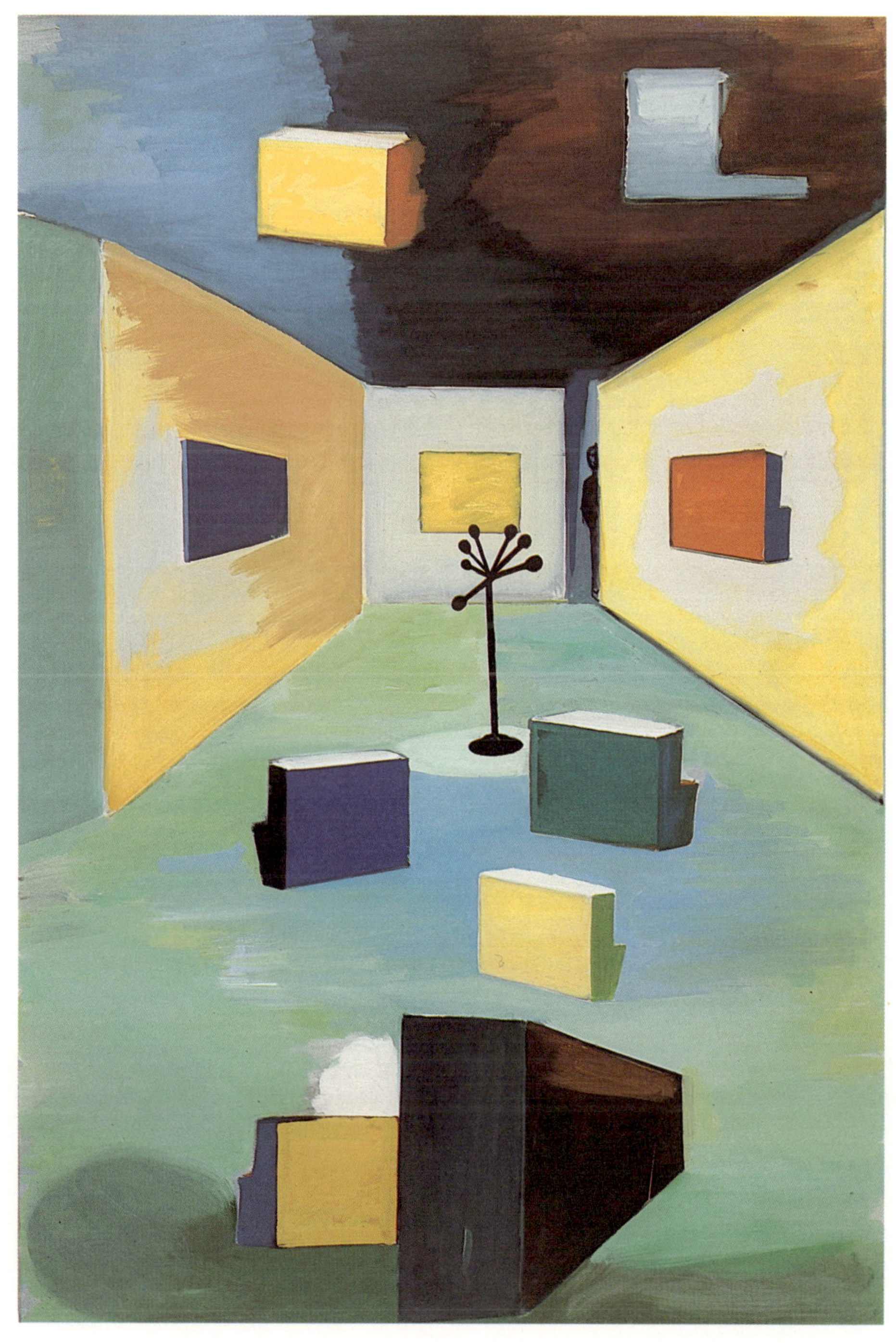

RENÉ DANIELS, DIE RÜCKKEHR DER PERFORMANCE / *THE RETURN OF PERFORMANCE, 1987,*

ÖL AUF LEINWAND / *OIL ON CANVAS,* 190 x 130 cm / *74⅘ x 54⅓".*

René DANIELS: THE SPACE OF TRANSITIVE IMAGES

ALAIN CUEFF

The work of René Daniels is not based on any myth; neither the myth of painting nor of its supposed decline. The myth of a return of restoration, implying both aestheticism and instrumentalization, is even less applicable to it. Equally, the commonplace of equating painting with its history which follows from a combination of these myths in a single ideology, has no place in this work. For René Daniels, painting is a practical activity, and as such, being based on an essentially contradictory continuity, it requires no totalising justification. It confronts neither its absolute nor its ideal: the reality of painting begins with its execution.

It is as though the work had no final state of completion, as if it were to be continually added to at different levels. Non-completion is the first characteristic of Daniels' pictures: changes, corrections, overspillings and imprecisions are the hallmark of his painting – but only theoretically, otherwise that would be the subject and object of the work. In fact the evident non-completion relates to the potentialities of painting insofar as it is the medium of images.

The images of René Daniels are victims of the incompleteness of painting and of their own imbalance. APOLLINAIRE (1984) presents a human form in an unsupported space: the image which takes shape is not

that of an anecdotic referent, but of the imbalance of a body in a pose that definitely cannot be maintained, no matter how it is considered. Moreover, this picture lacks everything that would make the virtual correspondences legible and give the image an explicit definition. But it is precisely because of this paradoxical construction of the image – structurally complete, formally interminable – that the picture cannot be reduced to cultural preconceptions, nor to the expectations aroused by painting.

The herrings in HOLLANDSE NIEUWE (1982) devour each other as they criss-cross within a space as ill-defined as they are themselves. In this work, as in others, the approximate nature of the outlines extends to the whole picture in an improbable continuity that is neither vertical nor horizontal. It is a mingled space without beginning or end, even its perspective devoured by the image.

A stretch of blue punctuated by white or almost transparent circles dominates (or would it be more precise to say "continues?") a black line at the bottom of the picture, which could be a horizon line and/or an oil slick. Two words rise out of it, which are also the title of the work, SALLES PACIFIQUE (1984). Possible interpretations are all the more numerous for being necessarily incomplete: the choice of one interpretation (for example, reading "salles" as "sale" = dirty) ex-

---

ALAIN CUEFF is an art critic living in Paris.

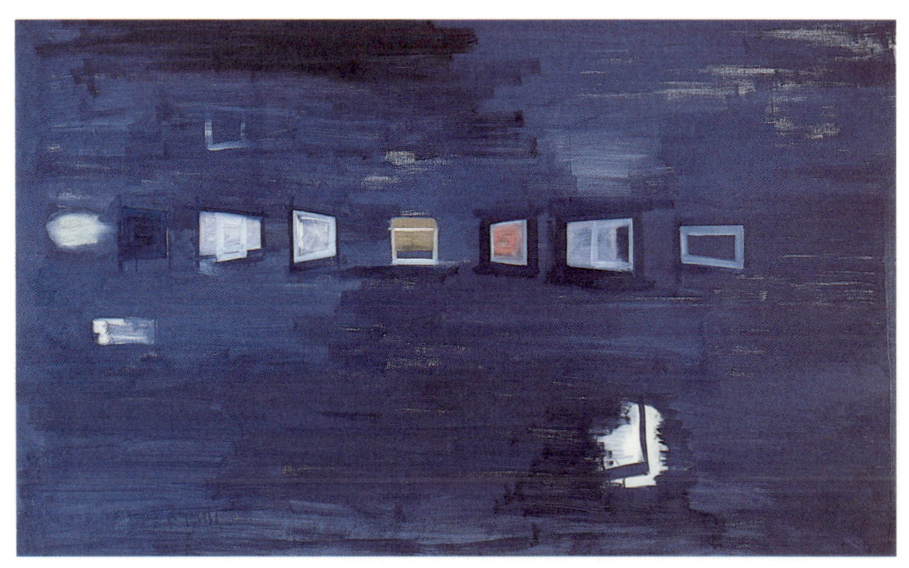

RENÉ DANIELS, *PAINTING ON UNKNOWN LANGUAGES* / GEMÄLDE ÜBER UNBEKANNTE SPRACHEN,
1985, *OIL ON CANVAS* / ÖL AUF LEINWAND, *47 1/4 x 78 3/4"* / 120 x 200 cm.

RENÉ DANIELS, SPRING BLOSSOM / FRÜHLINGSBLÜTEN, 1987,
OIL ON CANVAS / ÖL AUF LEINWAND, *41 1/3 x 47 1/4"* / 105 x 120 cm. *(Photo: Peter Cox)*

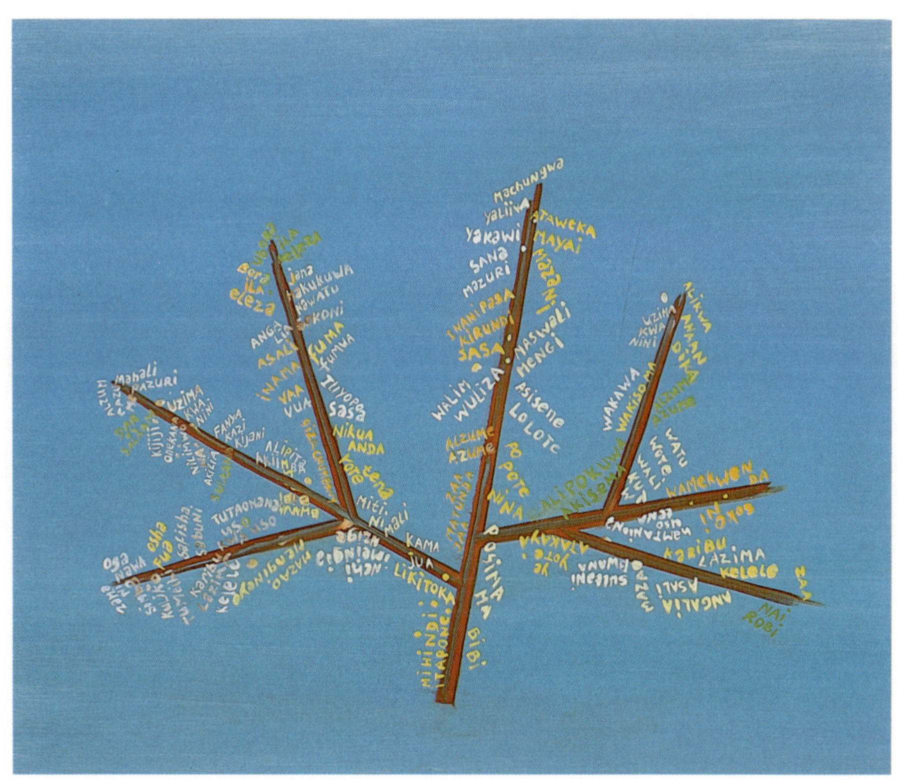

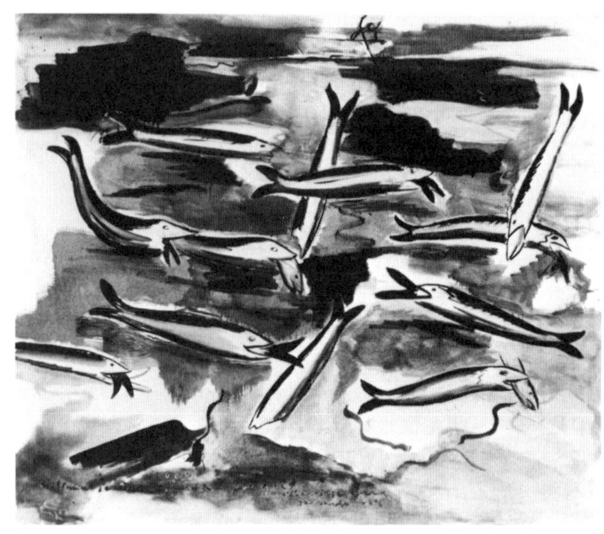

RENÉ DANIELS, HOLLANDSE NIEUXE /
(DISCOVERING THE TASTE OF NEW HERRING /
DEN GESCHMACK VON NEUEM HERING ENTDECKEN), 1982,
OIL ON CANVAS / ÖL AUF LEINWAND, *63 x 75"* / 160 x 190 cm.

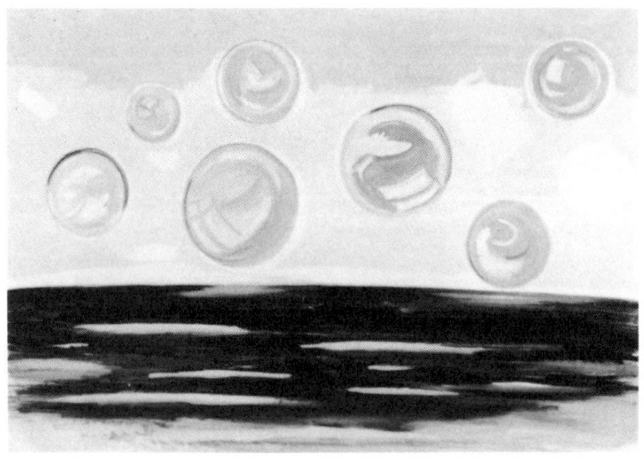

RENÉ DANIELS, SALLES PACIFIQUE-ILLUSIE, 1984,
OIL ON CANVAS / ÖL AUF LEINWAND, *59 x 78¾"* / 150 x 200 cm.

cludes another ("salles" = rooms called "Pacifique"). The puzzle element in the work of Daniels has often been noted: puzzles that yield only contradictory indications which in some cases are eliminated by their context or in others go beyond it. The meaning of the puzzle will not be resolved: it will remain only a visual sequence in which logic co-exists with illogicality, a sequence that fixes the problematic horizon of view.

Although the work contains one or more puzzles, it is not itself a puzzle. It is the very nature of such a project that it takes form by starting from elementary visual data and aleatory pictural definitions. Starting from, without a predetermined destination, apart from an apparent termination. It is not a lack of significatïon that is in question here. It is rather that the amalgam cannot possibly be effected; the formalist or realist attachment of the painter to his picture is inconceivable, being both regressive and utopian.

If painting is the medium of images in the conditions that we have considered, these images are as it were its immediate manifestation. In other terms, if the images are the finality of the painting, they never consist of anything more than a provisional finality, necessary but not sufficient: this is indicated both by their archetypal nature and their repetition in series.

The simplified schema of a space in perspective appears again in a long series of pictures painted since 1984 (PAINTING ON UNKNOWN LANGUAGES, OBSERVATORIUM, THE RETURN OF THE PERFORMANCE…). This space generally has no upper limit and is indefinitely open onto real space in the foreground. Several identifications of it are possible: it could be a museum or an art gallery, a lecture room or concert hall; in certain pictures the space is all these simultaneously. The square or rectangular shapes that appear on the walls are pictures in an exhibition, windows, portholes in

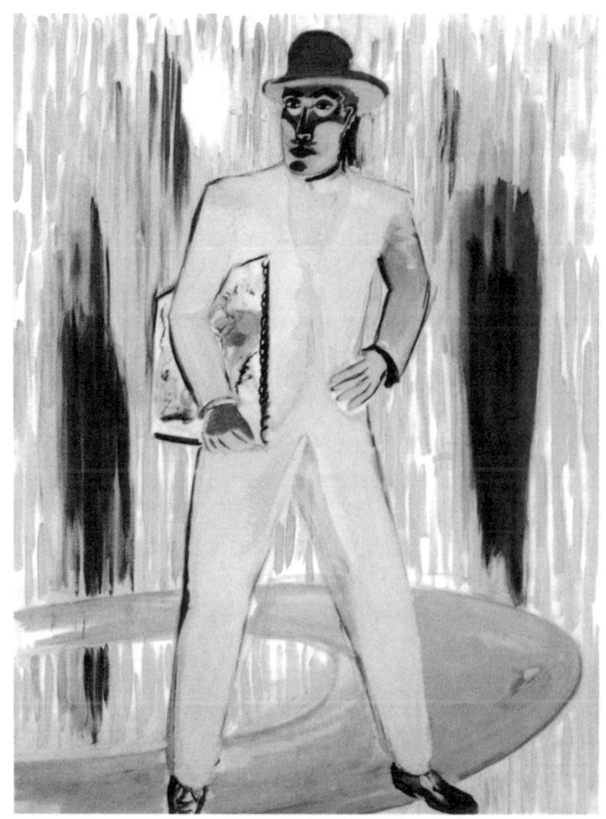

RENÉ DANIELS, APPOLLINAIRE, 1984,
OIL ON CANVAS / ÖL AUF LEINWAND, 80 x 60" / 203 x 152 cm.

an observatory, or plain non-functional surfaces. The "windows" take on volume, the volumes become pianos, the bouquets/coatstands turn into microphones which elsewhere turn back into bouquets.

Although one image can change or lead into another, it is not at all certain that this will happen. The possibility that it will not be transformed is part of the hypothetical condition to which the images are subjected. One could say that the image is archetypal only because it is plurivalent, yet without assuming any unquestionably specific, definitive form. The repetition of the image increases and/or decreases the difference in proportions that are not easily perceived and only up to uncertain limits.

Space itself becomes an image in PASSING OUTSIDE or in THE FLEECE, among others. The artist's own image becomes by metonymy a bow-tie. In its simplification the form hides the pretext for the formation of another image. The process is at all points comparable to that which governs verbal puns based on homophony. The relation between these different states is not expressed: it remains suspended in an immediate future and continues to develop in its transitivity.

KADES-KADEN reactivates this transitivity in another mode. Along the axes of what is and/or what seems to be the plan of a port, appear the titles of René Daniels' pictures. The work is not organized in any way, nor is there any key to be found in it. From image to image the work spreads out, approaches new horizons, develops through its own alluvial deposits and continues as its own point of departure. The work is a movement in the architectures of a world open to its own transformation.

(Translation from the French: Kenneth Pearson)

** The Dutch word* verse *means "fresh".*
Speeksel *means "spit" and* spreken, *"to talk".*

INSERT

GENERAL

IDEA

  PARKETT 15 1988

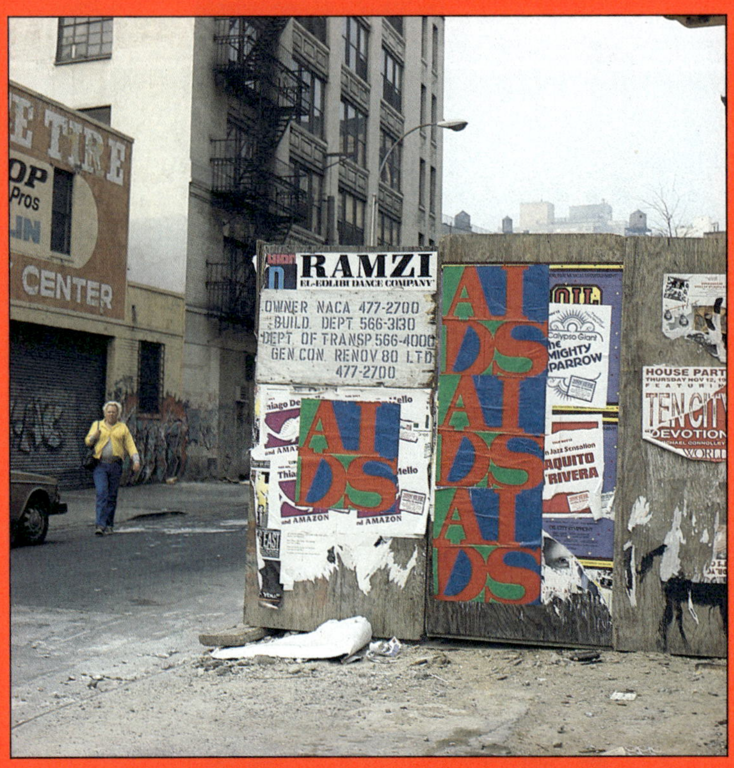

GENERAL IDEA, AIDS POSTER PROJECT,
NEW YORK CITY, NOVEMBER, 1987.

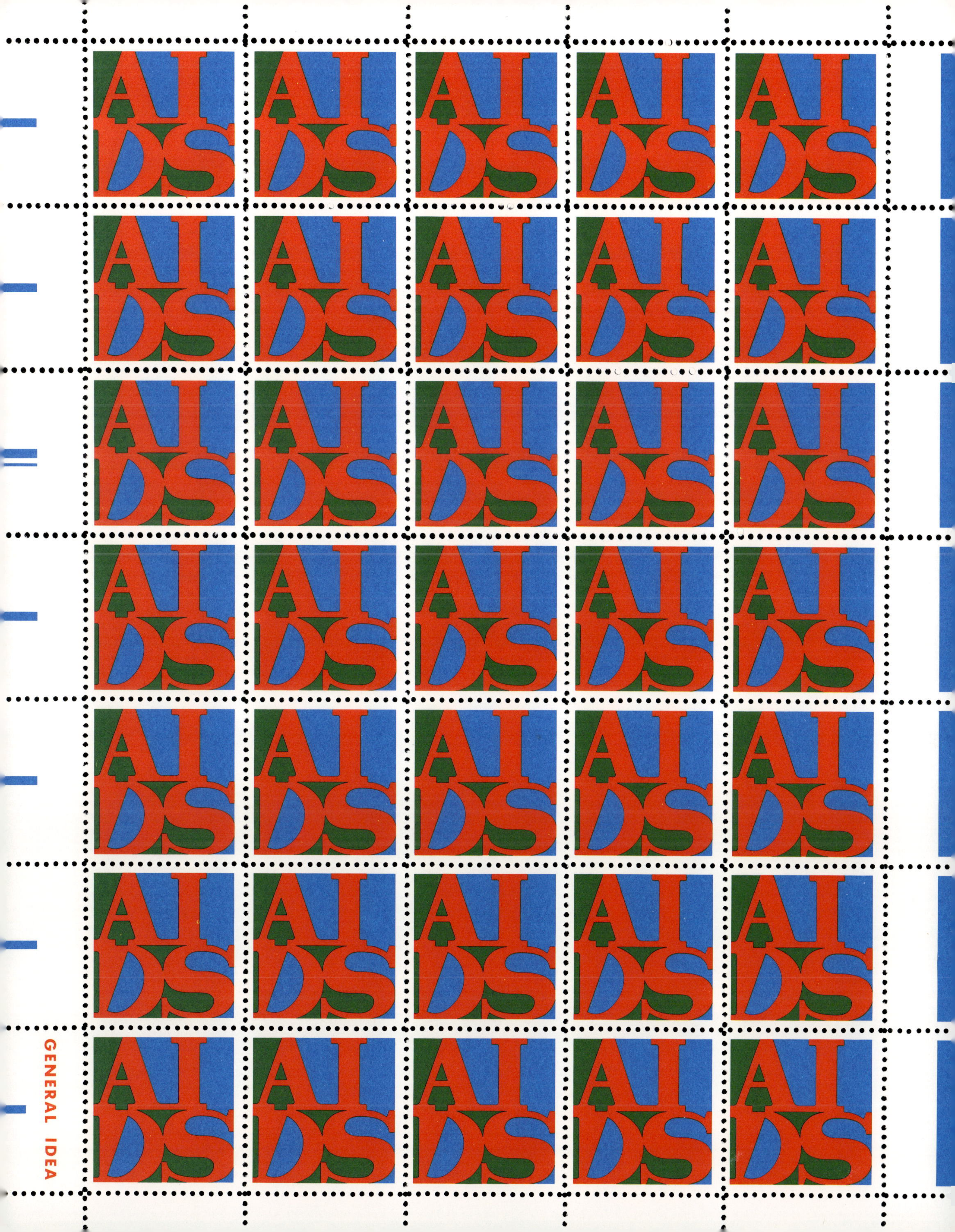

GENERAL IDEA

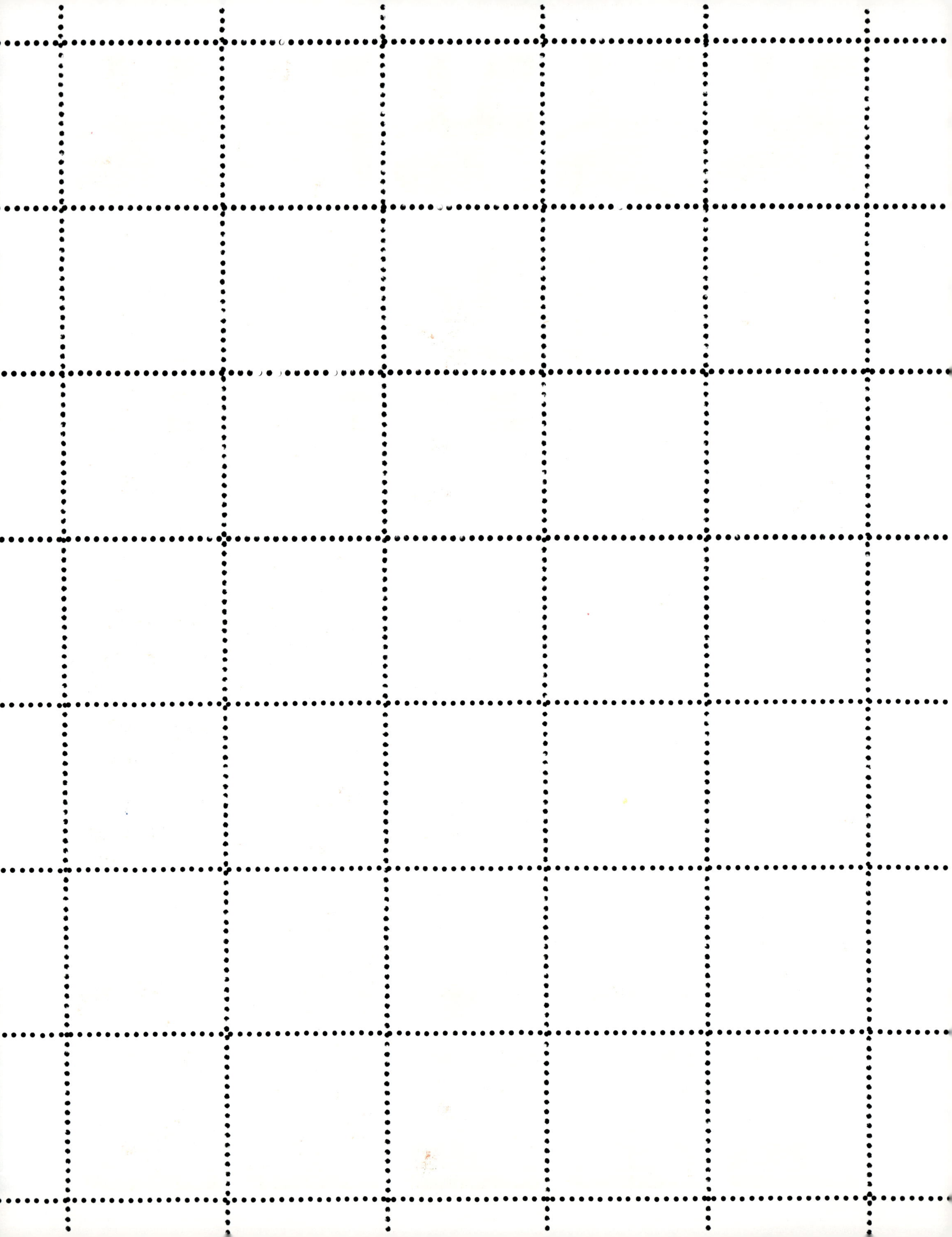

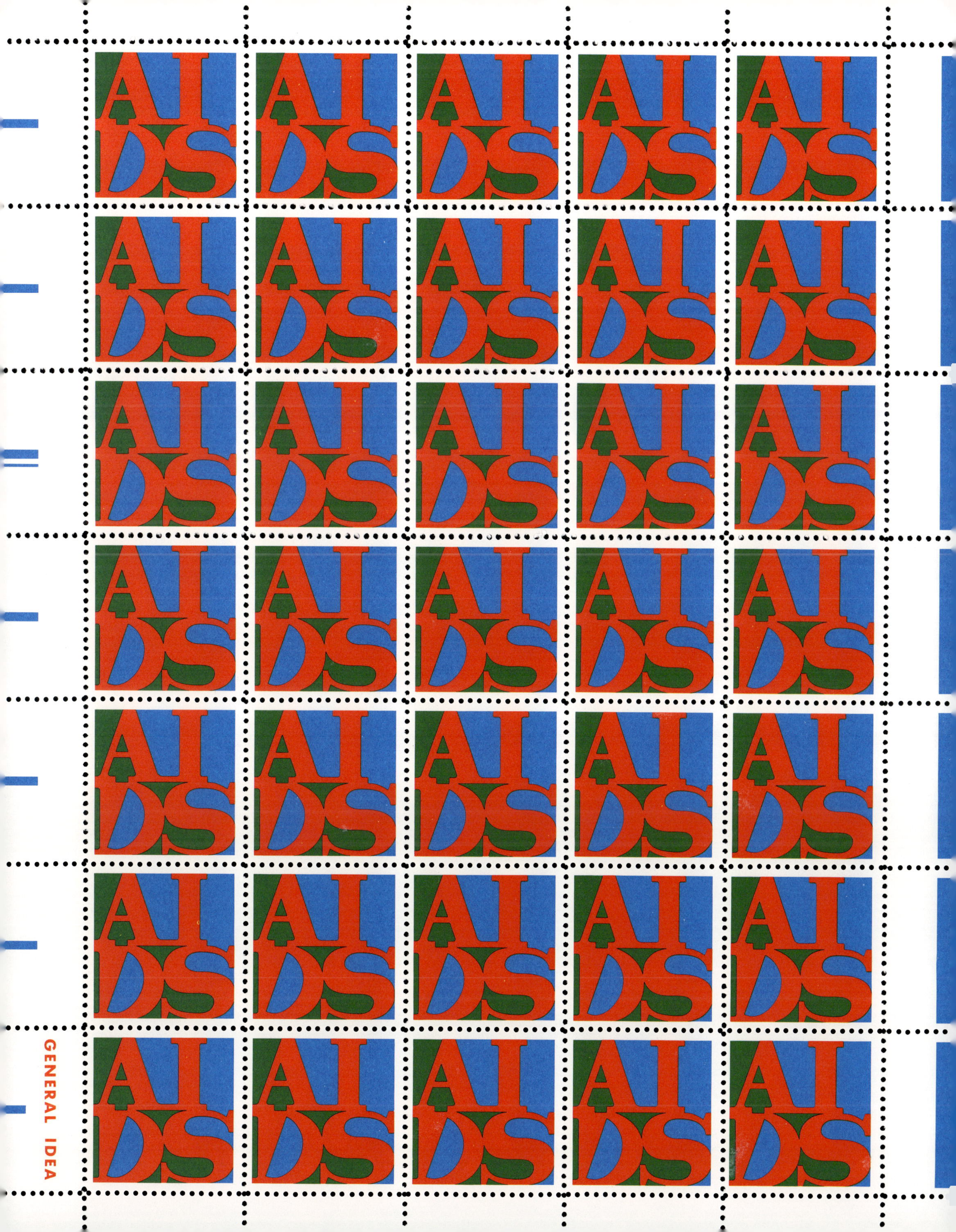

AI
DS
GENERAL IDEA

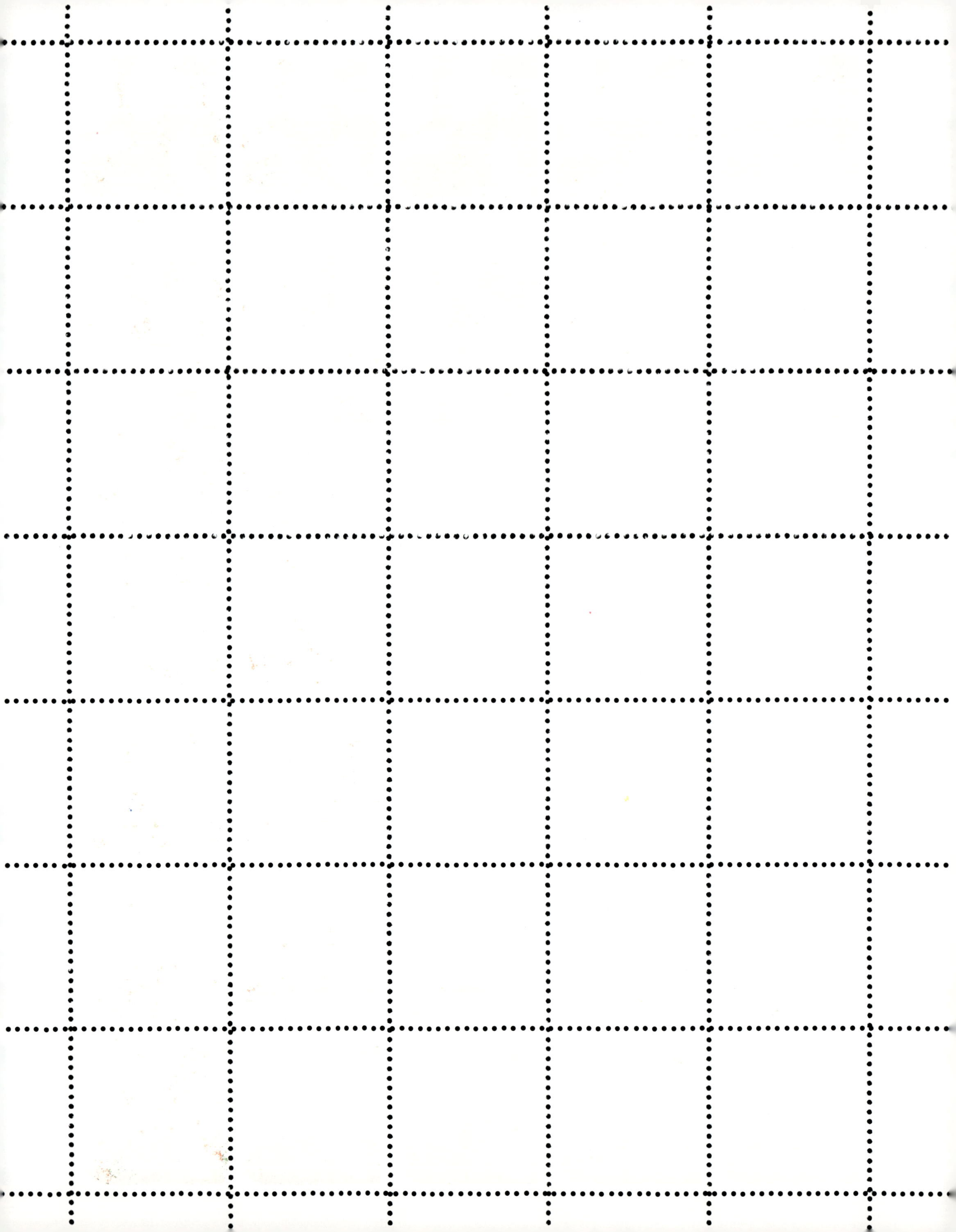

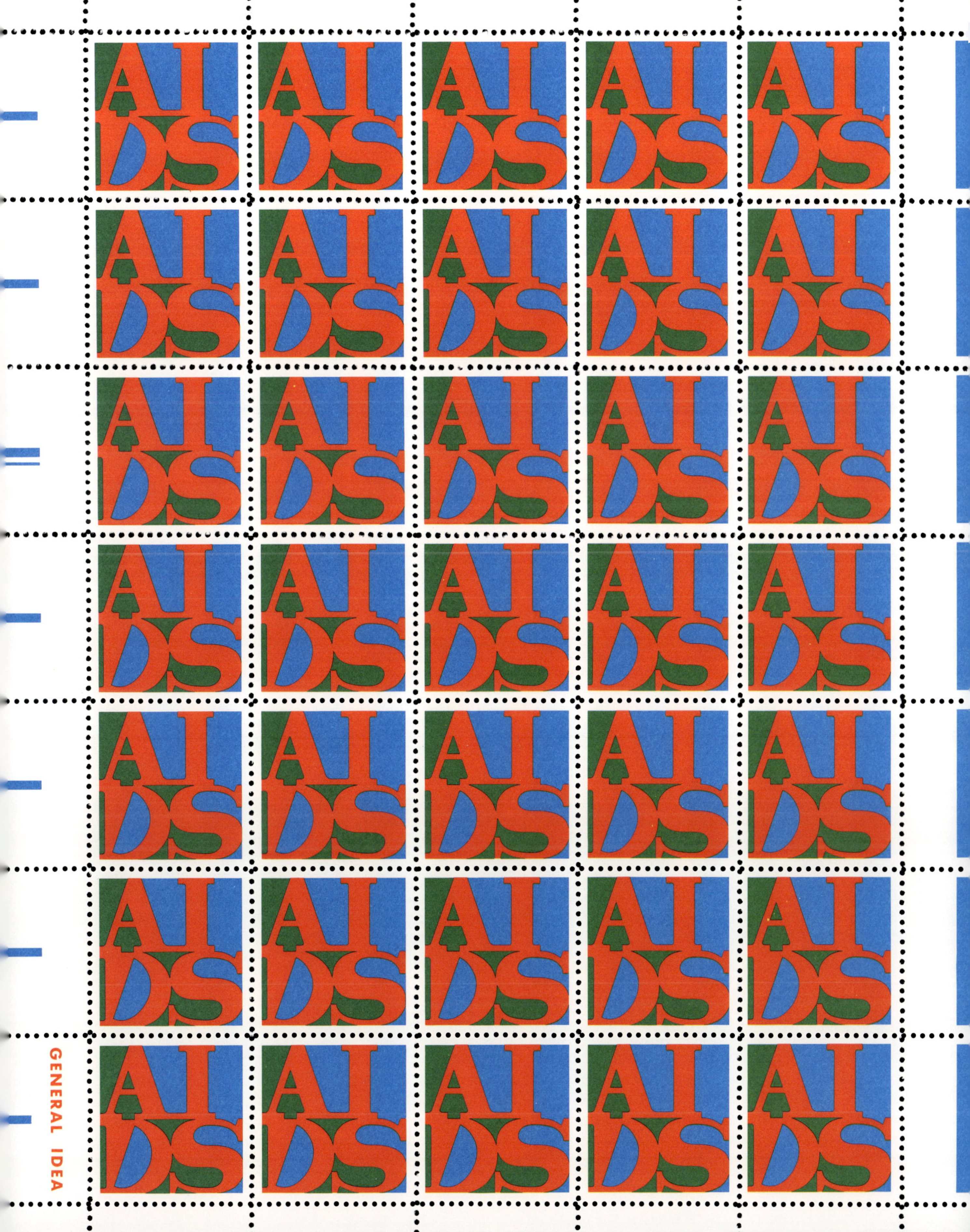
AIDS
GENERAL IDEA

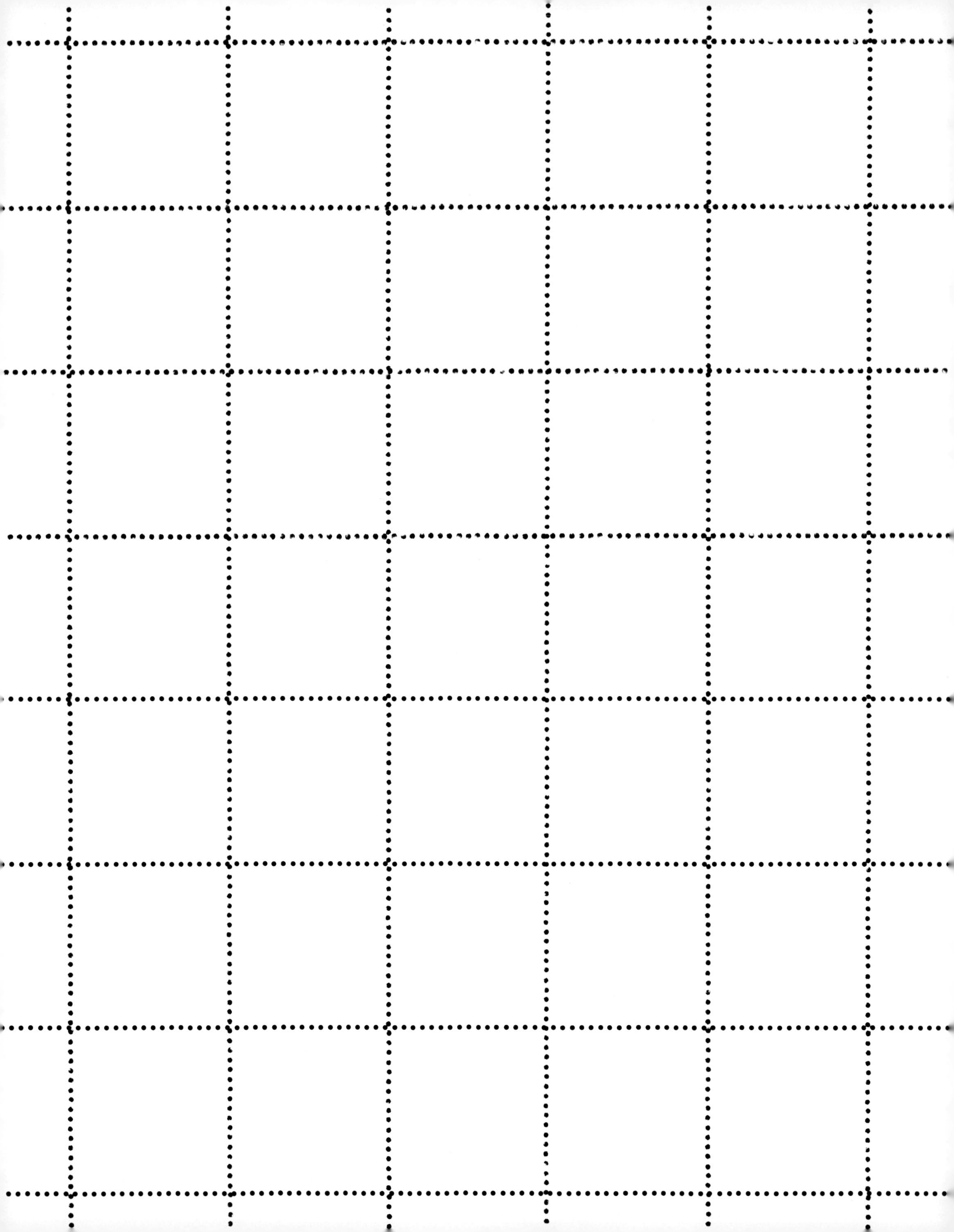

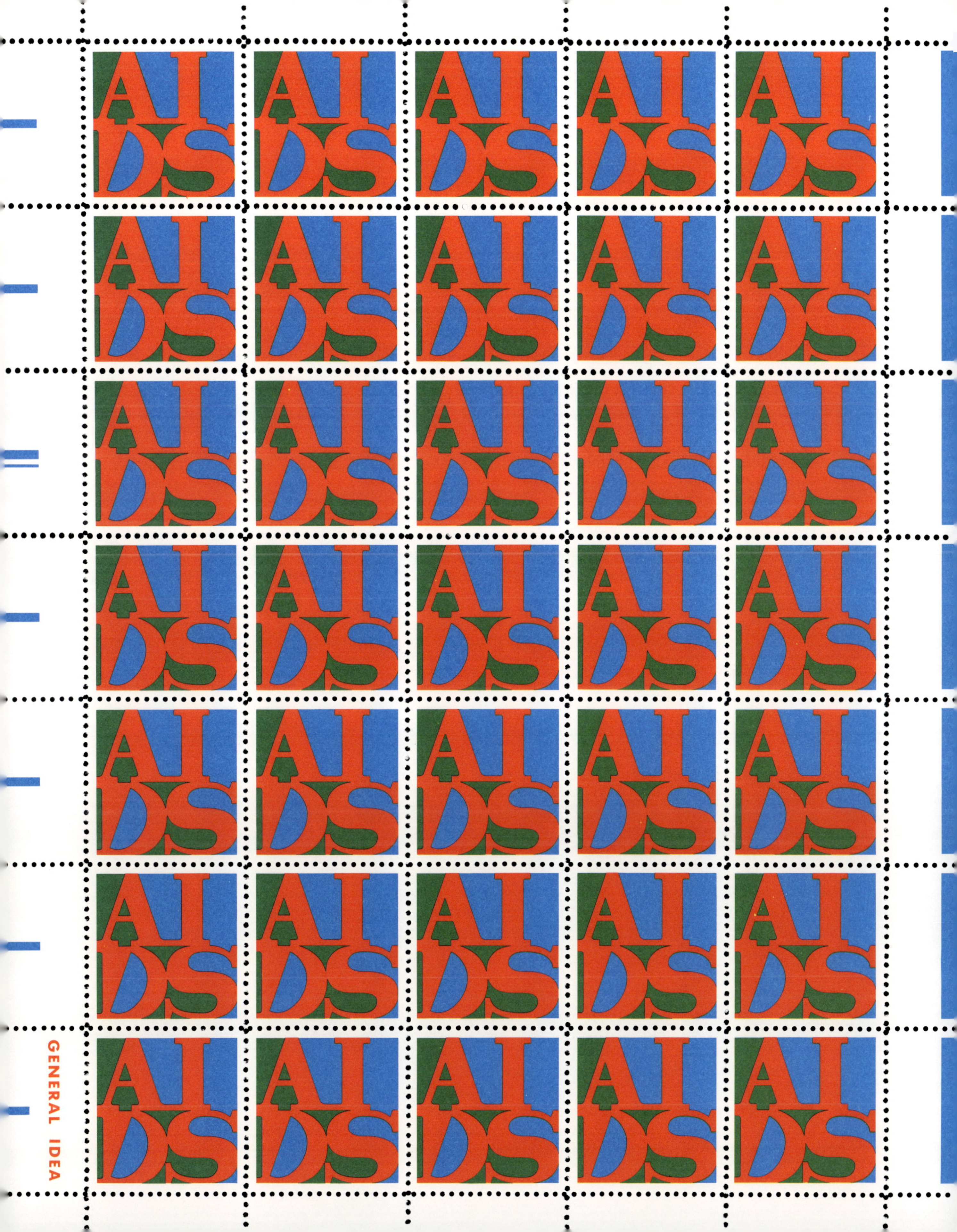
GENERAL IDEA

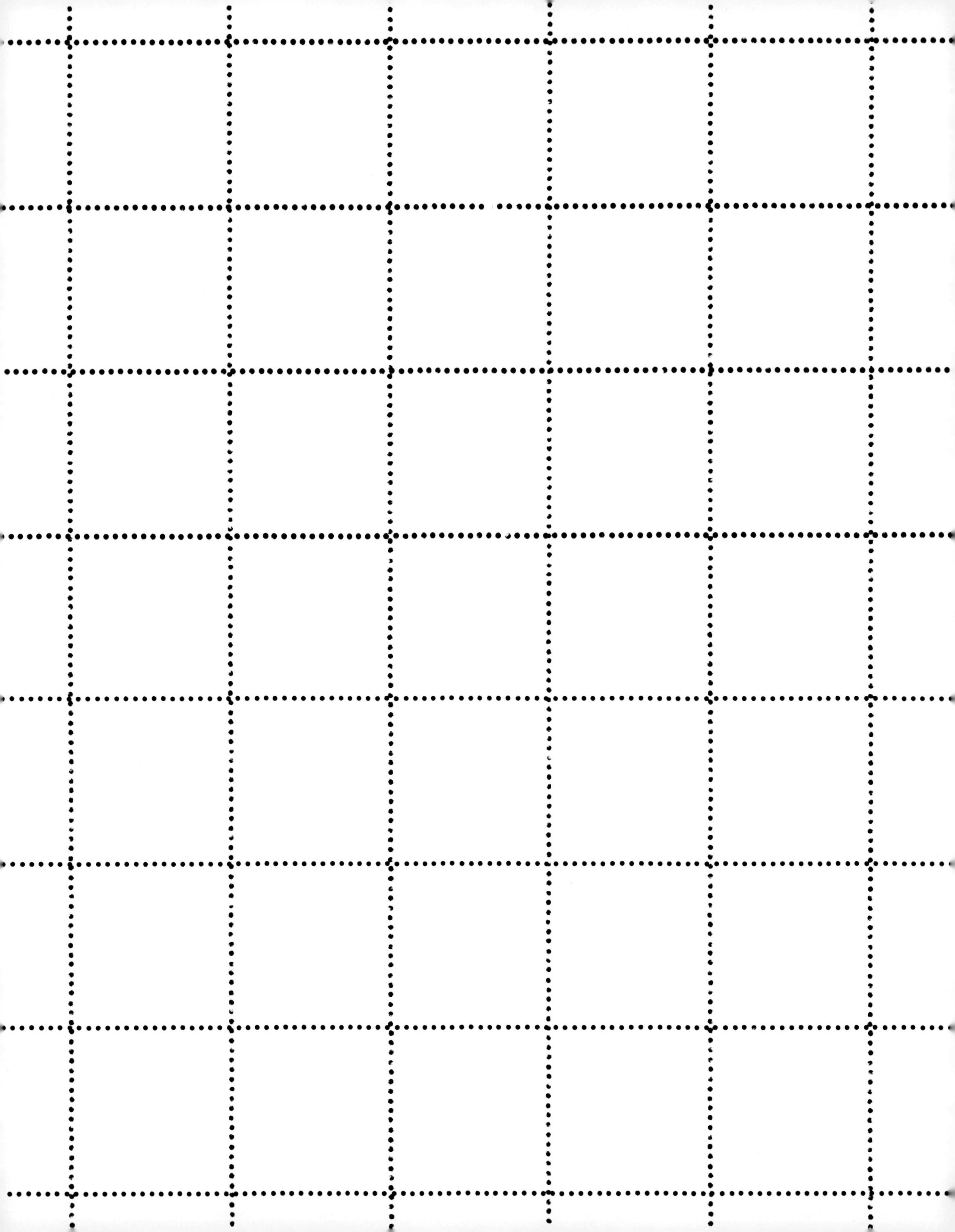

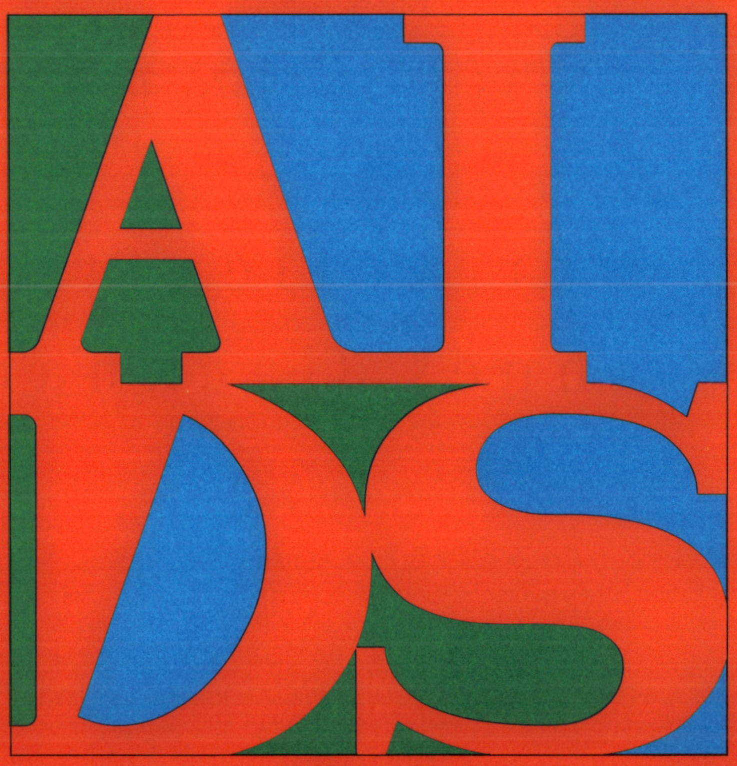

GENERAL IDEA "AIDS"

ACRILIC ON CANVAS, 6'x 6' / 183 x 183 cm, 1987.

ANSTÄNDIG INS 21. JAHRHUNDERT

Der Verleger Johannes Gachnang

RUDOLF SCHMITZ

Johannes Gachnang ist ein Liebhaber von Zitaten, fremden und eigenen. In Briefen, Artikeln und gelegentlichen Vorträgen plaziert er sie mit dem Anarchismus eines Überzeugungstäters und der Generosität eines Mäzens. Dieser spezifischen Mischung lohnt es nachzugehen. Ich war beeindruckt, als er in einem ersten persönlichen Gespräch über seine Haltung und die Perspektiven der Kunst beiläufig bemerkte: «Mich beschäftigt die Frage: Wie kommen wir anständig ins 21. Jahrhundert?» Manchen seiner kompakten Statements schickt er dann, sobald sie sich von seiner imposanten Statur gelöst haben und wie zu aktivie-

RUDOLF SCHMITZ ist Autor und Kritiker. Er lebt in Frankfurt.

rende Bilder im Raum stehen, weltmännisches Lebewohl nach mit Worten wie «On verra bien!», «Wie geht's, wie steht's, frisst der Hund, beisst der Hund?»

Zum Verständnis seiner Person und der Besonderheit seines Verlags gehört es, dass Johannes Gachnang ein Träger von Atmosphäre ist; nicht nur ein Mann der globalen Perspektiven und hochgesteckten Erwartungen an sich selbst, an Künstler und Publikum, sondern zugleich ein Andeuter. Die Feinfühligkeit und Verhaltenheit der Andeutung kennzeichnet das generöse Potential, das ihn mit seinen Künstlern verbindet und in vortrefflicher Weise in «Dubuffets Geschichte vom Flötenspieler in der Sahara» zum Ausdruck kommt, «der in

ein Stück Rosenholz sechs Löcher schnitt, um auf zweien, vielleicht dreien zu spielen, dabei weniger an Musik dachte als daran, die Löcher miteinander sprechen zu lassen».

Dieses Spannungsverhältnis von grösstmöglichem Anspruch und einem andeutenden, in seiner Freigebigkeit zu entdeckenden Minimalismus charakterisiert auch die Bücher des Verlegers. Sie gleichen widerspenstigen Persönlichkeiten, die der Leser für sich einnehmen muss. Die Erfahrungen, die im Umgang mit ihnen zu gewinnen sind, ähneln denen beim Besuch guter Ausstellungen: Man muss sich ein Verständnis erarbeiten, muss sie wirken lassen, und wenn man meint, verstanden zu haben, weichen sie wieder zurück und verlangen neue Einstellung. Es sind Bücher, die dem Benutzer eher den Rücken zudrehen als sich ihm feilzubieten.

⋅Obwohl unverwechselbar in ihrer handwerklichen Sorgfalt, stellen sie kein einheitliches Erscheinungsbild zur Schau; jedes unterscheidet sich vom anderen. Sie widersprechen Zweckmässigkeitserwägungen des verbreiteten Offsetbewusstseins. Buchgestalterischer Traditionalismus beweist sich in äusserster Aufmerksamkeit fürs Papier, um optimale Qualität von Reproduktion und Druckbild zu gewährleisten: in einer Typographie von klassischer Beständigkeit, in einer eindeutigen Rangordnung von Wort und Bild, um deren vorschnelle Versöhnung zu verhindern.

Traditionalist ist Johannes Gachnang auch darin, dass er sich an den grossen Verlegerpersönlichkeiten des Paris der 30er und 40er Jahre orientiert, an Zervos und seinen «Cahiers d'Art», an Tériade und «Verve», an Skira und dessen «Minotaure» oder «Labyrinthe», Druckerzeugnissen von persönlicher Handschrift, die heute zu den publizistischen Kostbarkeiten und Sammelobjekten zählen. Der damals angeregte geistige Austausch von Schriftstellern, Künstlern und Philosophen gilt ihm als vorbildliche Pionierleistung.

Seit der Gründung des Verlags Gachnang & Springer im Jahr 1983 sind mehr als ein Dutzend Bücher erschienen; es handelt sich um Werkverzeichnisse von Druckgraphik und ausgewählten Zeichnungen, Essays und Aufzeichnungen von Künstlern wie Georg Baselitz, Per Kirkeby, Pierre Klossowski, Markus Lüpertz, Meret Oppenheim, Sigmar Polke und Don Van Vliet alias Captain Beefheart. Eine Herausgabe ausgewählter Zeichnungen von A.R. Penck oder der Plastiken von Jean Dubuffet (Petites statues de la vie précaire et d'autres) ist in Vorbereitung.

Überwiegend verweisen die Namen auf Johannes Gachnangs Vergangenheit als Leiter der Berner Kunsthalle (1974–1982), in der er Künstler wie Baselitz, Kirkeby, Lüpertz oder Penck zum erstenmal in der Schweiz präsentierte und zu ihrer späteren Anerkennung wesentlich beitrug. Der Verlag bedeutet ihm also Kontinuität im Umgang mit den befreundeten Künstlern, auch im Anknüpfen an das Erscheinungsbild der damaligen Kunst-

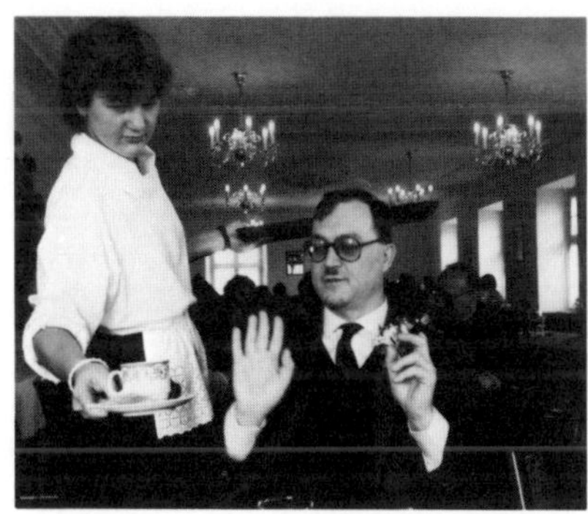

JOHANNES GACHNANG, ETZELPASS, SWITZERLAND, 1987.

hallenkataloge. Sie werden nun auf entsprechendem Niveau im haltbaren Medium des Buchs präsentiert, nicht als Geste der Aufsockelung oder nachträglichen Weihe, sondern mit Selbstverständlichkeit. Es handelt sich bewusst nicht um Monographien, sondern um Dokumentationen bestimmter ausgesuchter Phasen eines künstlerischen Werks, um konzentrierte Ausschnitte und Details, die privaten und intimen Charakter tragen. Auf diese Weise wird die Offenheit eines in Bewegung befindlichen Werks respektiert und zugleich das Geheimnis eines verborgenen Ganzen berührt. Das Unterwegssein bleibt zu spüren in diesen Arbeitsbüchern, Selbstreflexionen künstlerischer Standorte, Selbstvergewisserungen, Aufzeichnungen mit Pamphletcharakter. Die Texte der Künstler bekommen den Schutz und die spezifische Aufmerk-

samkeit, die sie brauchen, sowie wahren Prozesscharakter: «Die bildenden Künstler bedienen sich zwar der Wörter, aber eben um wieder Bilder zu evozieren, Bilder zu bannen, was sie auch in der Malerei, mit der Zeichnung versuchen».

Ein bestimmter Rohzustand haftet den Büchern an, etwas Trockenes, Schmuckloses und sogar Stilloses. Sie enthalten Ernst, Unmittelbarkeit und auch die Melancholie künstlerischer Arbeit. Das gilt für die Werkverzeichnisse der Druckgraphik von Georg Baselitz ebenso wie für die AUFZEICHNUNGEN 1928–1985 von Meret Oppenheim. Hier fließt das alltägliche Leben, nicht nur als Hintergrund, sondern als Untergrund, der die künstlerische Kreativität bewegt: als langer Atem und – Wachsein im Traum.

Aufmerksamkeit für die Marginalie, für Ereignisse an den Rändern der Kunstgeschichte bezeugt die Edition der Essays «Die Ähnlichkeit» von Pierre Klossowski. Im Zusammentreffen von seltsam ungelenken, doch obsessiven Zeichnungen und höchstem intellektuellem Einsatz entwickelt sich ein neues Begreifen von «Dilettantismus».

Wie aber lässt sich die Passion für Details, Marginalien oder Traversen mit der oft geäusserten utopischen Hoffnung vereinbaren, «die Welt ein letztes Mal zusammenzukriegen»?

Der Schlüssel dazu liegt in der Erfahrungsgeschichte des Verlegers, in der Anregung durch persönliche Leitbilder, in Austausch und Freundschaft mit Künstlern, im Erlebnis der frühen 60er Jahre in Berlin. Dort lernt er einen Galeristen der ersten Stunde, Rudolf Springer, als Mentor und väterlichen Freund kennen: der Verlagsname Gachnang & Springer steht für diese respektvolle Verbindlichkeit. Entscheidender Anreger und geistiges Vorbild wird der Baumeister

Hans Scharoun, als dessen Mitarbeiter Johannes Gachnang mehrere Jahre wirkt. Schliesslich die Freundschaft mit dem gleichaltrigen Kunsthändler Michael Werner, mit dem er zu Entdeckungen und Begegnungen aufbricht. In einem Vorwort zur jüngsten Veröffentlichung des Verlags, Zeichnungen von Sigmar Polke aus den Jahren 1963–1969, leben die für ihn entscheidenden Berliner Jahre wieder auf. Wiederholt hat Johannes Gachnang aufmerksam gemacht auf die besondere Situation der deutschen Nachkriegskünstler, die in den 60er und 70er Jahren vielfache Brüche kultureller und geistiger Identität zu bewältigen hatten, um wieder «am Bild arbeiten» zu können. Für die Künstler mit Herkunft aus dem östlichen Teil Deutschlands spitzten sich die Widersprüche sogar noch zu, aber oft fanden gerade sie zu den vitalsten Lösungen: Baselitz, Penck, Polke sind heute prominente Beispiele. In dieser Situation der Brüche entwickelten die Künstler Abwehrstrategien und Überlebensentwürfe, um sich neue geistige Räume und Perspektiven zu eröffnen. Am Beispiel Sigmar Polkes zeigt nun der Herausgeber, wie sich der junge Künstler den Zumutungen von Stilbildung und Abstraktion verweigert und «den Zwischenraum als Stützpunkt» erobert. Johannes Gachnang macht aufmerksam auf den in Polkes Zeichnungen ablesbaren Widerstand gegen die amerikanische kulturelle Herausforderung von Pop und Minimal Art. Auf die Lakonismen eines Frank Stella, «What you see is what you see», reagiert der junge Deutsche mit Schlagzeilen der aufblühenden Illustriertenkultur, mit «Junge, komm bald wieder». Am Beispiel eines schwarzweissen Rasterbildes von 1965 mit dem nahrhaften Titel BERLINER (Sigmar Polke) entwickelt der Herausgeber neue und bislang vermisste Reflexionen zum Kampf der deutschen

Maler um die Farbe und zu dessen Bedeutung zur Aufbewahrung der eigenen Geschichte. Stichwort: ästhetisches Gedächtnis.

Wenn in diesem Buch ein spezielles holzhaltiges Papier verwendet worden ist, so hat das nichts mit Nierentischnostalgie zu tun, sondern vermittelt ganz sinnlich die «glückliche Ärmlichkeit jener Jahre» und verlangt damit für die wenig spektakulären Zeitumstände diejenige Würde, die ihnen im Hinblick auf das spätere Werk Sigmar Polkes zukommt.

Die vom eigenen Erleben gefärbte Rekonstruktion der Berliner Jahre lässt ein anderes wesentliches Credo des Verlegers nachvollziehbar werden: «Wir leben im Jahrhundert der kleinen Leute mit den grossen Ideen!»

Johannes Gachnang begreift Kunstwerke aus der kulturellen Landschaft, in der sie geschaffen wurden, und ruft Carl Andre zum Zeugen auf, der befand: «Nur der Tote hat keine Umgebung!» Aus diesem unüblich gewordenen Verständnis heraus lassen sich die Zukunftsperspektiven der Kunst bestimmen, ihre Resistenzkräfte gegen Identitätsverlust: «Vielleicht kann man einen Virus aussetzen, auf den ja dann reagiert werden muss. Ich setze auf den Dialog, was wir auch in der DOCUMENTA 7 versucht haben.»

In der Rückschau beschreibt er die Berner Kunsthalle als ein «wundervolles Orchester» für die von ihm geforderte Zukunftsmusik, «wo die Gegensätze nur so aufeinandergeprallt sind und der Besucher jedesmal ein neues Bild kriegen sollte». In der internationalen Begegnung von Künstlern realisiert er derzeit gemeinsam mit Rudi Fuchs dieses Ausstellungskonzept der Konfrontation und des Dialogs im Castello di Rivoli bei Turin. Die zurzeit grösste Herausforderung bedeutet ihm eine Ausstellung, die er

zusammen mit Siegfried Gohr vom Museum Ludwig für 1989 erarbeitet und die in der Nachfolge von WESTKUNST und EUROPA/AMERIKA Haltung und Leistungen «seiner» Künstlergeneration ab 1960 zeigen soll – «in der Form des Essays und der Erzählung».

Auch von den Büchern des Verlags geht der unverbrauchte Reiz der Konfrontation aus. Es dreht sich nicht darum, schöne Gegenstände herzustellen, sondern geistige Impulse und weiterwirkende Herausforderungen in die Welt zu setzen. Diese Haltung vermisst Johannes Gachnang bei anderen Verlagen, an die «Verantwortung des Verlegers», etwas herzugeben (wie die Künstler und Dichter es tun), will er nachdrücklich erinnern.

Das Verlagsprogramm enthält deutliche Hinweise, was damit gemeint ist. So findet beispielsweise die Europa-Amerika-Auseinandersetzung eine persönliche Fortsetzung im NEW YORK TAGEBUCH 1984 von Markus Lüpertz. Der Maler registriert die amerikanischen Verhältnisse distanziert und schonungslos und wehrt sich arbeitend gegen die Umzingelung durch Belanglosigkeiten: «Angefangen zu malen mit Pappen und Dreck, während der Rolls Royce aus Farbe und besten Pinseln auf Benutzung wartet.» Per Kirkeby setzt sich in RODIN. LA PORTE DE L'ENFER mit dem Klassiker der Skulptur auseinander und schält in selbstbezogenen, meditativen Gedankengängen dessen ungebrochene Modernität heraus: «R. überwindet die ‹barocke Gefahr›, indem er den Schritt ganz macht und es nach allen Seiten fliegen lässt. Die Explosion reisst die Glieder auseinander. Und dort beginnt die neue Möglichkeit des Statuarischen.»

A.R. Penck trifft auf den Amerikaner Don Van Vliet (Captain Beefheart) und widmet dessen Bildern und Lyrik ein Vorwort (Don Van Vliet. Skeleton Breath,

Scorpion Blush). Zur Debatte stehen die Aufbruchshoffnungen der Silly Sixties, die darauf folgenden Schiffbrüche, die Navigationsversuche einzelner in einer Wüste absorbierender Apparate. Die brüchige und aufsässige Stimme des amerikanischen Rhythm & Blues-Sängers, der sich vom Kommerz nicht korrumpieren liess, dient als Leitmotiv: «Die Stimme war ein Geschenk und legte Zeugnis ab. Zeugnis von Gras, Zeugnis von Schnee, Zeugnis von Fels, Zeugnis von Lava unter dem Fels, Zeugnis von Vulkan und Erschütterungen. Das erschütterte Ich zerstörte die Regeln der Tradition, formt und gestaltet sie um, bis es selbst, Tradition werdend, in die Tradition zurückfällt.»

Die Bücher aus dem Verlag Gachnang & Springer sind aristokratische Naturen in der Buchlandschaft und haben nichts gemein mit den «schmückenden Zitaten, die uns heute den Konsens erhalten, uns auf der anderen Seite aber geistig verdorren lassen», wie der Verleger in einem Artikel über Meret Oppenheim schrieb.

Gewiss verdanken sie sich einer historisch einmaligen Erfahrung und immer wieder der persönlichen und verantwortlichen Begegnung mit Künstlern. Wenn der deutsche Dichter Bertolt Brecht zum Qualitätsmassstab eines Theaterstücks erhob, dass dem Betrachter dabei die Zigarre nicht ausgehen dürfe, so gilt das erst recht für diese Bücher. Johannes Gachnang gibt mit ihnen viel her und setzt auf ein Publikum, von dem Markus Lüpertz behauptet, es sei «bei guter Laune des Künstlers verführbar bis zur Liebe».

DECENTLY FACING THE 21ST CENTURY

The Publisher Johannes Gachnang

RUDOLF SCHMITZ

Johannes Gachnang has a predilection for quotations, his own and others'. He places them in letters, articles and the occasional

RUDOLF SCHMITZ is an author and critic living in Frankfurt.

lecture with the anarchy of conviction and the generosity of a Maecenas. This particular mixture is worth investigation. At our first meeting, while we were talking about his attitude and the prospects of art, I was impressed by a remark made in passing, "What bothers me is how we can decently face the 21st century." Sometimes his concise comments disengage themselves from his imposing person and stand in space like images waiting to be activated. He then gallantly dismisses them with a casual remark like "On verra bien!"

In order to understand his person and the character of his publishing house, one must realize that Johannes Gachnang is not only a man of global perspective, who expects a great deal of himself, of the artist and of the public, but above all an alluder, a carrier of atmosphere. The delicacy and reserve of allusion that characterizes the generous potential underlying his relationship with his artists is beautifully illustrated by "Dubuffet's story of the flutist in the Sahara" who "carved six holes into a piece of rosewood in order to play on two or perhaps three of them, thinking the while less of the music than of letting the holes speak to each other."

This tension between the highest of standards and the allusive minimalism of a truly open mind is also reflected in Gachnang's books. Fractious personalities are set before the reader. Spending time with them is like going to a good exhibition: you have to work at understanding them, you have to let them sink in, and when you think you've understood, their elusiveness forces you have to try again from another angle. Instead of selling themselves, they seem to ignore the reader.

The books are meticulously crafted but not uniform in style; each one is different. Oblivious to the pragmatic considerations of the usual off-set mentality, they embody the tradition of beautiful books as shown by the careful choice of paper to ensure the highest standards of reproduction and printing – with a typography of classical permanence and an unmistakable hierarchy of word and picture that successfully precludes a precocious reconciliation.

The traditionalist in Johannes Gachnang also explains his affinity with the great Parisian publishers of the 30s and 40s: Zervos and his CAHIERS D'ART, Teriade and VERVE, Skira and his "Minotaurs" or "Labyrinths," all products with a personal stamp, which have become treasures of the

publisher's trade and coveted collector's items. Gachnang sees the spirited exchange of ideas among the writers, artists and philosophers of that period as an exemplary pioneering achievement.

Founded in 1983, Gachnang & Springer have issued over a dozen books: catalogues of graphics and selected drawings, essays and other writings by artists like Georg Baselitz, Per Kirkeby, Pierre Klossowski, Markus Lüpertz, Meret Oppenheim, Sigmar Polke and Don Van Vliet alias Captain Beefheart. A volume of selected drawings by A.R. Penck or sculptures by Jean Dubuffet (PETITES STATUES DE LA VIE PRÉCAIRE ET D'AUTRES) is in preparation.

Most of these names recall Johannes Gachnang's days as director of the Kunsthalle in Bern (1974–1982). As the first curator in Switzerland to mount shows of artists like Baselitz, Kirkeby, Lüpertz or Penck, he contributed significantly to their current acclaim. His work as a publisher has served to guarantee continuity in his contact with artist-friends and in the catalogue-style launched by the Kunsthalle under his aegis. The transition to the more permanent medium of the book is not a gesture of idolization or a posteriori consecration, but an act of natural and unassuming grace. Nor do the publications take the form of monographs. Instead a private and intimate atmosphere prevails through the documentation of specifically defined phases of an artistic oeuvre or the details of a concentrated period. The publications leave room for the open-endedness of work in constant flux, while also touching upon the mystery of a hidden whole. A refreshing lack of finality is retained in sketchbooks, reflections, artistic platforms, introspective essays and pamphlet-like statements. Artist's texts are treated with great care and given the attention that genuine work in progress requires. "Artists will use words but only in order to re-invoke images, to transfix them, which is what

they try to do when they paint or draw."

Gachnang's books are like uncut gems – matter-of-fact, unadorned, even without style. Their message is the earnestness, the immediacy and the melancholy of artistic work. It is conveyed as much by a catalogue of Georg Baselitz's graphics as by Meret Oppenheim's AUFZEICHNUNGEN (NOTES) 1928-1985. Daily life is not merely a backdrop; it is the current that feeds artistic creativity: the long breath of dreams in a waking state.

The publications of Pierre Klossowski's essay, DIE ÄHNLICHKEIT ("The Similarity"), testifies to Johannes Gachnang's receptiveness to marginalia, to events on the sidelines of art history. The blend of curiously clumsy, yet obsessive drawings with an intellectual commitment of the highest order compels us to review our understanding of "dilettantism."

But how can a passion for marginalia, for details, for declassification be reconciled with the deeply rooted utopian ideal of "getting the world together again one last time?" The answer lies in Gachnang's history, in his pursuit of ideals, his involvement and friendship with artists and his years in Berlin in the early 60s. It was there that he met Rudolf Springer, art dealer par excellence, who became his mentor and fatherly friend. The name Gachnang & Springer commemorates this relationship. Another profound source of inspiration was the architect Hans Scharoun, with whom he worked while living in Berlin. Finally, he owes many exciting discoveries and encounters in Berlin to his friendship with his contemporary, the art dealer Michael Werner. In the foreword to his latest publication of drawings by Sigmar Polke, 1963–1969, Johannes Gachnang relives these decisive years in Berlin. He has repeatedly drawn attention to the difficult position of artists in post-war Germany. After 1945 until well into the 70s, they had to deal with multiple fractures of their cul-

tural and spiritual identities before they could "work on the picture" again. For artists from the eastern part of Germany, the contradictions cut even deeper, which may explain why they often come up with such explosively vital solutions. I am thinking of people like Baselitz, Penck and Polke. Constantly confronted with ruptures and contradictions, artists adopted defense mechanisms and survival tactics that allowed them to explore new mental spaces and perspectives. Gachnang has chosen Sigmar Polke to illustrate how the young artist counteracts the pressures of style-setting and abstraction by occupying "limbo as a base of operations." The publisher draws attention to the evidence in Polke's drawings of resistance to the cultural thrust of Pop and Minimal Art in America. In response to statements like Frank Stella's laconic "What you see is what you see," the young German artist appropriated the slogans of a blossoming magazine-culture, like JUNGE KOMM BALD WIEDER! ("Young man come back soon!"). A black-and-white, enlarged halftone picture of 1965 titled BERLINER (by Polke) serves as the basis for Gachnang's new and welcome reflections on the German artist's struggle with color. Its significance in preserving personal history is tantamount to aesthetic memory.

The use of special wood-pulp paper for this book of Sigmar Polke drawings has nothing to do with kidney-table nostalgia. Instead, it physically conveys "the happy want of those years," thus lending rather unspectacular times and circumstances the dignity they deserve, especially in view of Polke's later work.

The personally shaded reconstruction of Berlin in the 60s reveals another of this publisher's credos: "We are living in a century of little people with big ideas." Johannes Gachnang understands artworks in terms of the cultural landscape in which they were created and calls on Carl Andre's testimony: "Only a corpse has no environment." This

currently offbeat insight may point the way to the future of art, to its ability to resist the loss of identity: "Perhaps a virus could be spread to which one would have to react. I am counting on the dialogue, which is what we tried to do at DOCUMENTA 7."

Looking back, he describes the Kunsthalle in Bern as a "wonderful orchestra" to play the music that he proposed for the future, "where contradictions collided en masse and the visitor was supposed to get a new picture each time." Gachnang is currently putting his concept of confrontation and dialogue into practice at an international meeting of artists, which he is organizing with Rudi Fuchs in the Castello di Rivoli near Turin. The greatest challenge at the moment, however, is the preparation of an exhibition in collaboration with Siegfried Gohr of the Ludwig Museum to open in 1989. It will show the attitudes and output of "his" generation of artists after 1960, the successors of WESTKUNST and EUROPE/ AMERICA "in the form of essays and narratives."

Gachnang's books also have the untarnished appeal of confrontation. The objective is not to produce beautiful objects but to send out mental impulses and ongoing challenges. Johannes Gachnang looks in vain for this approach among other publishers, for he lays great store in the "publisher's responsibility" to make a commitment (as do artists and writers).

His publications clearly testify to these aspirations. Thus, Markus Lüpertz' NEW YORK TAGEBUCH (DIARY) 1984 is a personal sequel to the European/American confrontation. The painter registers American conditions with merciless detachment and fights off encroaching banality by getting down to work: "Started to paint with cardboard and dirt while the Rolls Royce of pigments and top-of-the-line brushes sits around waiting to be used." In RODIN, LA PORTE DE L'ENFER, Per Kirkeby ruminates

on one of sculpture's greats and retrieves Rodin's unbroken modernity in self-referential, meditative streams of thought: "Rodin overcomes the 'Baroque threat' by going all the way and letting things fly in all directions. The explosion tears the limbs apart. And that is where the new potential of statuary begins."

A. R. Penck meets up with the American Don Van Vliet (Captain Beefheart) and dedicates a foreword to his poetry and pictures (Don Van Vliet, SKELETON BREATH, SCORPION BLUSH). The topics are the rebellious hopes of the Silly Sixties, the ensuing shipwrecks and the navigating attempts of absorbing apparatuses in a desert. The leitmotif is the hoarse and mutinous voice of an American rhythm-and-blues singer who refused to let commerce corrupt him: "The voice was a gift and it bore testimony. Testimony to grass, testimony to snow, testimony to rock, testimony to lava under the rock, testimony to volcanoes and quakes. The shaken ego destroyed the rules of tradition, reshaped them, redesigned them, until, becoming tradition, it returns to tradition."

Gachnang & Springer publications are aristocratic natures in the landscape of books and have nothing in common with the "decorative quotations, which allow for a consensus but, on the other hand, leave us to dry up mentally," as Gachnang wrote in an article about Meret Oppenheim. His books certainly do benefit from a unique historical background and the cultivation of personal, committed contact with artists. The German dramatist Bertolt Brecht measured the quality of a play by whether the spectator let his cigar go out or not – a most appropriate criterion for these books as well. They offer some very challenging reading but then Johannes Gachnang reckons with an audience, of whom Markus Lüpertz claims that it can even be "seduced into loving if the artist is in a good mood."

(Translation: Catherine Schelbert)

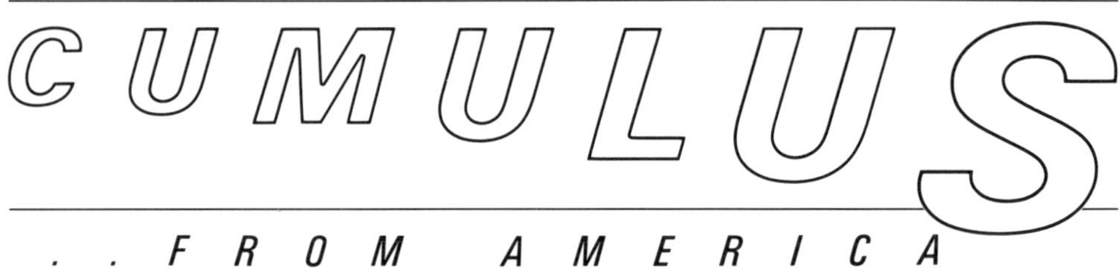

Our column "Cumulus" presents thoughts, personal perspectives and notable encounters, not in the sense of professional art criticism, but rather personal statements of professional endeavor. In each issue of Parkett "cumulus clouds" float in from America and Europe to all those interested in art.

Our contributors to this issue are Dan Cameron and Renate Puvogel.

Dan Cameron has lived in New York since 1980. Along with writing and organizing exhibitions, he is the vocalist for INFRA-DIG, a pop-music group.

Renate Puvogel is an art historian and critic working at the Suermondt-Ludwig-Museum in Aachen.

THE TYRANNY OF THE AVANT-GARDE

DAN CAMERON

Every few years or so, the New York art world eagerly participates in the observance of a local ritual which might be referred to as the "passing of the avant-garde." Heeding public appeals for reform, the entire tribe gathers somberly at the edge of the Pit of Discourse. Younger artists begin to rail at their elders for recent crimes of excess or neglect, and much speaking in tongues takes place.

Those who have not heeded the winds of change are cast outside the protective circle by those who have most recently and enthusiastically converted to the new beliefs. Selected canons are read aloud to the throngs, capable high-priests are selected, and all of the different clans return to their outposts bearing glad tidings of the new regime. Following an

extended period of celebration and recovery, during which new boundaries are drawn and mapped out, the rumblings of change begin to be heard a new...

This all-purpose rite of passage has spawned a technique for marketing contemporary art that willfully distorts the original intentions of the early avant-garde pioneers from the Modern Period (or even the early days of the New York

School). The most excrutiatingly avant-garde approach will invariably be rewarded today with a shower of glory and gold. The resultant confusion between cultural and monetary value which confront committed avant-gardists (spectators as much as creators) today need not be interpreted to mean that our collective mission of extending the bound-aries of artistic investigation has simply run aground upon the shores of usury. All it means is that the artist who best flaunts his/her contempt for a decayed or out-going style becomes the timeliest investment, the surest hedge against hard times ahead.

However, observing the types of pressures which are brought to bear on the contemporary New York artist, it can sometimes be wondered whether or not the process of experimentation – as opposed to avant-gardization – has largely vanished from the repertoire of the ambitious yet creative mind. Artists today seem much less involved in making actual breakthroughs than in painstakingly reconstructing the cultural signposts of a memorable avant-garde career. Even when these signposts indicate that one must overturn the example of one's predecessors, the revolt is presented as a single stage in a finite process whose predetermined goal is the ascendancy of one more creative individual to the rank of demi-god. If you choose not to smash the patriarch's image, then somebody else will jump in ahead and steal your rage (and your place in line).

Ultimately, the "romance" of Picasso and the "analyticity" of Duchamp survive today not as aspects of their works per se, but as abstractions of style brought in to as-sume the opposite sides of an unwinnable debate about style in which neither artist is permitted the luxury of self-contradiction. The rhetorical position one is expected to take relative to this art-as-encoded-history entails both a deep reverence for one's stylistic forebears and a symbolic revulsion towards their opponents. And since there is no way to overthrow an historical figure who is already dead and buried, the ambitious artist must turn his or her attention to aesthetic problems created by those already in power – i.e., the ones who claim to be recontextualizing the identical debate in more current terms. This point from which one presents one's work is thus fully relativized in terms of work made by other artists to which it can be most readily contrasted as a corrective measure (hence, the Post-Impressionists in relation to the Impressionists, the Abstract Expressionists in relation to the American Abstract Artists, Warhol in relation to de Kooning, Schnabel in relation to pattern-painting, Halley in relation to Schnabel).

Because of a collective discomfort with the rampant mythologizing which had attached itself to neo-expressionist painting in its New York manifestation, much of the art which is now most visible here was first accepted as an antidote to, or fringe parody of, that particular climate. The first encounter between a dominant art form and that which will replace it is always an edgy moment, but in this case there was a mutual sizing up of both sides which seemed to indicate that everything to follow was preordained. And as expected, the loudest cries of protest did not come from those whose livelihoods had been most thoroughly entwined with the trans-avant-garde's interests, but rather from those who were just getting their careers off the ground. The surprise is that after insisting that the ritual scenario had finally worn out its welcome, the neo-conceptualists have simply replaced the strewn fragments of fallen idols with a mirrored (if contrasting) pantheon of graven images. Another result is a rigidification of potential meanings which ultimately excludes many more styles and artists than it embraces. Not only is the underlying exclusionist principle of connoisseurship a deadly tool when wielded with a vendetta, but once more, the push to open up meaning has led to an overall collapse of signification which no single quarter is responsible for, but in which each participant is singularly complicit. However, because so much of the current art makes an analysis of aesthetic content central to its meaning, it would have seemed somehow to be less prone to censoring somebody else's tastes for the sake of "progress."

On the surface, there seems to be something fishy about our degree of participation in a mythologizing process which is regarded half-jokingly by the majority of its participants. The most common rationale offered for the art world's continuing historico-fictive mode of operation is that it must be serving a purpose to have lasted this long. The problem with this reasoning is that the machinery of belief in the avant-garde was not significantly realigned during the transition from modernism to postmodernism, so we've been left with little more than an endlessly repeated cycle of pendulum swings – from hot to cool, from heroic to ironic, from post- to neo- and back again. It would be a vain effort to attempt to re-direct the movement of this pendulum without first getting at the mechanism itself, or at least asking a few uncomfortable questions. Why, for example, is it so crucial to the emergence of new ideas that they cancel out or correct the stylistic preoccupations of the immediate past (and the impending future)? Couldn't the endless parade of model movements be replaced instead by an equally artificial system of limited style possibilities that are updated periodically, but outside of which the object cannot attain meaning or value? Would art's strategy then be to fight against this straitjacket in turn, conspiring to plunge the artwork into a replay of the modernist/post-modernist historical scenario? And if this were to happen, would it leave us stranded on the far side of populism, dully welcoming each dutiful celebrant with open arms despite our most selfish misgivings as to the quality (ahem) of their ideas?

These are questions that have no easy answers, but which are important to revive each time the carousel slows down just long enough to let on a few more would-be subversives. It is now possible to imagine that the age of the avant-garde's tyranny over artistic production (not to mention distribution) will begin drawing to a close, but it is much harder to predict that its replacement will take the form of, say, Chinese landscape painting after several centuries of stylistic evolution, whereby the freshly trained novitiate chose from several distinct traditions, each one maintaining its own historical code of meanings and values. A more nostalgic version of the same concept would allow for technical hybrids within each grouping, permitting a single artist to work as a photo-conceptualist, expressionist, realist, wood carver, industrial designer, craftsperson and abstract painter at one and the same time.

Imagine the art world of the future. Children are playing, birds are singing: the Style Wars are over at last. Contradictory impulses co-exist as peacefully as if each is the freshest new trend in the marketplace (which it by definition must be and yet cannot be). Students trundle off to the National Academy of Reductivist Tendencies, waving goodbye to their peers who have chosen the curriculum at the School of Expressionist Painting & Sculpture. All is harmonious and upbeat, and barely anybody remembers the period of separation of styles, except as a hundred-year transitional phase that left behind a lot of good art but also a disproportionate amount of doctrine. Somewhere in the background lurks a restless, disgruntled soul who cannot accept the present situation and fantasizes about the past as a time of excitement and anxiety, a time when one could barely turn around without glimpsing something radically, bracingly new barely discernible on the distant horizon...

DIE TYRANNEI
DER AVANTGARDE

DAN CAMERON

Alle paar Jahre vollzieht sich in der New Yorker Kunstwelt ein bestimmtes Ritual, das man als «Avantgarde-Wechsel» bezeichnen könnte. Das wachsame Publikum ruft nach Reformen, und die ganze Meute versammelt sich auf den Rängen der «Diskurs-Arena». Die jüngeren Künstler werfen den älteren vor, was diese sich in letzter Zeit an Zuviel oder Zuwenig zuschulden kommen liessen, und so mancher spricht in wundersamen Rätseln. Wer den Richtungswechsel verpasst hat, muss im erlauchten Kreise jenen Platz machen, die besonders flink und enthusiastisch zum neuen Glauben konvertierten. Neue Kriterien werden der Masse vorgebetet, potente Hohepriester erkoren. So kehrt denn jeder Clan auf seinen Aussenposten zurück und verkündet die frohe Botschaft vom neuen Regime. Dann folgt eine ausgedehnte Feier- und Erholungsphase, in der die neuen Grenzen abgesteckt werden, während allmählich das Rumoren der Veränderung aufs neue vernehmbar wird...

Dieser allumfassende «Rite de passage» hat eine Vermarktungs-Technik von zeitgenössischer Kunst hervorgebracht, die die

In der Rubrik «Cumulus» sollen Meinungen, persönliche Rückblicke, denkwürdige Begegnungen rapportiert werden – nicht im Sinne einer professionellen Kunstkritik, sondern als persönliche Darstellung einer berufsmässigen Auseinandersetzung. In jeder Ausgabe von Parkett peilt eine «Cumulus»-Wolke aus Amerika und eine aus Europa den interessierten Kunstfreund an.

Die Beiträge dieser Ausgabe stammen von Dan Cameron und Renate Puvogel.

Dan Cameron lebt seit 1980 in New York. Er schreibt, organisiert Ausstellungen und ist ausserdem Sänger der Pop-Gruppe INFRA-DIG. Renate Puvogel ist Kunsthistorikerin und -kritikerin, sie arbeitet im Aachener Suermondt-Ludwig-Museum.

ursprünglichen Intentionen avantgardistischer Pioniere der Moderne (ja selbst der New York School in ihren Anfängen) bewusst auf den Kopf stellt. Noch die schauderhafteste Erscheinungsform von Avantgarde wird heute ohne Unterschied mit Glanz und Gloria bedacht. Die daraus resultierende Vermengung von kulturellem und monetärem Wert, der sich der Avantgarde verpflichtete Betrachter ebenso wie der Schöpfer heute gegenübersehen, müssen wir nicht einmal unbedingt als Zeichen dafür werten, dass unsere kollektive Mission, die Grenzen künstlerischer Forschung zu erweitern, schlicht und einfach im Wucher versumpft ist. Sie bedeutet eigentlich nur, dass genau die Künstler, die ihre Verachtung für einen zu Ende gehenden oder bereits überholten Stil am besten zur Schau zu tragen wissen, die beste Kapitalanlage und der sicherste Schutz gegen schlechte Zeiten sind.

Wenn man sich aber den ganzen Druck vor Augen hält, dem ein New Yorker Künstler gegenwärtig ausgesetzt ist, dann mag man sich fragen, ob der Vorgang des Experimentierens – im Gegensatz zum Avantgardisieren – nicht weitgehend aus dem Repertoire des ambitionierten, aber dennoch kreativen Geistes gestrichen ist. Einen tatsächlichen Durchbruch zu erzielen scheint den heutigen Künstler weit weniger zu interessieren als vielmehr beflissen die kulturellen Meilensteine einer denkwürdigen Avantgarde-Karriere zu rekonstruieren. Und selbst wenn diese Meilensteine dafür stehen, dass man das Beispiel seiner Vorläufer überwinden muss, dann stellt sich die Revolte als einzelner Abschnitt innerhalb einer von vornherein vorgezeichneten Entwicklung dar, deren Sinn allein darin besteht, dass noch ein kreatives Individuum mehr in den Rang des Halbgottes erhoben werde. Entscheidest du dich hingegen, das Vaterbild nicht zu zerschlagen, dann springt für dich ein andrer ein und stiehlt dir die Schau (sowie deinen Platz in der Hierarchie).

Picassos «Romantik» und Duchamps «analytischer Geist» überleben heute letztendlich nicht als Aspekte der jeweiligen Arbeit an sich, sondern als zwei Abstraktionen eines Stils, die als Antagonisten innerhalb einer gar nicht zu gewinnenden Auseinandersetzung gesetzt werden, in welcher sich auch kein Künstler den Luxus des Selbst-Widerspruchs leisten kann. Gemäss dieser «Kunst-als-Geschichts-Kodifizierung» haben wir eine rhetorische Position zu beziehen, die zugleich tiefe Verehrung für die stilistischen Vorläufer und symbolische Abkehr von deren Gegenspielern verlangt. Und da es bei einer historischen Figur, die bereits tot und begraben ist, nichts mehr zu stürzen gibt, muss der ambitionierte Künstler sich jenen ästhetischen Problemen zuwenden, welche von denen besetzt sind, die schon «am Ruder» sind – d. h. denjenigen, die für sich in Anspruch nehmen, sie übertrügen den ursprünglichen Konflikt auf einen aktuellen Kontext. Man präsentiert also seine Arbeit von einer Warte aus, die sich ausnahmslos aus dem Bezug zum Werk anderer Künstler bestimmt, welchem sie sich am besten als Korrektiv entgegensetzt. (Also: Post-Impressionisten in bezug auf die Impressionisten, Abstrakte Expressionisten in bezug auf die amerikanischen Abstrakten, Andy Warhol in bezug auf Willem de Kooning, Julian Schnabel in bezug auf Pattern-Painting, Peter Halley in bezug auf Schnabel.)

Da über die zunehmende Mythologisierung, die sich der neo-expressionistischen Malerei New Yorker Façon bemächtigt hatte, allgemeines Unbehagen herrschte, betrachtete man ein gut Teil jener Kunst, die wir heute vor allem zu sehen bekommen, zunächst als eine Art Gegenmittel oder Seitenhieb auf diese Stimmungslage. Die erste Begegnung zwischen einer dominanten

Kunstform und derjenigen, die sie ersetzen wird, ist immer eine brenzlige Angelegenheit, aber in diesem Fall schien das gegenseitige Abtaxieren der beiden Seiten darauf hinzudeuten, dass alles Weitere von vornherein feststand. Und so kam der lauteste Protest wie erwartet nicht von denen, deren Lebensbedingungen am unmittelbarsten mit den Interessen der Trans-Avantgarde verknüpft sind, sondern von seiten jener, die gerade ihre Karriere angekurbelt hatten. Überraschenderweise aber ersetzten die Neo-Konzeptualisten – nachdem allseits beteuert worden war, das rituelle Szenario habe nun endgültig ausgedient – die Bruchstücke gefallener Idole schlicht und einfach durch ein (wenngleich konträres) Spiegel-Pantheon der Götzenbilder. Das brachte zudem eine Einschränkung der Bedeutungsmöglichkeiten mit sich, die letztendlich vielmehr Stile und Künstler ausschliesst als sie zulässt. Zum einen erwies sich die hier zugrundeliegende Ausschliesslichkeit des Kennerschafts-Prinzips, gehandhabt mit den Methoden der Blutrache, als tödliche Waffe; und zum andern mündete der Versuch, die Grenzen der Bedeutungsmöglichkeiten zu erweitern, wieder einmal in einen allgemeinen Zerfall von Bedeutung überhaupt, woran nicht irgendeine bestimmte Gruppierung schuld ist, wohl aber jeder einzelne Beteiligte seinen Teil mitgewirkt hat. Jedenfalls hätte eine Kunst, welche, wie gegenwärtig so verbreitet, die Analyse des ästhetischen Gehalts zu ihrem Inhalt macht, eigentlich gefeiert sein können gegen die Zensierung des Geschmacks anderer Leute im Namen des «Fortschritts».

Augenscheinlich ist da wohl etwas faul an dem Ausmass, in dem wir an einer Mythologisierung mitwirken, welche von der Mehrheit der Beteiligten zugleich halb ironisch betrachtet wird. Die verbreitetste Erklärung für diesen fiktiv-historischen Handlungs-Modus beruft sich darauf, dass er irgendeinen Zweck gehabt haben muss, wenn er sich

solange halten konnte. Der Haken an dieser Argumentation ist, dass der Mechanismus des Glaubens an die Avantgarde im Verlaufe des Übergangs von der Moderne zur Post-Moderne keine wesentliche Wandlung vollzogen hat, so dass wir uns in einem mehr oder minder endlosen Zirkel von Pendelschlägen bewegen – von heiss nach kalt, vom Heroischen zum Ironischen, von «post-» zu «neo-» und wieder zurück. Es würde überhaupt nichts nützen, wenn man versuchte, die Schläge dieses Pendels umzuleiten, ohne sich zunächst mit dem Mechanismus selbst zu befassen oder doch wenigstens ein paar unbequeme Fragen zu stellen. Warum beispielsweise ist es beim Auftauchen neuer Ideen von so entscheidender Bedeutung, dass sie die Stil-Vorstellungen der unmittelbaren Vergangenheit (und der nächsten Zukunft) über den Haufen werfen oder korrigieren? Liesse sich die endlose Parade wechselnder Idealvorstellungen nicht durch ein ebenso künstliches System begrenzter stilistischer Möglichkeiten ersetzen, die regelmässig auf den neuesten Stand gebracht werden, ausserhalb dessen ein Objekt aber weder Gehalt noch Wert erlangen kann? Würde die Kunststrategie ihren Kampf dann wiederum gegen diese Zwangsjacke richten und das Kunstwerk einer neuerlichen geschichtlichen Inszenierung von Moderne und Post-Moderne verschreiben? Und wenn es tatsächlich so käme, fänden wir uns dann an den fernen Ufern des Populismus (Populism = Prinzipien der People's Party, A.d.Ü.) wieder, wo wir beflissen jeden willigen Zelebranten mit offenen Armen aufnehmen, unsern höchst eigennützigen Zweifeln an der Qualität (hm) seiner Ideen zum Trotz?

Auf diese Fragen findet sich nicht leicht eine Antwort, aber sie zu stellen ist immer dann wichtig, wenn das Karussell so langsam wird, dass wieder ein paar Möchtegern-Revoluzzer aufspringen können. Inzwischen ist durchaus vorstellbar, dass die Tyrannei der Avantgarde über die Kunst-Produktion

(ganz zu schweigen von deren Markt) allmählich dem Ende zugeht; unsicher dagegen ist die Voraussage, dass sie beispielsweise durch eine der chinesischen Landschaftsmalerei am Ende einer mehrhundertjährigen Entwicklung ähnliche Form ersetzt werde, wo der frisch ausgebildete Neuling unter verschiedenen Traditionen wählt, deren jede ihre eigene historische Bedeutungs- und Wert-Kodifizierung birgt. Die nostalgische Version dieser Vorstellung lässt innerhalb der einzelnen Gruppen den technischen Mischtypus zu, so dass sich ein einzelner Künstler zugleich als Photo-Konzeptualist, Expressionist, Realist, Holzschnitzer, Industrie-Designer, Handwerker und abstrakter Maler betätigen kann.

Stellen wir uns die Kunstwelt der Zukunft vor. Spielende Kinder, zwitschernde Vögel: der Krieg der Stile ist endlich vorbei. Widersprüchliche Impulse existieren so friedlich nebeneinander, als wären sie jeder der allerneuste Trend auf dem Markt (was sie per definitionem sein müssen und doch nicht sein können). Studenten tummeln sich an der Nationalen Akademie für Reduktivistische Tendenzen und winken zum Abschied ihren Kameraden zu, die sich für den Unterricht an der Schule für Expressionistische Malerei & Skulptur entschieden haben. Alles ist harmonisch und in schönster Ordnung, kaum jemand erinnert sich an die Zeit der getrennten Stile, ausser dass es da eine hundertjährige Übergangsphase gab, die eine Menge guter Kunst, aber auch unverhältnismässig viel Doktrinäres hinterliess. Irgendwo im Hintergrund aber lauert ein ruheloser, unzufriedener Geist, der sich mit der gegenwärtigen Situation nicht abfinden mag, und träumt von der Vergangenheit als einer Zeit voller Aufregung und Unruhe, einer Zeit, in der man bei jedem Schritt auf etwas radikal Neues stiess – und die sich kaum wahrnehmbar am Horizont ankündigt...

(Übersetzung: Elisabeth Brockmann)

C U M U L U S

. . . V O N   E U R O P A

«Es macht mir nichts aus,

meilenweit von anderen

entfernt zu sein.»

EVA HESSE in einem Interview mit Cindy Nemser 1970

RENATE PUVOGEL

Die Kunstszene zeigt sich heute vielgestaltig, uneinheitlich, widersprüchlich, ohne Trend – welch wohltuende Verunsicherung. Ich glaube, dass den weiblichen Vertretern der Bildenden Zunft eine wesentliche Rolle darin zukommt, eingleisige Entwicklungen zu durchkreuzen, reglementierte Marktmechanismen zu unterlaufen. Diese Tatsache macht es den Künstlerinnen nicht eben einfacher, sich Gehör zu verschaffen, aber es ehrt sie, und sie werden sich auf Dauer behaupten.

Es soll hier stellvertretend nur auf das Werk von fünf Künstlerinnen verwiesen werden, Frauen, bei denen ich auf eine gewisse Kenntnis der «Parkett»-Leser bauen kann: Rebecca Horn – Christiane Möbus – Jenny Holzer – Rosemarie Trockel – Katharina Fritsch. Das Wesentliche, das diese Künstlerinnen miteinander verbindet, ist die herausragende, unverwechselbare formale und inhaltliche Qualität ihrer Arbeiten. Ob ursprünglich ein emanzipatorischer Impetus dazu beigetragen hat, dass das einzelne Werk von unvergleichlicher Erfindungsgabe, geistig-sinnlicher Ausstrahlung, von aktueller und zeitübergreifender Aussage und technischer Beherrschung, kurz, von einer überzeugenden Authentizität gekennzeichnet ist, weiss ich nicht zu sagen. Ähnlich wie die russischen Konstruktivistinnen haben sich heute «viele Frauen ... von der traditionellen Malerei zurückgezogen und sich (...) den Technologien der Massenproduktion zugewandt: Typographie, Photographie, Kinematographie, Lithographie, Video usw. Eng verbunden mit dem Gebrauch von Mitteln der mechanischen Reproduktion ist die Tatsache, dass die meisten Künstlerinnen sich heute aktiv dem Angriff auf die zwei zentralen Grundsätze der westlichen patriarchalischen Kultur verschrieben haben, nämlich dem Individualismus und der Originalität.»[1] Hier braucht man nur an Cindy Sherman, Ulrike Rosenbach, Barbara Kruger, Maria Nordman oder Liliane Vertessen zu denken.

Keine der Künstlerinnen ist also einem bestimmten Stil zuzurechnen, die meisten überschreiten die traditionellen Medien und kosten die Möglichkeiten und Freiräume aus, die seit Jahrzehnten für die Kunst erobert wurden. Ihre Nähe zu Theater, Literatur, zur Performance ist in der mimetischen Geste, in der Dreidimensionalität, der Inszenierung und in der Affinität zum Wort sichtbar. Die Künstlerinnen behaupten sich als Einzelkämpfer, als Grenzgänger, ihr Platz liegt im Abseits oder, wie Eva Hesse es für sich konstatiert, «in der totalen Abwegigkeit». Hiermit ist nicht etwa Verstiegenheit, Weltfremdheit gemeint, sondern eine Rigorosität und Unbestechlichkeit, die ihr Werk beispielhaft werden lässt. Die Künstlerinnen arbeiten nicht ausserhalb der Realität, sondern vielmehr subversiv an ihrem Rande, an ihren empfindlichen Stoss- und Anstosszonen, und sie schlagen sie mit ihren eigenen Mitteln. Dadurch ist es den Frauen möglich, neben dem Fassbaren, Gegenwärtigen auch das Irreale, welches von der Künstlichkeit des Abstrakten bis zum Magischen reichen kann, in ihr Werk hereinzuholen.

Obgleich die Frauen der feministischen Bewegung viel verdanken, soll hier nicht einer Frauenkunst, schon gar nicht einer feministischen Kunst das Wort geredet werden – Kunst von Frauen trifft die Sache schon besser als Frauenkunst –, ich möchte im Gegenteil behaupten, dass die Leistung dieser Künstlerinnen gerade daraus resultiert, beides, Männliches und Weibliches, zum Einsatz zu bringen. Analog liesse sich dies auch für männliche Künstler nachweisen, man denke etwa an Boltanski, Twombly oder Laib. In ihrem Werk ist ebenso Härte und Aggressivität wie Sensibilität und Fragilität zu finden, da paart sich Individuelles mit Überpersönlichem, Sachliches mit Emotionalem, Sinnlichkeit mit Vernunft, Momente des Technischen, Funktionalen sind mit Naturhaftem, Organischem verbunden. Das Bewusste sucht sich das Unbewusste hinzu, die eigene Erfindungsgabe, Kombinatorik und Weitsicht verleiht dem bloss Gegebenen, Realen eine Dimension des Poetischen, der Phantasie und des Metaphorischen. Ihre Intelligenz schützt sie davor, ungenau und geschwätzig zu arbeiten, es zwingt sie, präzise zu sein; sie kommen entschieden, aber behutsam, auf leisen Sohlen daher und treffen ins Mark. Es zeigt sich, dass sie mit ihrer Konsequenz, Gegensätze bis zu den Grenzen hin auszuloten, ins Zentrum gelangen und die Mitte von Kunst, sozialem und politischem Leben treffen. Die Abwegigkeit entpuppt sich als kunstvoller Pfad auf ein Ausserordentliches hin, das in der Wahrheit beheimatet ist.

Bei den bildhaften Installationen von REBECCA HORN ist die Spannung zwischen Sensibilität und Härte sowohl in der stofflichen Erscheinung als auch in der spirituellen Substanz spürbar. Horn appelliert wie die anderen Künstlerinnen an das kollektive Gedächtnis, dies ist aber stets getragen von ihrer persönlichen Präsenz und Erinnerung. Mit ihren Federkleidern und gesteuerten Hämmerchen ritualisiert sie technoid Künstliches wie Natürliches zu einem Ausdruck von Prägnanz und Schönheit und «pocht» emotionsreiche Vorstellungen wach. Während in dem geschichtsträchtigen Schlaunschen Bau in Münster im Sommer kleine Hämmerchen die feuchten, schaurigen Mauern durchtönten und unheilvolle Erinnerungen wachtrommelten, verrichteten die scharfen, aggressiven Maschinchen als hämmernde «Vogelschnäbel» in Amsterdam (The Europe of Old) ihr unerbittliches Werk im vollen Schein und Widerschein türgrosser Spiegel. In ihnen ist der Betrachter von sich selber verfolgt und als Teilhaber eingefangen in das rhythmische «Ballett der Spechte» und in den Spitzentanz «männlicher und weiblicher» Glastrichter der «Verlobten». Er kann dem vibrierenden Kreislauf von Geschehen und Vergehen nicht entrinnen.

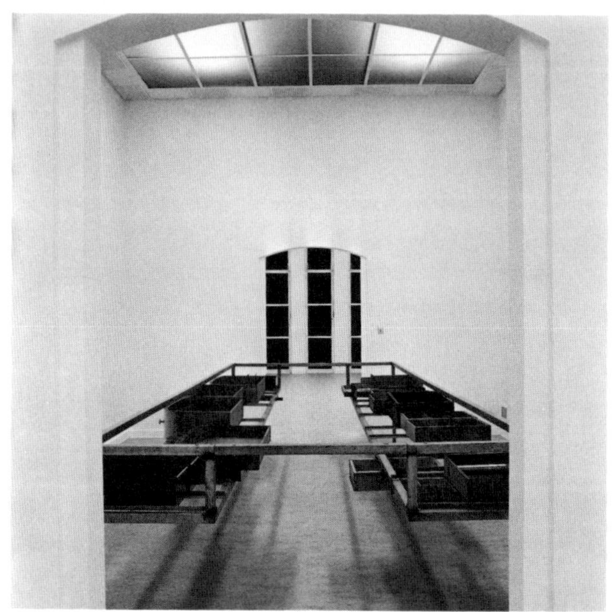

CHRISTIANE MÖBUS, OHNE TITEL / *UNTITLED, 1985–86,*
EISEN, SCHUBLADEN / *IRON, DRAWERS*
560 x 260 x 100 cm / *18' x 8' 6" x 3' 3".*

CHRISTIANE MÖBUS findet für ihre eigenen Ängste, Sehnsüchte, für Gefühltes und Erkanntes eindrückliche Bild-Metaphern, die anrühren und befremden und im Privaten auf Anhieb eine Schicht allgemeiner Relevanz sichtbar werden lassen. Mit traumwandlerischer Sicherheit ordnet sie sparsam und überraschend Gegensätzliches, ja teilweise Unvereinbares aus Vorgefundenem und Selbstgefertigtem einander zu; Möbus arbeitet gleichzeitig konzeptuell analytisch und assoziativ. Die Eindeutigkeit der vereinzelten Dinge wandelt sich in der Kombination zu einer erregenden Offenheit und Vieldeutigkeit. Maschinell Hergestelltes trifft auf Dinge aus der Natur, Scharfkantiges auf Weiches, Geschichte auf Gegenwart. Während Möbus normalerweise die Sinngebung ihrer Objekte durch poetische Zusätze im Titel anreichert, verstärkt in dem raumfüllenden Objekt «o. T.» von 1985/86 gerade die Titellosigkeit den sichtbaren Ausdruck von Verweigerung, Leere, Abwesenheit, Schweigen. Nicht vorstellbar, welche Schicksale sich an die, aus verschiedenstem menschlich-sozialem Kontext stammenden, Schubladen knüpfen. «Ihr Inhalt ist Entfremdung als sinnliche Erfahrung» (Erich Franz). Ihrer Reliquien beraubt, bleibt von den Laden einzig eine formale Brillanz, männliche Kraft und Strenge und die Trauer um verlorenes Leben. Alles drängt nach Sprache und Verständigung und verharrt in Sprachlosigkeit.

JENNY HOLZER argumentiert ausdrücklich mit verbalen Mitteilungen; öffentlich verkündet sie diese auf Transparenten, Leuchtschriftbändern, auf Bänken und Steinplatten. Ihr Sinn liegt auf einem schmalen Grat zwischen Binsenwahrheit, Propaganda, persönlichem Statement und Dichtung. Indem Holzer sich herkömmlicher Werbeverfahren bedient, erreicht sie gleichzeitig offen und subversiv Aufmerksamkeit für ihre an Verantwortung appellierenden Botschaften. Die Arbeiten sind sachlich unterkühlt und zugleich von sinnlicher Schönheit, die Materialien Marmor, Bronze, Neon karg und vielfach genutzt, die Texte differenziert, klug, poetisch, schockierend und visionär. Mit dem Text der hier abgebildeten unscheinbaren bronzenen Hinweistafel charakterisiert die Künstlerin nebenbei ihre eigene Arbeitsweise wie die der hier ins Auge gefassten Künstlerinnen.

ROSEMARIE TROCKEL setzt in ihren Arbeiten das Ornament ähnlich ein wie das Wort. Beides, bildhaftes und verbales Ornament, ist zum Muster oder Entwurf gereiht, es verselbständigt sich und macht darauf aufmerksam, wie leicht hinter der verführerisch schönen Ordnung ein möglicherweise verwerflicher Inhalt übersehen wird. Trockel arbeitet gegenläufig, in scheinbarer Übereinkunft ver-

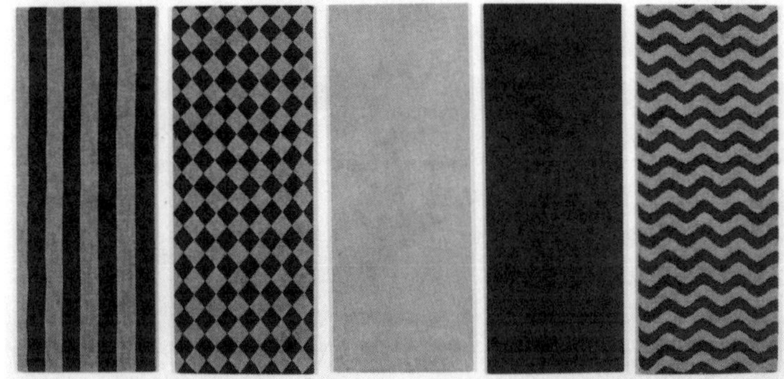

ROSEMARIE TROCKEL, OHNE TITEL / *UNTITLED* (MATRATZENLAGER), 1985.
WOLLE / *WOOL,* 140 x 60 cm / *55" x 23⅗".*

birgt sich Kritik. Indem sie etwa in Strickbildern an eine dem Bereich der Frau zugewiesene Hand-Arbeit erinnert, erobert sie beispielhaft für die Frau die Möglichkeit zurück, im Bereich der Kunst tätig zu sein. Mit dem Schachzug maschineller Herstellung gibt sich das Werk nicht als weibliche Arbeit zu erkennen, vielmehr besticht es gerade durch seine Mischung aus nüchterner Struktur und charmanter Oberfläche als Ausdruck von Intelligenz und Empfindsamkeit, von Weitsicht und Nähe. Die Frage nach der Rolle der Frau innerhalb des Kunstgeschehens ist also unmittelbar in das Werk selbst hineingenommen. – Mit chamäleonhafter Verwandlungskunst, feinsinnigem Spiel und bewusster, raffinierter Setzung führt und verführt Trockel den Betrachter auf die Fährte, wo es heisst, offen, kritisch und wachsam zu sein (siehe ihr INSERT im letzten «Parkett»-Heft!).

KATHARINA FRITSCH hat durch ihren grünen Elefanten in Krefeld und die gelbe Lourdes-Madonna in Münster in weiten Kreisen die Provokation erzeugt, die im Grunde all ihre Entwürfe, Objekte und Installationen auslösen können. In subtiler Weise und mit sparsam kalkulierender Präzision führt sie alltägliche, bekannte Funktions- und Dekorationsgegenstände vor und irritiert damit, die vertrauten Dinge in minimaler Abweichung oder Abwandlung künstlich zu erstellen. Berücksichtigt man noch, wie genau berechnet ihre Objekte plaziert sind, dann gerät die Grenze zwischen Sein und Schein, zwischen Faktischem und Irrealem, Kunst und Künstlichkeit ins Rutschen, Funktionales wird fragwürdig, Verehrungswürdiges banal (oder umgekehrt). Fritsch stellt die Frage nach dem Verhältnis von Produzent zu seinem Produkt, nach dem Wert von Kunst zwischen Einmaligkeit und Gewöhnlichkeit. Eine Rätselhaftigkeit und ein Hauch von verwirrendem Zauber legt sich um die Dinge des Normalen.

So unterschiedlich und unverwechselbar das Werk dieser fünf Künstlerinnen ist, es verbindet sie eine ganz bestimmte geistige Haltung; diese wird gleichermassen von Selbstzweifel und Selbstverständnis gespeist. Jede von ihnen vollführt eine eigenwillige Gratwanderung. Es gelingt den Künstlerinnen, auf Grund dieser Ambivalenz die jeweils kontrastierenden Elemente überhaupt erst ins Bewusstsein zu heben. Sie stellen brennende Probleme zur Diskussion, drängen nach Kommunikation und fordern eine Stellungnahme heraus.

Was Eva Hesse mit Abwegigkeit benennt, stellt sich als das Exemplarische dar, und dieses trifft den Nerv zeitgenössischen Bewusstseins. Bei aller Wachheit rühren die Arbeiten an Schichten des Unbewussten und Imaginären; Hoffnung und ein Keim von Utopie scheinen durch. Weibliche Kriterien werden hier ebenso eingebracht wie männliche, beides zusammen ist zu einer Qualität gesteigert, die Massstäbe setzt und in welcher die Frage nach weiblicher und/oder männlicher Kunst eigentlich nicht mehr relevant erscheint.

1) Eau de Cologne, Zeitschrift der Kölner Galerie Monika Sprüth, Nr. 2, S. 40: Jo-Anna Isaak «Die Anderen der anderen Welt».

"It doesn't bother me, being miles away from other people."

EVA HESSE, in an interview with Cindy Nemser in 1970

RENATE PUVOGEL

The art scene today is contradictory and diverse, assuming many different forms. There is an absence of trends, all in all it is agreeably disconcerting. I believe that much of this is due to the female influence in the visual arts, traversing one-track developments and avoiding regimented market mechanisms. This influence certainly does not make it any easier for women artists to find an audience, but nevertheless it does them credit, and they will be able to stand their ground longer because of it.

I have chosen the work of just five female artists here, whom I consider to be representative, and all may be familiar to a certain degree to readers of Parkett. They are: Rebecca Horn, Christiane Möbus, Jenny Holzer, Rosemarie Trockel and Katharina Fritsch. The one essential aspect of their work common to all of them is its outstanding and unmistakable quality. I cannot say whether their incomparable inventiveness, their intellectual and sensual impact, their combination of topicality and timelessness, in short, their overwhelming authenticity, is due initially to some emancipatory impetus. At the present time, like the female artists among the Russian Constructivists, "many women ... have abandoned traditional painting and (...) turned their attention to mass production technologies: typography, photography, cinematography, lithography, videos, etc. One aspect closely associated with the use of means of mechanical reproduction is the decision by most female artists working today to actively oppose the two fundamental principles of Western patriarchal culture: I refer to individualism and originality." [1] *This is confirmed by the activities of artists such as Cindy Sherman, Ulrike Rosenbach, Barbara Kruger, Maria Nordmann and Liliane Vertessen, to mention only a few names.*

Thus we see that none of these artists can be classified according to any particular style. Most of them refuse to allow themselves to be constricted by traditional media, exploring instead the possibilities and the freedom of movement that have become an intrinsic element of art over the preceding decades. In their mimetic gesture, three-dimensionality, their settings and their affinity to words these artists reveal their close links with the theatre, literature and performance. Each one follows her own direction, crossing boundaries, aloof, or, as Eva Hesse has stated: "in a completely far-fetched way." This is not intended to imply any eccentricity or unworldliness, but simply the rigorousness and incorruptibility which lends their work an exemplary quality. These women artists are not working outside the confines of reality, but subversively, along its fringes, at those sensitive interfaces where impact and contact occur, and they rely on their own chosen means. This enables women to include not only tangible, present aspects but also the irreal, which may range from the artificiality of the abstract to magical elements.

Although these women owe the feminist movement a debt of gratitude, our intention is not to refer to a women's art, and certainly not a feminist art – art by women is a more accurate description than women's art. On the contrary I maintain that the output of these women is a direct result of the application of both male and female attributes. This is evident in the same way in the work of male artists such as Boltanski, Twombly or Laib. Their work is both tough and aggressive, yet at the same time it also displays sensitivity and fragility. Individuality combines with something more than simply personal, material aspects with the emotional, sensuality with common sense, and technical, functional moments are bound up with natural and organic elements. The conscious and the subconscious endeavor to find one another, the artist's own inventiveness, deductive powers and far-sightedness lend a poetical, a fantastic, a metaphorical dimension to plain facts, to reality. Their own intelligence ensures that the work they produce is not marred by inaccuracy and verbosity, and it compels them to be precise. Resolute but cautious, they follow their chosen course gently, but make sure that they hit their target. Consistent in their approach, they sound out contrasts, working at the outer limits, and yet managing to explore the central aspects of art, and of political and social life. Their very far-fetchedness reveals itself as an artistic route towards something that, although extraordinary, has its roots in truth.

In REBECCA HORN'S pictorial assemblages a tension is apparent between sensitivity and toughness, both in their material manifestation and in their spiritual substance. Like her colleagues, Horn appeals to a collective memory, one which is, however, always based on her own personal presence and recollections. With her feathered clothes and mechanized hammers she ritualizes technology, both artificial and natural, to create an expression that is both incisive and beautiful, and she "beats" emotional notions into life. In her exhibit in a medieval keep in Münster last summer little hammers echoed through the damp, eerie walls, rousing sinister memories, while the sharp, aggressive machines in Amsterdam (The Europe of Old) carried out their relentless task, like hammering "bird beaks," in the reflection of door-sized mirrors. Here the observer is pursued by his own image, and as a participant in this action is drawn into the rhythmic "Woodpeckers' Ballet" or into the toe-dance of "male and female" glass funnels of the "Betrothed." There is no escape from the vibrating cycle of waxing and waning.

CHRISTIANE MÖBUS finds singularly impressive pictorial metaphors for her own fears and longings, for feelings and perceptions. They are both strange and moving and, in a private sense, they instantly permit a layer of general relevance to be revealed. With dreamlike certainty she allocates contrasting aspects in an econom-

ical and surprising way, even incorporating in some cases seemingly incongruous items, either found or self-produced. Möbus' conceptual approach to her work is both analytical and associative. The unequivocal nature of individual things changes during the process of conjecture, creating a stimulating openness and ambiguity. Machine-made objects encounter things of the natural world, angularity confronts softness, history meets the present. Whereas Möbus usually augments the way in which her objects are interpreted by adding a touch of poetry to their titles, it is the very lack of a title in the expansive object "o. T." (abbreviation of OHNE TITEL = untitled), 1985/86, which acts as a visible expression of refusal, emptiness, abstraction, silence. The destinies linked to the compartments derived from the most varied human and social contexts are just unimaginable. "Their content is alienation as sensory experience" (Erich Franz). Deprived of their relics, all that remains of the compartments is a formal brilliance, masculine power and severity, and the sadness at a lost life. Everything aspires to language and understanding, and remains bereft of speech.

JENNY HOLZER makes her point using verbal means only, announcing them publically on banners, illuminated strips of lettering, on benches and stone slabs. Their sense is contained in a narrow area between platitudes, propaganda, personal statement and poetry. By using standard advertising methods Holzer attracts attention, openly and yet subversively, to her messages, which are an appeal for responsibility. The works are unimpassioned, yet sensually beautiful. Her materials include marble, bronze, neon – sparse but frequently used – while her extremely varied texts are simultaneously clever, poetic, shocking and visionary. The text on the inconspicuous bronze signboard shown here is also used by the artist to characterize her own working method, an

approach shared by the other female artists under discussion here.

ROSEMARIE TROCKEL applies ornamentation to her work in the same way that she includes words. Both are assigned a role as a pattern or design. They acquire their own independence and point out how easily potentially reprehensible subject matter can be overlooked behind the enticing beauty of order. Trockel uses opposing elements, whose ostensible agreement conceals criticism. By using knitted pictures to recall one particular handwork associated with women she is rediscovering a prime example of one way in which women can be involved in art. The involvement of mechanical production methods means that the item can no longer be identified as an example of women's work. In fact, its appeal to the observer is derived from its combination of restrained structure and superficial charm as an expression of intelligence and sensitivity, farsightedness and immediacy, thus implicating, in the work in question, the issue of the role of women in the world of art. With her chameleon-like skill at transformation, her subtle interplay, and the deliberateness of her composition Trockel leads the observer on a trail which demands an open, critical and alert mind (see also her INSERT in the most recent edition of Parkett).

The widespread provocation aroused by KATHERINA FRITSCH's green elephant in Krefeld and the yellow Madonna of Lourdes in Münster could in fact have resulted from any of her designs, objects and assemblages. She confronts us with everyday items of a functional and decorative nature, but with subtlety and carefully calculated precision. By intentionally altering or modifying familiar things slightly she is able to disconcert the observer. If we consider the precision with which she places her objects, we can observe how they tend to dispel the boundaries between what is and what appears to be, between the factual and the

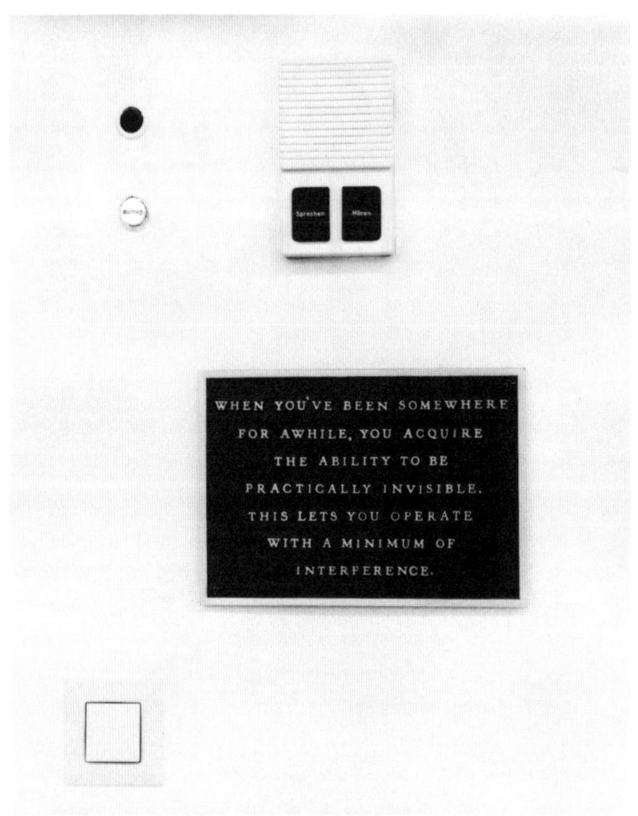

JENNY HOLZER, *UNTITLED* / OHNE TITEL, *FROM THE LIVING SERIES,*
(WENN DU AN EINEM ORT WARST FÜR EINE WEILE,
EIGNEST DU DIR DIE FÄHIGKEIT AN, PRAKTISCH UNSICHTBAR ZU SEIN.
DIES ERLAUBT DIR MIT EINEM MINIMUM AN REIBUNGSVERLUST VORZUGEHEN.) 1981,
BRONZE, *7 x 10"* / 17,9 x 25,4 cm. *(Photo: Schürmann)*

unreal, art and artificiality. Functional aspects become questionable, honourable aspects become banal (or vice versa). Fritsch raises the question of the relationship between the producer and his product, of the value of art between uniqueness and commonness. The things of the normal world become mysterious, with a touch of confusing magic about them.

Despite the differences between these five artists, and their distinctiveness, they are nevertheless linked by a certain mental attitude evident in their work. This attitude is sustained by equal amounts of self-doubt and self-confidence. Each pursues a precarious and highly original path. It is this ambivalence that enables the artists to create an awareness of these contrasting elements. They raise burning issues, insist on communication, and demand a viewpoint. Eva Hesse's description "far-fetched" sums it up most accurately, and this gets to the heart of contemporary consciousness. Despite their obvious vitality, these works rely very much on layers of the subconscious and the imaginary. Hope and a germ of utopia still shine through. The criteria employed are both feminine and masculine in nature, and together they produce a level of quality that sets new standards. The question of feminine and/or masculine art no longer appears to be relevant here.

(Translation: Martin Scutt)

1) Eau de Cologne, Magazine of the Monika Sprüth Gallery in Cologne, No. 2, p. 40: Jo-Anna Isaak «Die Anderen der anderen Welt».

BALKON

DANIELLE BAZZI

Metzeln und Schlachten

Die Primitivismusdebatte der achtziger Jahre brachte die Grenzen einer stilgeschichtlichen Analyse sowie ihrer soziologischen Kritik zum Ausdruck. Wird hier ein historischer Sichtwinkel gewählt, so in der Absicht, der Dynamik auf die Spur zu kommen, die durch die Begegnung mit dem Anderen ausgelöst wurde.

Zu Beginn des zwanzigsten Jahrhunderts holten sich moderne Künstler, wie auch der Gründer der Psychoanalyse Sigmund Freud, wesentliche Impulse für ihr Schaffen bei der Ethnologie. Am Anderen, wie es sich im exotischen Objekt oder dem fremden Brauch zugleich zeigte und verbarg, entzündete sich die schöpferische Phantasie derer, die nur darauf zu warten schienen, mit dem Bisherigen zu brechen.

Überall vermeinte man Zeugen der Prähistorie zu entdecken. Die «afrikanische» Skulptur dokumentierte scheinbar den Urbeginn, die Neurose reichte zu den Anfängen der Kultur, dem Vatermord und der Urhorde zurück. Die Beredsamkeit des Totems offenbarte sich denjenigen, welche bereit waren, die konventionellen Erzählweisen zu opfern. Im Archaischen fand sich eine violente

Menschlichkeit wieder, die dem behäbigen Ich seine Häuslichkeit vergraulen sollte. Das kühle und analytische Sezieren wurde unvermittelt von seiner mythisch-magischen Doppelgängernatur, dem rituellen Zerteilen eingeholt, das den prähistorischen Schrecken noch nicht eingebüsst hatte.

Der bemächtigende Zugriff meinte das ganz Andere, zerstückelte es, opferte und verwandelte es in die eigene Kreation . . . Die Zerstückelung als das Schöpferische war die Inszenierung eines scheusslichen Paradoxes. Dem Akademismus, dem linearen Zeitgefühl, welchem ein entwicklungs- und fortschrittgläubiges Durchschreiten von festgesetzten Kulturräumen entsprach, wurden der Kampf angesagt. Was lag näher, als sich dem mythischen Denken und der magischen Geste zuzuwenden? Dabei wurde der ethnische Kunstgegenstand zum reflektierenden Spiegel, gleichzeitig aber auch zum Material.

Dieses Faszinosum begründete die Begegnung des modernen Künstlers mit dem primitiven Objekt. Der Gegenstand erlitt im zerstückelnden Zugriff ein erbarmungsloses Schicksal, er wurde sich selbst entfremdet. Mit seiner Entdeckung ging der Prozess seiner Isolierung einher, der Kontext musste im Dunkel der Zeiten und Räume versinken, damit sich das Auge des Betrachters durch die

DANIELLE BAZZI ist Psychoanalytikerin und Ethnologin. Sie lebt, analysiert und lehrt in Zürich.

Spiegelhaftigkeit des Objekts mit neuen Impulsen beleben lassen konnte.

Der Akt der Berührung schuf eine besonders gekennzeichnete Beziehung zwischen Künstler und dem von einer «Kraft aufgeladenen» Objekt. Sich dieser Berührung hingeben, hiess für Picasso Ekel und Abscheu zu verspüren. Um sich des akademischen Zugriffs zu entledigen, behauptete er später, er sei über das ethnologische Material «gestolpert».

Der eurozentristische Gang durch eine evolutionäre Zeitskala und museale Raumanordnung musste plötzlich und violent in einen anderen Rhythmus verfallen. Als hätte Picasso den ausgegrenzten Bereich der Kultur, den «Busch», unter dem zwingenden und zugleich Abscheu erregenden Sirren des Schwirrholzes betreten müssen. Dieses Geräusch, dessen Quellen unsichtbar sind, treibt insbesondere denjenigen in die Bezirke der «Offenbarung», dessen Augen aus Hunger ins noch Unerfasste gerichtet sind.

Die Urbegegnung als Metapher, das Stolpern als ihr Auftakt, evozieren ein Szenario erotisierter Angst. Man könnte meinen, der Fährtenleger habe als Initiationsmeister für nachfolgende Kunstinterpreten wirken wollen.

«Weiss man je», sagte Picasso in einem Filminterview, «woher ein Einfluss kommt, weiss man, was der Anstoss für ein neues Werk sein kann? Sicherlich die Frauen, aber auch ein Tier, manchmal auch ein Gegenstand.»

Dieser Frage nach dem «Urobjekt des Anstosses», das dem vollendeten Kunstwerk anverwandelt wurde, galten auch die Schöpfungsmythen. Das mythische Denken umkreiste das Schöpferische im kulturbegründeten Zusammenhang. Den jeweiligen Gesellschaften bedeutete der Schöpfungsmythos sowohl Gefäss wie auch Folie für das aktuelle Fragen und Antworten nach dem Akt der Entstehung. Bei einigen Wildbeutern und tribalen Ethnien dienten die Ursprungsmythologeme als Regieanweisungen zur rituellen Wiederbelebung der Urzeit, der «Zeit vor der Zeit».

Der DEMAMYTHOS wurde zum Begriff für diejenigen Schöpfungsmythen, deren Charakteristikum der Akt des Zerstückelns ist. Was dem Mythos recht war, sollte im rituellen, kannibalistischen Mahl nur billig sein: das zeremonielle Verzehren der zerstückelten Repräsentanten der Urzeit. Die stellvertretenden Substanzen konnten von Früchten, Tieren oder auch von Menschen sein. Sie erlitten jedenfalls das Schicksal der Zerteilung und Zerkleinerung, eine zunächst destruktive Form der Zubereitung, um schliesslich gegessen zu werden. «Früher wurde ein Bild in aufeinanderfolgenden Schritten vollendet, es war die Summe vieler Additionen. Bei mir ist das Bild die Summe einer grossen Zahl von Destruktionen.» Picasso äusserte sich nicht in einem linearen und harmonisierenden Sinn, er richtet unseren Blick auf eine Dynamik destruktiver Momente. Ähnlich erging es der Demafigur, einem weiblichen Urwesen der MARIND ANIM in Papua Neu Guinea. Die Dema wurde im Mythos zerstückelt und begraben, aber aus ihren Teilen wuchsen in der Folge die Kulturpflanzen, Grundlage für die Ernährung der sterblichen Menschen. Die Dema gehörte der Urzeit an, doch durch ihr schöpferisches Wirken beendete sie diese zugleich, brachte neben Nahrung jedoch auch Tod mit sich.

Der Urmord an der Dema metaphorisiert den Übergang von der mythischen Zeit zum Sein, das anstelle der Unsterblichkeit den Tod und die Sexualität kennt. Die Zerteilung ist eine besondere Modalität des Urmordens, eines Urmordens, das nicht primär eine individuelle Figur meint, sondern das magische Umformen und Zusammenfügen der Materie thematisiert.

Guillaume Apollinaire hat geschrieben: «Und überhaupt, die Anatomie gab es in der Kunst nicht mehr, man musste sie regelrecht neu

erfinden und ihre eigene Ermordung durch-
führen, mit der Wissenschaft und Methodik
eines grossen Chirurgen.»

Die magische Wiederbelebung nach dem
Tod durch Zerstückelung lehnte sich in Pflan-
zerkulturen an die Erfahrung der agrarischen
Zyklen an. Pflanzer lebten hauptsächlich von
Knollenfrüchten, die zerteilt wurden, damit
sie, einmal gesetzt, wieder neue Frucht gaben.
Die Regenerierung dieser Nutzpflanzen hatte
somit eine völlig andere Modalität als diejenige
von Körnerpflanzen, die ausgesät wurden.

Ein Widerhall dieser agrarischen Zer-
stückelungs- und Wiedergeburtsideologie findet sich im griechischen Mythos von Demeter,
die aus Trauer über den Tod ihrer Tochter
Persephone den Tantaliden Pelops verzehrt,
der zerstückelt im Kochtopf seines Vaters den
Göttern zur Speise vorgesetzt werden sollte.
Nach seiner Wiedergeburt ist Pelops der
siegreiche Wagenlenker, nur das elfenbeinerne
Schulterstück erinnert noch an den anatomi-
schen Mord.

Auch in Jäger- und Sammler-Kulturen
spielte das Zerteilen und Zerstückeln als
regeneratives Umformen eine Rolle. Beispiele
dafür sind die prähellenische Artemis und
Sedna bei den Eskimos. Die minoische Artemis
war eine «Herrin der Tiere», und eine mögliche Etymologie ihres Namens verbindet
diesen mit den Wörtern «metzeln» und
«schlachten». Gleichzeitig Göttin der Geburt,
liebte die «Schlächterin» Opfer von verstüm-
melten Tieren.

Sedna selbst wurde zerteilt; aus ihren
abgehackten Teilen, die ins Meer fielen, entstanden alle Meerestiere, die die Eskimo kann-
ten und die sie jagten.

In der Frage nach der Begegnung mit dem
Anderen warf das mythische Denken ein Licht
auf Schöpfungskonzeptionen. Nicht die
Vereinnahmung zwecks Erweiterung des Eigenen stand am Anfang der Begegnung mit
ethnischen Objekten, sondern ein symboli-
sches Haut-an-Haut, das ohne Ekel und Zer-
stückelungsphantasien nicht denkbar ist.

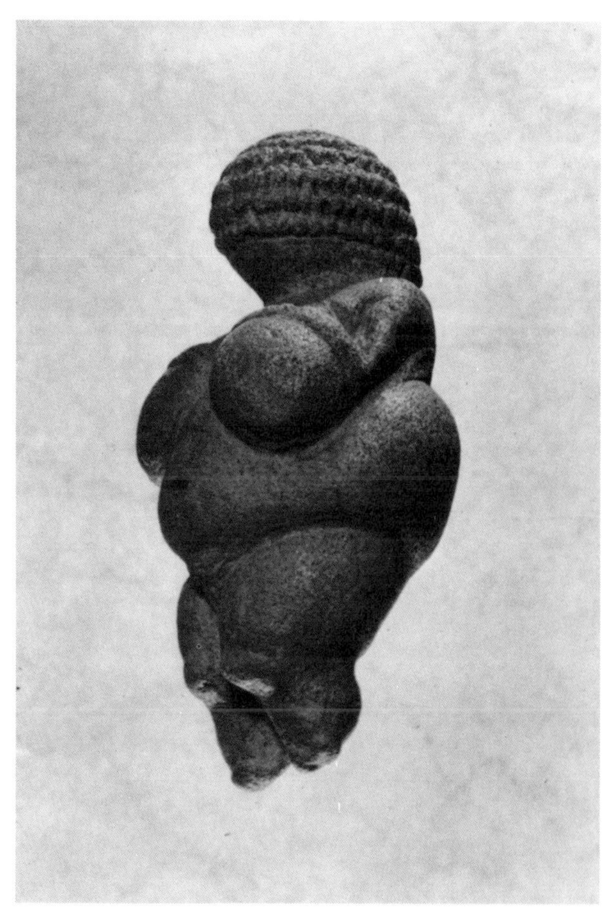

VENUS VON WILLENDORF / *THE VENUS OF WILLENDORF,*
ALTER / *AGE: 20'000–30'000* JAHRE / *YEARS.*
NATURHISTORISCHES MUSEUM, WIEN.

DANIELLE BAZZI

Butchery and Slaughter

The debate that took place in the 1980s on primitivism focused attention on the limitations of an analysis and of a sociological critique of the history of style. The choice of a historical perspective is motivated by an effort to explore the dynamics that were triggered off as a result of an encounter with otherness.

Ethnology provided a considerable source of inspiration for modern artists, and for the founder of psychoanalysis, Sigmund Freud, during the early years of the twentieth century. There were some who seemed only to be waiting for an opportunity to dispense with what had gone before, and their creative fantasy was fired by this interest in otherness that was revealed by and concealed within an exotic object or alien customs.

Everywhere there was a feeling that witnesses to prehistory were being discovered. "African" sculpture seemed to document the beginning of all things. The neurosis goes back to the beginnings of culture, patricide and the ancient hordes. The eloquence of the totem was revealed to those who were prepared to sacrifice conventional narrative forms. A violent mankind, intended to deprive the ego of its homely atmosphere of domesticity, reappeared in archaic forms. Calm and analytical dissection was abruptly caught up by its mythical and magical "doppelgänger," ritual dismemberment, which had yet to lose its prehistoric terror.

This usurping intervention was directed towards otherness, dismembering it, sacrificing and transforming it in its own act of creation... Dismemberment as a creative act brought about a monstrous paradox.

The gauntlet was thrown down in a challenge to academism, to the linear sense of time that corre-

sponded to a traversal, based on a belief in development and progress, of established cultural boundaries. What could be more obvious than to embrace mythical thought and the magical gesture? And in this process the ethnic art object became a reflecting mirror, but it also became material.

This fascination explains the encounter between the modern artist and the primitive object. Through dismemberment the object was subjected to a cruel fate, that of alienation from itself. Discovery was accompanied by the process of isolation. It was necessary for the context to founder in the gloom of times and spaces before the spectator's vision could be revived with a new impetus through the mirror-like qualities of the object.

The act of making contact created a specially marked relationship between the artist and the "powerfully charged" object. For Picasso, yielding to this contact implied sensations of revulsion and disgust. In his efforts to free himself from the grip of academicism, he later maintained that he merely "stumbled" across ethnological material.

The "Eurocentric" passage through an evolutionary timescale and a museumlike room layout was bound to decay suddenly and violently into another rhythm. It was as if Picasso had been compelled to enter the "bush," outside the normal confines of culture, under the compulsive yet loathsome swishing of the bullroarer. Those whose eyes hunger for what is still beyond comprehension are driven to the realms of revelation by this noise, which emanates from an invisible source. The metaphor of the primal encounter, prefaced by stumbling, evokes a scenario of eroticised fear. One might well imagine that he who lays the tracks had sought to act as the master of the initiation for subsequent interpreters of art.

During an interview for a film Picasso once said: "Do we ever know where influences are

---

DANIELLE BAZZI is a psychoanalyst and a cultural anthropologist. She lives, practices and teaches in Zürich.

derived from, are we ever aware of what provided the impetus for a new work? Women, of course, but also an animal, sometimes even an object."

This enquiry into the "original object providing the impetus" that is assimilated in the final work of art also applies to the myths of creation. Mythical thought encircles creativeness in a context that produces culture. For each society the myth of creation implies not only the vessel but also the foil for current questions and answers pertaining to the act of genesis. For some hunters and gatherers and tribal groups the myths concerning their origins served as instructions for the revival of rituals relating to earliest times, "before time began."

The MYTH OF DEMA came to represent those myths of creation that are characterised by the act of dismemberment. What was fitting for myth was certainly proper in the ritual, cannibalistic meal: ceremonial devouring of the dismembered representatives of earliest times. Substitute substances consisted of fruits, animals, or were even obtained from human beings. In any case they suffered the fate of being cut up into pieces, basically a destructive form of preparation for something that was eventually destined to be eaten.

"In the past a picture was completed in a series of sequential stages, the sum total of numerous additions. In my case the painting is the sum total of a large number of destructive acts." Picasso's statement was not made in a linear, harmonizing sense. Instead he sought to draw our attention to the motive force of destructive elements. A similar fate befell the figure of Dema, a primordial female figure of the Marind Anim in Papua New Guinea. According to myth Dema was dismembered and buried, but subsequently plants grew out of her various parts, forming the basis of nourishment for mortal man. Dema was very much part of ancient times, but it was her creative impact that signalled the end of this era. She brought not only food, but also death. The original slaying of Dema also serves as a metaphor for the transition from mythical times to an existence aware of death and sexuality, in place of immortality. Dismemberment is a particular form of this primordial killing, an original killing aimed not primarily at any partic-

ular individual, but which represents the magical reshaping and assembly of material.

As Guillaume Apollinaire wrote: "And anatomy no longer existed in art at all. It was really necessary to rediscover it and kill it, with the science and methodology of a great surgeon."

Among horticulturalists the magical return to life following death by dismemberment is based on the experience gained with agricultural cycles. Horticultural societies live predominantly on tubers, which are split up to enable them, when replanted, to bear fruit again. The regeneration of such useful plants implied a completely different procedure to that of cereals, which have to be sown.

This agrarian ideology of dismemberment and rebirth is reflected in the Greek myth of Demeter. Sorrowing over the death of her daughter Persephone, she devoured Pelops, son of Tantalus, whose dismembered body was served to the gods in his father's cooking pot. Following his rebirth Pelops became the victorious charioteer, and only his ivory shoulder recalled his anatomical death.

In societies of hunters and gatherers, too, dissection and dismemberment had a role to play as regenerative transformation. Examples are provided by the pre-Hellenic Artemis and, among the Eskimos, by Sedna. The Minoan Artemis was a "Mistress of the Animals" and there may be an etymological link between her name and the words for "slaughter" and "butchery." She was also the goddess of birth, and she favoured the sacrifice of mutilated animals. Sedna herself was dismembered. Those parts of her that had been cut off fell into the sea, leading to the creation of all the sea creatures familiar to the Eskimos, and hunted by them.

In questions about the encounter with otherness, mythical thought cast some light on various concepts of creation. In initial encounters with ethnic objects the aim was not to acquire items in order to expand one's own collection. Instead it represented a symbolic, skin-to-skin contact, one that is inconceivable without feelings of disgust and fantasies of dismemberment.

(Translation: Martin Scutt)

Mario Merz

February – March

Gerhard Richter

March – April

Brice Marden

April – May

Anthony d'Offay Gallery
9 & 23 Dering Street
London W1R 9AA 01-499 4100

CHARLES RAY

4 MARCH-2 APRIL

ANTONY GORMLEY

7 APRIL-14 MAY

BURNETT MILLER
G A L L E R Y
964 NORTH LA BREA AVENUE
LOS ANGELES, CALIFORNIA 90038
213 • 874-4757

THOMAS AMMANN FINE ART

Restelbergstrasse 97   P.O. Box 116   CH-8044 Zürich   Tel. 01/252 90 52   Telex 817 417 tai

IMPRESSIONIST & 20TH CENTURY MASTERS

Gallery Hours   Monday–Friday   9.00 a.m.–6.00 p.m.   Saturday   10.00 a.m.–4.00 p.m.   by appointment only

DIETER HACKER

Recent Work

Illustrated catalogue available.
$16 U.S. and Canada, postage included.

February 3–27

Marlborough

40 West 57 Street   New York 10019   Tel: (212) 541-4900

JOSEPH BEUYS

KARSTEN GREVE GALERIE

WALLRAFPLATZ 3 KÖLN TEL. 221-21 39 21 TELEX 889 363

JUDITH SHEA

MARCH

BARBARA ESS

APRIL

NOT VITAL

MAY

CURT MARCUS GALLERY ▪ 578 BROADWAY, NEW YORK 10012 226-3200

NASSOS DAPHNIS

5–26 MARCH

GERARD GAROUSTE

2–23 APRIL

420 WEST BROADWAY

CHRYSSA

26 MARCH–16 APRIL

142 GREENE STREET

LEO CASTELLI

NEW YORK

RHONA HOFFMAN GALLERY

215 West Superior   Chicago, Illinois 60610   312-951-8828

VITO ACCONCI

March

PETER HALLEY

April

ANNETTE LEMIEUX

May

Galerie Hans Mayer

Grabbeplatz 2
4000 Düsseldorf
Telefon (02 11) 13 21 35

JEAN BERNIER
51 MARASLI STR., GR-106 76 ATHENS, GREECE
TEL. 723 56 57

JANNIS KOUNELLIS
RICHARD SERRA
ANTONÌ TAPIES
11 MARCH – 15 APRIL

CRISTINA IGLESIAS
21 APRIL – 13 MAY

JUAN MUÑOZ
16 MAY – 24 JUNE

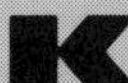
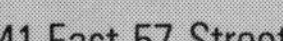
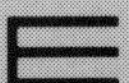
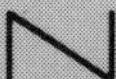

ARTSCHWAGER
SHAPIRO
BYARS

February 4 through March 5

MERET

OPPENHEIM

March 9 through April 9

K E N T

41 East 57 Street   New York, NY 10022   Telephone 212 980 9696   Telefax 212 421 5368

Robin Winters
MARCH 12-APRIL 9

Yvonne Jacquette
APRIL 16-MAY 14

Markus Raetz
MAY 17-JUNE 11

Brooke Alexander

59 WOOSTER STREET
NEW YORK, NEW YORK 10012
TELEPHONE 212/925-4338

GALERIA FERNANDO VIJANDE

Núñez de Balboa, 65   —Madrid 28001—   (91) 435 80 25

AGUILAR	GORDILLO
ALEXANCO	HÖDICKE
BELLOTTI	LONGOBARDI
BLAIS	MERCADO
BOISROND	MUNTADAS
BORDES	MUÑOZ
BOSHIER	NAVARRO
BREAKWELL	PAZ
BROWN	PEREZ VILLALTA
BUTHE	ROJAS
CAMPANO	SICILIA
COBO	SOLANO
COMBAS	VILLALBA
CUTRONE	WARHOL
FRANQUESA	ZUSH

24 Harrison, New York   —N.Y. 10013—   (212) 925-2822

PHILIP PEARLSTEIN

FIGURES AND OTHER OBJECTS

FEBRUARY 18 – MARCH 15

JOAN SNYDER

MARCH 17 – APRIL 12

HIRSCHL & ADLER Modern

851 MADISON AVENUE, NEW YORK, NEW YORK 10021   212-744-6700

JOAN MITCHELL

REPRESENTED BY

ROBERT MILLER

41 EAST 57 STREET, NEW YORK

MARCH: GORDON MATTA CLARK

APRIL: OLIVER WASOW

MAY: JIM ISERMANN

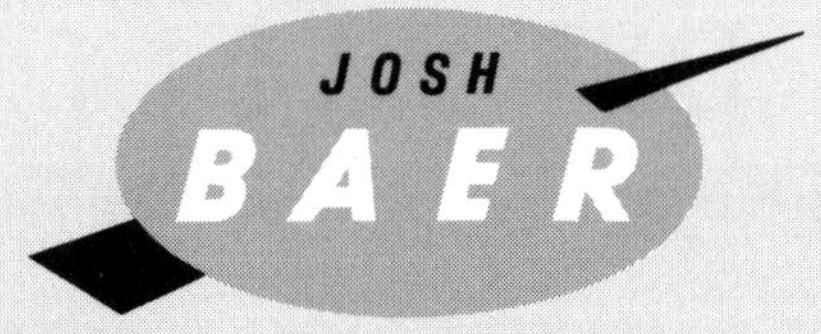

270 Lafayette St.11th fl. New York, 212 431 4774

THE BRITISH PICTURE

February 5–March 5, 1988

Frank Auerbach	**Leon Kossoff**
Francis Bacon	**Christopher Le Brun**
Tony Bevan	**John Lessore**
Peter Blake	**Bruce McLean**
Lucien Freud	**Malcolm Morley**
Tim Head	**Avis Newman**
Gerard Hemsworth	**Thérèse Oulton**
David Hockney	**Charlotte Verity**
Howard Hodgkin	**John Virtue**
R.B. Kitaj	**John Walker**

In conjunction with the UK/LA Festival in Los Angeles

Fully illustrated catalogue available

L.A. LOUVER

55 North Venice Boulevard and 77 Market Street, Venice, California 90291
213/822-4955

Carl Andre
Jennifer Bartlett
Lynda Benglis
Jonathan Borofsky
Peter Campus
Robert Gober
Robert Grosvenor
Michael Hurson
Donald Judd
Robert Mangold
Elizabeth Murray
Joel Shapiro
Alan Shields
The Estate of Tony Smith
Robert Wilson
Jackie Winsor

Paula Cooper Gallery   155 Wooster   New York   212 674.0766

RICHARD BECKETT

STEVE GIANAKOS

JAN HASHEY

DENNIS KARDON

DAVID MACH

ELLEN PHELAN

ANN PRESTON

MILO REICE

T.L. SOLIEN

ANDREW SPENCE

JEAN-LUC VILMOUTH

NEIL WINOKUR

BARBARA TOLL FINE ARTS

146 GREENE STREET

NEW YORK 10012

212 431-1788

ULAY & MARINA ABRAMOVIĆ
MARY CARLSON
JAMES CASEBERE
IAN HAMILTON FINLAY
JENE HIGHSTEIN
GERRY MOREHEAD
MATT MULLICAN
JAMES NARES
PAT STEIR
JAN VERCRUYSSE
ROBIN WINTERS
REE MORTON ESTATE

MICHAEL KLEIN, INC.
BROUWERSGRACHT 6, SOU
1013 GW, AMSTERDAM
(020) 26-74-93

MICHAEL KLEIN INC.
611 BROADWAY
ROOM 308
NEW YORK CITY 10012
(212) 505-1980

MARCH

GER VAN ELK
Still-Lifes

APRIL

AS FAR AS THE EYE CAN SEE

John Baldessari

Lothar Baumgarten

Bernd & Hilla Becher

Dan Graham

Gerhard Richter

Ed Ruscha

Thomas Schütte

Lawrence Weiner

MARIAN GOODMAN GALLERY
24 West 57th Street New York NY 10019 (212) 977-7160

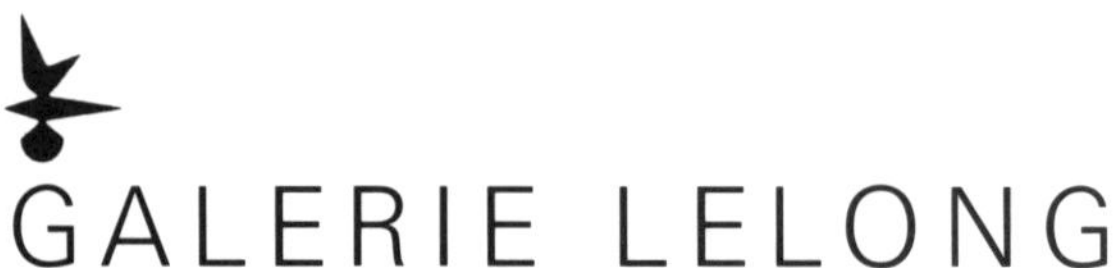

GALERIE LELONG

25 FÉVRIER – 10 AVRIL

TÀPIES

MÄRZ

KLOSSOWSKI

COMPOSITIONS 1978–1988

NITSCH

36 LITHOGRAPHIEN

ZUR ARCHITEKTUR DES O.M. THEATERS 1984–1987

MARCH 10 – APRIL 16

GORDON MATTA-CLARK

AND FRIENDS

BARBARA GLADSTONE GALLERY

RICHARD PRINCE

APRIL

99 GREENE ST
NEW YORK 10012
212 431 3334

DAVID SALLE

MARCH

BRICE MARDEN

APRIL

ERIC FISCHL

MAY

MARY BOONE
MICHAEL WERNER
417 WEST BROADWAY, NEW YORK 10012

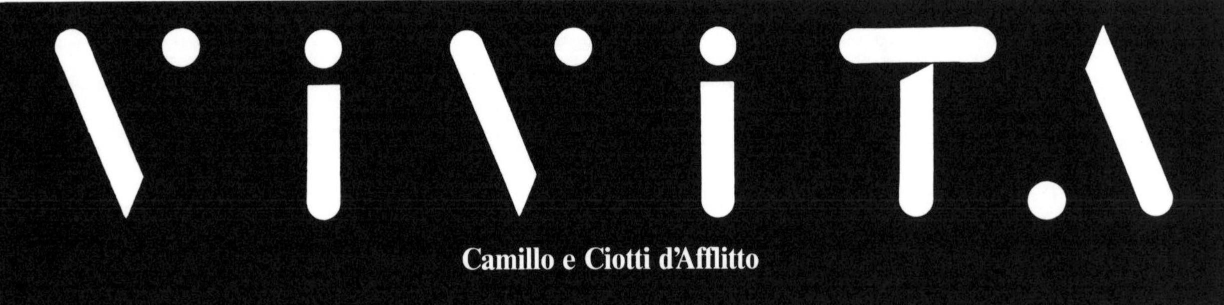

DANIEL BUREN
GIUSEPPE CHIARI
MARCEL DUCHAMP
MAN RAY

For the detailed exhibition calendar please call Vivita 1 after February 10, 1988

Gallery Hours 10.30 a.m.–13.00 p.m.   16.30 p.m.–19.30 p.m.   Closed Sunday–Monday

VIVITA 1 ● Borgo degli Albizi, 16 ● 50122 Florence/Italy ● T: 055/2480013

An exhibition in collaboration with
Sergio Casoli

Salvatore Falci
Stefano Fontana
Pino Modica
Cesare Pietroiusti

February 6 – April 2 1988

(A catalogue with a text by Domenico Nardone is being published)

MANLIO CAROPRESO ■ FABRIZIO CORNELI ■ ANTONIO DI PALMA ■ CHIARA DYNYS ■ MARIO MARIOTTI

Gallery Hours 10.30 a.m.–13.00 p.m.   16.30 p.m.–19.30 p.m.   Closed Sunday–Monday

VIVITA 2 ● Borgo S. Frediano, 69r ● 50124 Florence/Italy ● T: 055/284851

THOMAS SCHINDLER

›› TÄGLICH BROT ‹‹

MÄRZ/APRIL

MICHAEL TOENGES

JANUAR/FEBRUAR

GALERIE UDO BUGDAHN

BENRATHER STR. 11

D-4000 DÜSSELDORF 1

TEL. 02 11/32 43 01

ELISABETH KAUFMANN ZÜRICH

GIOVANNI ANSELMO	INGEBORG LÜSCHER
LOTHAR BAUMGARTEN	URS LÜTHI
CHRISTIAN BOLTANSKI	GERHARD MERZ
MIRIAM CAHN	ANNETTE MESSAGER
HANNE DARBOVEN	BRUCE NAUMAN
MARTIN DISLER	GIUSEPPE PENONE
LUCIANO FABRO	REINER RUTHENBECK
IRENE GRUNDEL	KLAUDIA SCHIFFERLE
CHRISTOPH HERZOG	ANSELM STALDER
REBECCA HORN	GILBERTO ZORIO

DI–FR 11–18 UHR, SA 11–16 UHR

QUELLENSTRASSE 27 CH-8005 ZÜRICH TELEFON 01 42 29 97

Brandl e West

March / April

LUCIANO FABRO

MARCH

CHRISTIAN STEIN   206 PIAZZA S. CARLO   10121 TORINO   011–535574

DOMENICO BIANCHI
MARCH

THOMAS SCHÜTTE
APRIL

CHRISTIAN STEIN   15 VIA LAZZARETTO   20124 MILANO   02–670 47 54

GALERIE NÄCHST ST. STEPHAN
ROSEMARIE SCHWARZWÄLDER

FEBRUAR/MÄRZ

JOSEF ALBERS
JEAN ARP
JOHN McLAUGHLIN

MÄRZ/APRIL

DONALD JUDD

GRÜNANGERGASSE 1/2 1010 WIEN/AUSTRIA, TEL. 0222/512 12 66

GALERÍA JUANA MORDÓ

J. Barjola	D. Lechuga
F. Bellver	B. Lindström
Bonifacio	C. Luengo
J. Burguillos	J. Maldonado
R. Canogar	Juan Martinez
M. Conde	Millares
M. Chirino	M. Mompo
Equipo Cronica	Lucio Muñoz
J. Freixanes	J. Risueño
J. Girbau	A. Schommer
A. Gornemann	E. Sempere
J. Guerrero	P. Serrano
C. Laffon	E. Verdasco
J. L. Hernandez	Dario Villalba

Villanueva, 7　　　　Teléfonos 435 84 42 – 431 05 28　　　　28001 MADRID

FÉVRIER - MARS

RAFAEL AGREDANO
PEPE ESPALIU
GUILLERMO PANEQUE

AVRIL - MAI

JEAN-LUC VILMOUTH

JUIN - JUILLET - AOÛT

ELEMENTS MANIFESTES
CONCEPTION F. MIGAYROU *

SEPTEMBRE - OCTOBRE

JOSE MARIA SICILIA

SEPTEMBRE - OCTOBRE

FORTUYN/O'BRIEN

NOVEMBRE - DECEMBRE

ŒUVRE COMMUNE

DAN GRAHAM
JEFF WALL *

* CATALOGUE

GALERIE **WILMA LOCK**

SCHMIEDGASSE 15   CH-9000 ST. GALLEN   071/22 62 52

JÜRGEN PARTENHEIMER

MÄRZ/APRIL

GALERIE
SPECHT
Carzaniga + Ueker Basel

---

10. März bis 2. April 1987
Werner Buser

Jakob Schärer
zum 80. Geburtstag
(Katalog mit Text von Prof. Werner Schmalenbach)
Hans Eigenheer

7. April bis 30. April 1987
Robert Müller   Grégoire Müller   Manuel Müller
Zur Ausstellung erscheint ein Katalog

Gemsberg 8 und 7a   CH-4051 Basel   Tel. 061/25 74 51

EXPOSITION DE GROUPE

ARTISTES DE LA GALERIE

FÉVRIER – MARS 1988

GALERIE ERIC FRANCK

15, ROUTE DE FLORISSANT   CH-1206 GENÈVE   TÉLÉPHONE 022/ 47 08 09

MAI 36 GALERIE

Galerieeröffnung

LES LEVINE
Media Projects and Public Advertisments
27. Februar–3. April 1988

Maihofstrasse 36
CH-6000 Luzern 9
Tel. 041 36 44 70

UNTITLED II, INC.
Bevan and Michele Davies
680 BROADWAY
NEW YORK, NY 10012
(212) 982-1145

ART BOOKS

BOOKS ON PAINTING, SCULPTURE, PHOTOGRAPHY, FILM, ARCHITECTURE, DESIGN

CATALOGUES ISSUED REGULARLY

GALERIE CROUSEL – ROBELIN

BAMA

1987–1988

GÜNTHER FÖRG

KEN LUM – LOUISE LAWLER – JENNY HOLZER

MARIA NORDMAN

JOCHEN GERZ

BERNARD FRIZE

TONY CRAGG

SIGMAR POLKE

MARTIN DISLER

GEORGE BRECHT

MARIE-FRANCOISE POUTAYS

THOMAS RUFF

40, RUE QUINCAMPOIX, 75004 PARIS (331) 42 77 38 87

Compositor.

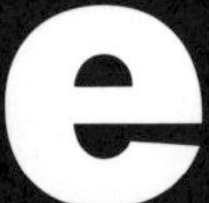

ENGLERSATZ AG
WEINBERGSTRASSE 145
POSTFACH 8042 ZÜRICH
TELEFON 01 362 88 28
TELEFAX 01 363 89 80

LAYOUTSATZ
DRUCKFORMENHERSTELLUNG
TYPOGRAFISCHE BERATUNG
COMPUTERGRAFIK

EIN GESPRÄCH
UNA DISCUSSIONE

Joseph Beuys
Jannis Kounellis
Anselm Kiefer
Enzo Cucchi

PARKETT-VERLAG

Organisation-Hauptsitz:
Leif Ståhle
Sollentunamässan AB
Box 174
S-19123 Sollentuna
Schweden
Tel. +468 96 00 60
Telex: 12955 Sofair S

Konstmässan
Stockholm
Art Fair
Sollentuna
18–22 März 1988

NATIAS NEUTERT

World Première

»SYMPATHY FOR PIANO AND PUMP«

Concerto
for Piano, Air-pump
and Metronome

28., 29., 30. April 1988

BERLIN
MARTIN-GROPIUS-BAU

1000 BERLIN 61 STRESEMANNSTRASSE 110

FIAC EDITION

SAGA 88

9 - 14 MARS
PARIS GRAND - PALAIS
SALON DE L'ESTAMPE
ET DE L'EDITION D'ART

TOUS LES JOURS DE 12 h A 19 h 30
NOCTURNE VENDREDI 11 MARS JUSQU'A 23 h
SAMEDI-DIMANCHE 10 h A 19 h 30

Organisation et Information :
OIP, 62, rue de Miromesnil 75008 PARIS - Tél. 45.62.84.58

F O R U M

Die Kunstmesse

**100 One-Man-Shows
Hamburg
24.-28. März 1988**

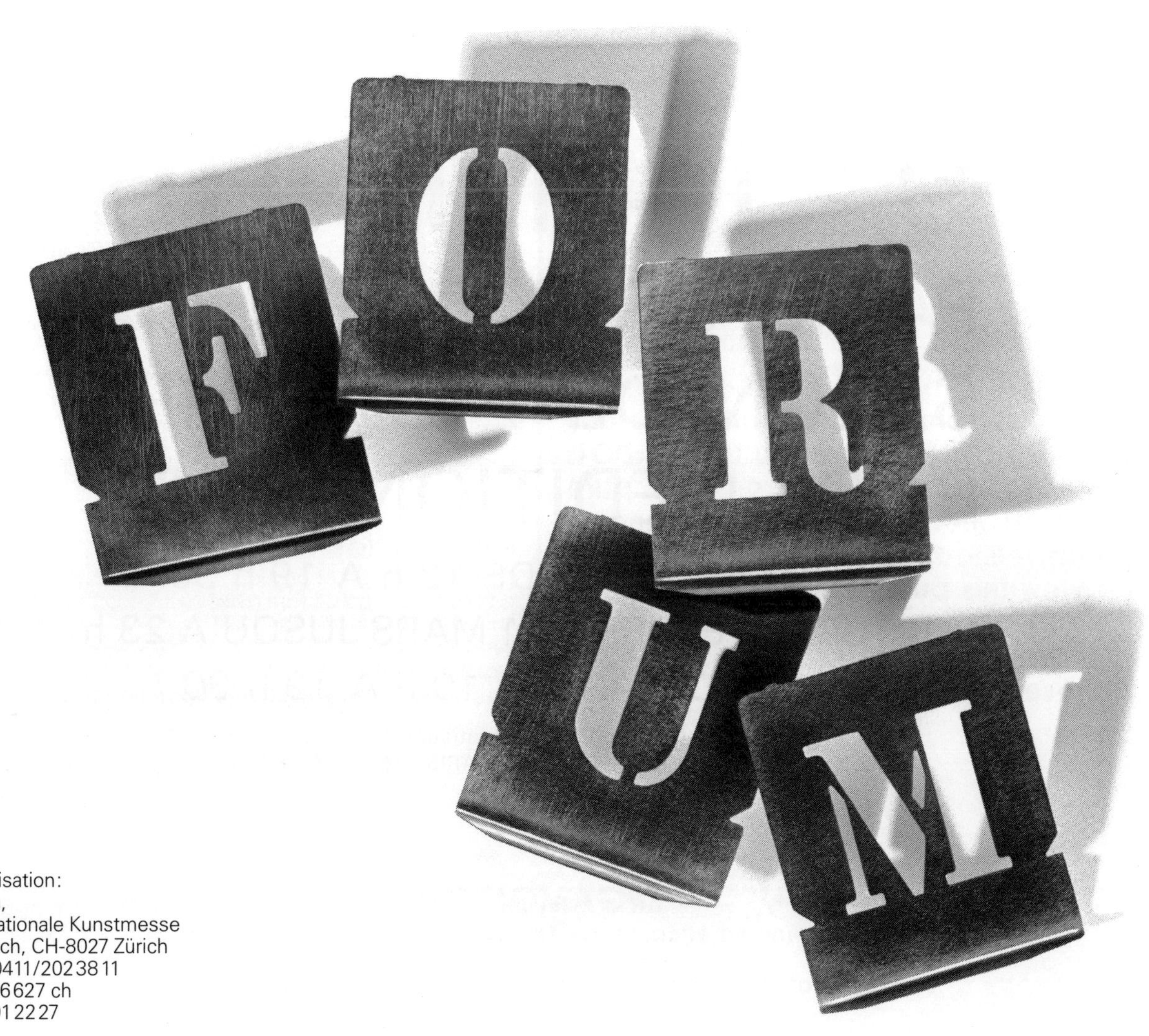

Organisation:
Forum,
Internationale Kunstmesse
Postfach, CH-8027 Zürich
Tel. 00411/2023811
Tlx. 816627 ch
Fax 2012227

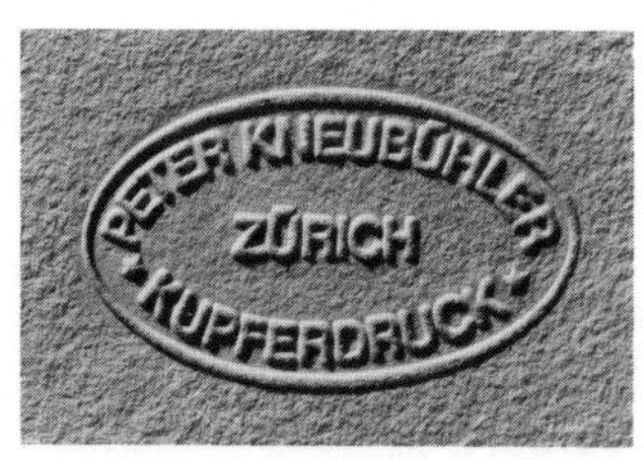

PETER KNEUBÜHLER   KUPFERDRUCKATELIER

SEEBAHNSTRASSE 113   8003 ZÜRICH   TEL. 01 462 79 29

Opening Gala for the
Museum of Contemporary Art
Thursday, May 5th

Chicago International Art Exposition

May 6 through 10, 1988 Navy Pier

Birmingham, MI
Donald Morris Gallery
Bloomington, IN
Echo Press
Boston, MA
Alpha Gallery
The Harcus Gallery
Thomas Segal Gallery
Boulder, CO
Shark's Inc.
Chicago, IL
Roy Boyd Gallery
Jan Cicero Gallery
Richard Gray Gallery
Carl Hammer Gallery
Rhona Hoffman Gallery
Hokin/Kaufman Gallery
Edwynn Houk
R.S. Johnson Fine Art
Phyllis Kind Gallery
Paul Klein Gallery
Landfall Press, Inc.
Peter Miller Gallery
Mongerson Wunderlich Galleries
Perimeter Gallery
Roger Ramsay Gallery
Betsy Rosenfield Gallery
Samuel Stein Fine Arts, Ltd.
Struve Gallery
van Straaten Gallery
Worthington Gallery
Donald Young Gallery
Zaks Gallery
Zolla/Lieberman Gallery
Cincinnati, OH
Mary Baskett Gallery
Carl Solway
Houston, TX
Meredith Long & Company
Kansas City, MO
Williams & McCormick
La Jolla, CA
Tasende Gallery
Lakeside, MI
Lakeside Studio
Milwaukee, WI
David Barnett Gallery
Michael H. Lord Company
Posner Gallery

Minneapolis, MN
Thomas Barry Fine Arts
Weisman Thomson Fine Art Inc.
New Orleans, LA
Arthur Roger Gallery
New York, NY
Associated American Artist
Josh Baer Gallery
David Beitzel Gallery
Damon Brandt Gallery Inc.
Leo Castelli Gallery
Condeso/Lawler Gallery
Crown Point Press
Bess Cutler Gallery
Maxwell Davidson Gallery
Alessandro Durini di Monza & Co.
DiLaurenti Gallery
Rosa Esman Gallery
Richard L. Feigen & Company
Forum Gallery Inc.
Sherry French Gallery
Barry Friedman
Germans van Eck
John Good Gallery
Graham Modern Gallery
Arnold Herstand and Company
Nancy Hoffman Gallery
Vivian Horan Fine Art
Coe Kerr Gallery Inc.
Kouros Gallery
Carlo Lamagna
Lang & O'Hara Gallery
Lowenadler
Lunn Ltd.
Marisa del Re Gallery
Marlborough Gallery Inc.
Barbara Mathes Gallery
Metro Pictures
Milford Gallery
Annina Nosei Gallery
P.P.O.W.
Mary Ryan Gallery
Editions Schellmann
Sharpe Gallery
Sperone Westwater Gallery
Tatistcheff Gallery
Jack Tilton Gallery
Ursus Books Ltd.
Wolff Gallery
Palo Alto, CA
Smith Andersen Gallery
Philadelphia, PA
Dolan/Maxwell Gallery
Marian Locks Gallery

San Francisco, CA
Acme Art
Gallery Paule Anglim
Arion Press
John Berggruen Gallery
Ivory/Kimpton Gallery
Pascal de Sarthe
Janet Steinberg
Santa Fe, NM
Linda Durham Gallery
Scottsdale, AZ
Elaine Horwitch Galleries
Seattle, WA
Greg Kucera
St. Louis, MO
The Greenberg Gallery
Tempe, AZ
Sette Publishing Company
Washington, DC.
B R Kornblatt
Austria
Galerie Heike Curtze
Galerie Nacht St. Stephen
Galerie Peter Pakesch
Galerie Thaddaeus Ropac
Belgium
Elisabeth Franck
Canada
Galerie Aubes 3935
Jane Corkin Gallery
Marianne Friedland Gallery
Mira Godard Gallery
The Isaacs Gallery
Gallery Moos Ltd.
Waddington & Shiell Galleries Ltd.
Czechoslovakia
Galeria Art Centrum
East Germany
Staatlicher Kunsthandel Der DDR
England
Curwen Gallery
Angela Flowers Gallery
Nigel Greenwood Gallery
Louise Hallett Gallery
Bernard Jacobson Gallery
Annely Juda Fine Art
Leinster Fine Art
Lisson Gallery
New Art Centre
Piccadilly Gallery
369 Gallery Ltd.
Waddington Graphics
France
Gilbert Brownstone & CIE
Galerie Christian Cheneau

Crousel-Robelin/Bama
Galerie du Dragon
Liliane & Michel Durand-Dessert
Ghislaine Hussenot
Lahumiere
Baudoin Lebon
Galerie LeLong
Adrien Maeght
M.H. Montenay
Galerie Daniel Templon
Holland
Galerie Desluis
Italy
Lucio Amelio
Il Ponte Galleria/Editrice d'Art
Il Gabbiano
Galleria Pieroni
Sprovieri
Toninelli
2RC Editions
Japan
Fuji Television Gallery
Korea
Hyun Dai Gallery
Spain
Galeria Joan Prats
Galeria Fernando Vijande
Yerba
Sweden
Galerie Nordenhake
Switzerland
Galerie Eric Franck
Turske & Turske
Daniel Varenne
West Germany
Gallery 44
Grasslin-Ehrhardt
Galerie Karsten Greve
Kicken-Pauseback-Reckermann
Maximilian Verlag Sabine Knust
Galerie Denise Rene Hans Mayer
Raab Galleries
Gallery Redies
Folker Skulima
Galerie Dorothea van der Koelen
Zimbabwe
Matombo Gallery

A project of the Lakeside Group
600 North McClurg Court
Suite 1302A
Chicago, Illinois 60611
312.787.6858

baudoin lebon

34 rue des archives 75004 paris téléphone (1) 42 72 09 10

mars	**s a g a** dubuffet bouillon ducorroy g ä f g e n groborne s t a r c k	**avril**	**g a l e r i e** brandely
mars	**g a l e r i e** g ä f g e n		

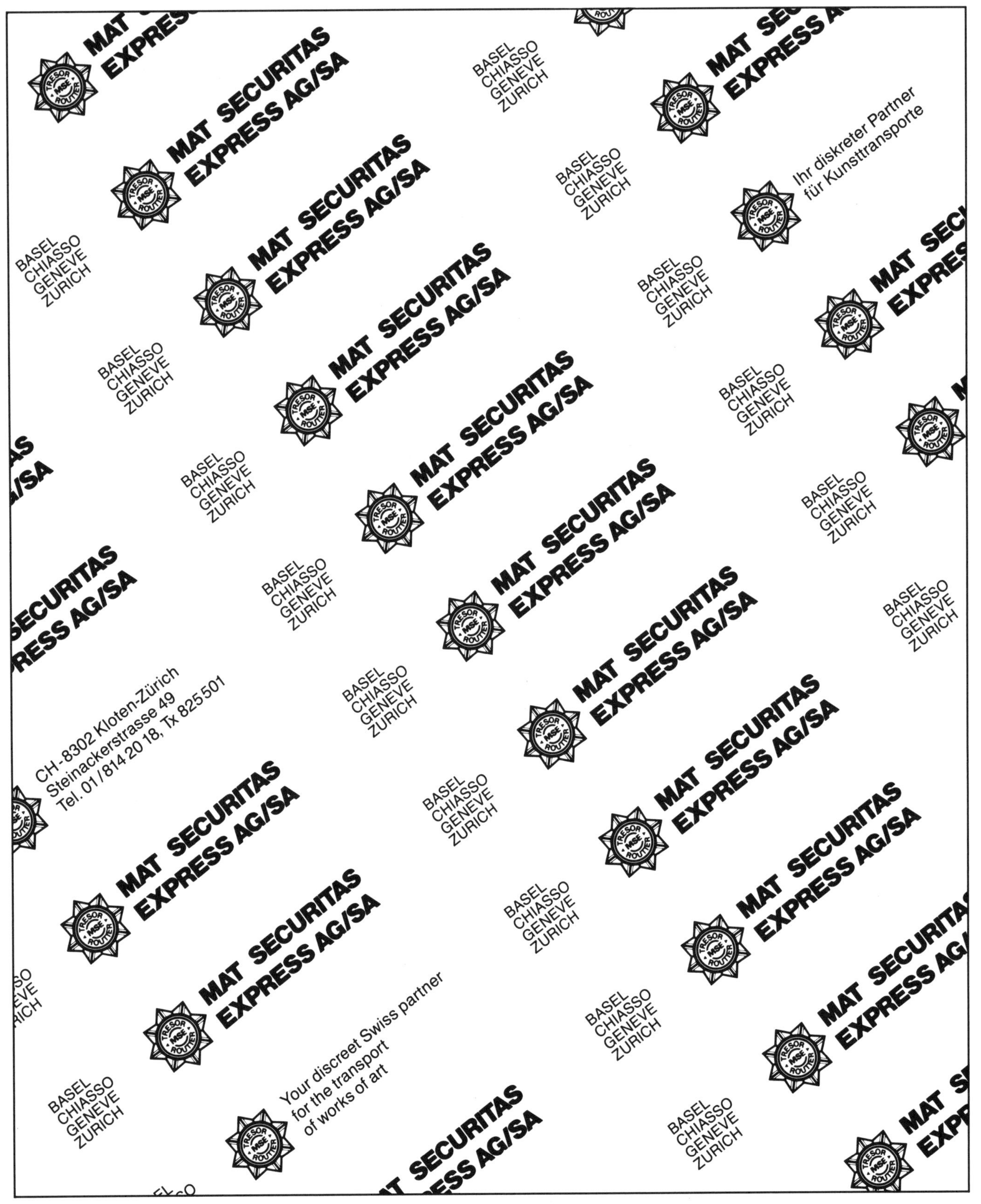

MAT SECURITAS EXPRESS AG/SA
TRESOR MSE ROUTIER
BASEL CHIASSO GENÈVE ZÜRICH
Ihr diskreter Partner für Kunsttransporte
CH-8302 Kloten-Zürich
Steinackerstrasse 49
Tel. 01/814 20 18, Tx 825501
Your discreet Swiss partner for the transport of works of art

ARTINBA AG

Art Management Services

Für Vertretung, Beratung und
Organisation im
praktischen Bereich

For Representation, Advice
and Organization
regarding the practical
aspects

St. Jakobs-Strasse 25
CH-4002 Basel
Telefon 061 45 54 29
Telex 962 718
Fax 061 45 55 88

CARLO CIARLI
LA FABBRICA DELLE ROSE

FORUM, HAMBURG,
24. – 28. MÄRZ 1988

ZÜRICH, MÜHLE TIEFENBRUNNEN,
8. APRIL – 7. MAI 1988

RUDOLF MANGISCH

GALERIE UND AUKTIONSHAUS

RUDOLF MANGISCH, MÜHLE TIEFENBRUNNEN, SEEFELDSTR. 227, 8008 ZÜRICH, TELEFON 01 55 50 33

E X H I B I T I O N S

B A S E L

BEYELER	Bäumleingasse 9, Basel Tel. 061/23 54 12	*KAREL APPEL* *Retrospektive*	*26.3.–4.6.88*

STAMPA	Spalenberg 2, Basel	*HEINZ BRAND*	*März 88*
		GENERAL IDEA	*April 88*

B E R N

MICHÈLE ZELLER	Kramgasse 20, Bern Tel. 031/22 93 88	*BRIGITTE MOSER, Schmuck*	
		GERDA MÜLLER, Objekte	*9.3.–2.4.88*
		MARISCHA BURCKHARDT *Objekt, Bilder, Installationen*	*6.4.–24.4.88*

G E N È V E

ERIC FRANCK	15, route de Florissant, Genève Tel. 022/47 08 09	*EXPOSITION DE GROUPE* *Artists de la galerie*	*fevrier, mars 88*

DANIEL VARENNE	15, chemin de Sierne, Genève Tel. 022/84 15 93/84 15 97	*IMPRESSIONISTS &* *20th CENTURY MASTERS*	

ST. GALLEN

WILMA LOCK	Schmiedgasse 15, St. Gallen Tel. 071/22 62 52	*SLAVOLJUB RADOJCIC*	*–6.3.88*
		JÜRGEN PARTENHEIMER	*19.3.–8.5.88*
		FRANZ WEST	*14.5.–3.7.88*

Z Ü R I C H

THOMAS AMMANN FINE ART	Restelbergstr. 97, Zürich P.O. Box 116, Tel. 01/252 90 52	*IMPRESSIONISTS* *and 20th CENTURY MASTERS*	*by appoint-* *ment only*
BRUNO BISCHOFBERGER	Utoquai 29, Zürich Tel. 01/69 40 20	*JULIAN SCHNABEL* *MIQUEL BARCELO*	*März 88* *9.4.–7.5.88*
ELISABETH KAUFMANN ZÜRICH	Quellenstr. 27, Zürich Tel. 01/42 29 97	*MIRIAM CAHN* *BOLTANSKI, FABRO,* *HORN, NAUMANN*	*20.2.–26.3.88* *April 88*
LELONG ZÜRICH	Predigerplatz 10/12, Zürich Tel. 01/251 11 20	*KLOSSOWSKI, compositionen* *NITSCH, Lithographien* *LÜPERTZ*	*März 1988* *April/Mai 88*
MAURER AG	Münstergasse 14/18, Zürich Tel. 01/47 85 00	*MARIANNE EIGENHEER* *WERNER HARTMANN*	*März 88* *April–Mai 88*
SCHLÉGL	Minervastr. 119, Zürich Tel. 01/251 49 63	*OTTO NEBEL* *Werke aus den 30er und 40er Jahren*	*März–April 88*
STORRER GALLERY ZURICH	Scheuchzerstr. 25, Zürich Tel. 01/362 73 14	*CONTEMPORARY ART* *GEORGES AUTARD, GUNTER DAMISCH* *JEAN-PIERRE PINCEMIN, STEVE JOY*	 *also by* *appointement*
TURSKE & TURSKE	Seefeldstr. 225, Zürich Tel. 01/55 97 70	*ARMANDO* *PATRICK GOURLEY*	 *März–April 88*
ANNEMARIE VERNA	Scheuchzerstr. 35, Eingang Turnersteig, Zürich Tel. 01/361 90 70	*KÜNSTLER DER GALERIE* *GIULIO PAOLINI*	*März 88* *22.4.–11.6.88*
SUSAN WYSS	Dienerstr. 16, Zürich Tel. 01/242 87 24	*GEORG HEROLD* *WAINER VACCARI*	*März–April 88* *April–Juni 88*

BISHER ERSCHIENENE NUMMERN

BACK ISSUES

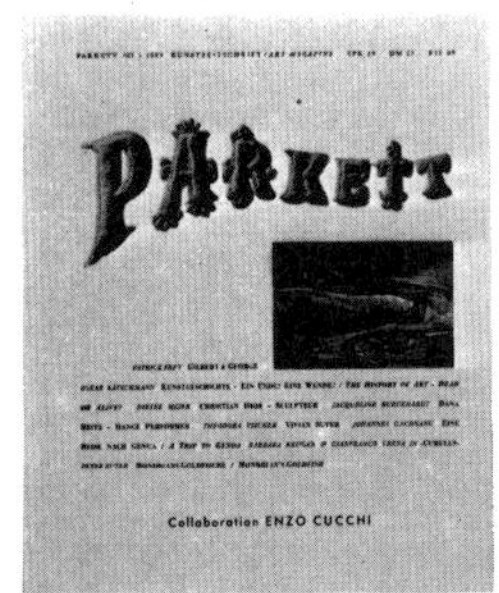

NO. 1

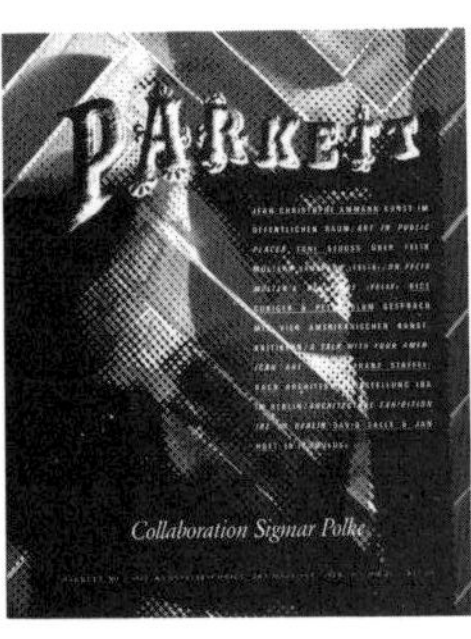

NO. 2

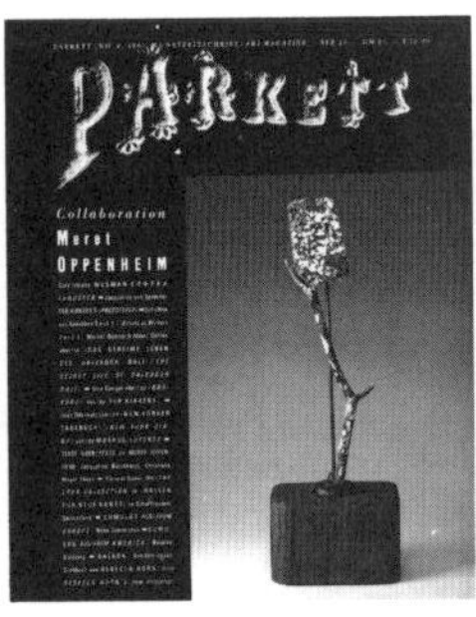

NO. 4

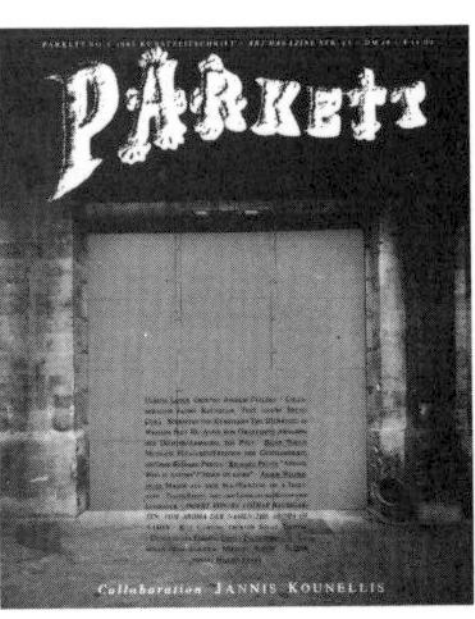

NO. 6

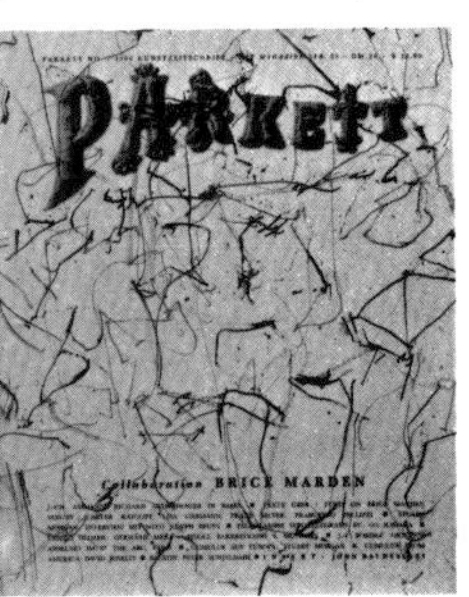

NO. 7

NOS. 1, 2, 4, 6, 7 SIND VERGRIFFEN / *NOS. 1, 2, 4, 6, 7 ARE OUT OF PRINT*

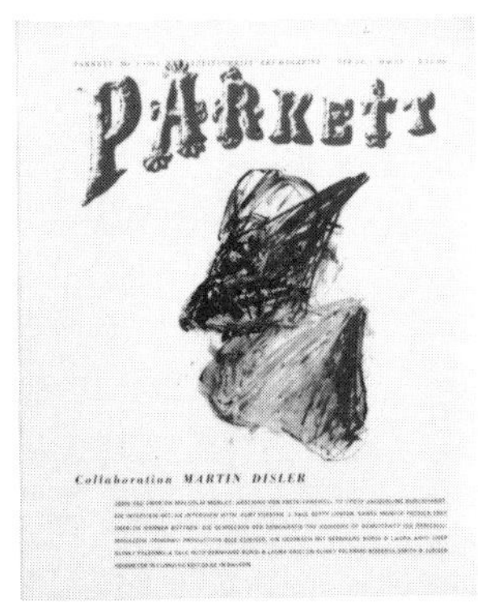

NO. 3

COLLABORATION · MARTIN DISLER
TEXTE VON / *TEXTS BY:* DEMOSTHENES DAVVETAS, MARTIN DISLER,
BICE CURIGER, MONICA DE CARDENAS, ANNA TILROE
JOHN YAU ÜBER / ON: **MALCOLM MORLEY: ABSCHIED VON KRETA /**
FAREWELL TO CRETE
JACQUELINE BURCKHARDT: **EIN INTERVIEW MIT /** *AN INTERVIEW WITH:*
KURT FORSTER, J. PAUL GETTY CENTER, SANTA MONICA
PATRICK FREY ÜBER / ON: **DIE SCHRECKEN DER DEMOKRATIE /**
THE HORRORS OF DEMOCRACY
IDA PANICELLI: MAGAZZINI CRIMINALI PRODUCTION
BICE CURIGER: **EIN GESPRÄCH MIT BERNHARD BÜRGI & LAURA ARICI**
ÜBER BLINKY PALERMO / *A TALK WITH BERNHARD BÜRGI & LAURA ARICI*
ON BLINKY PALERMO
CUMULUS: *ROBERTA SMITH & JÜRGEN HOHMEYER*
BALKON: *EDIT DEAK*

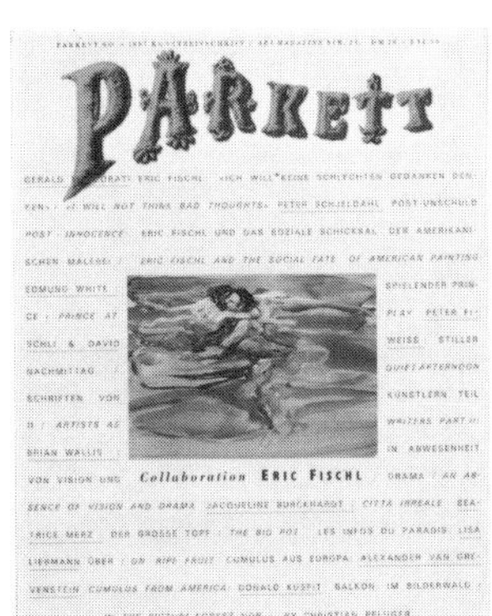

NO. 5

COLLABORATION · ERIC FISCHL
TEXTE VON / *TEXTS BY:* GERALD MARZORATI, PETER SCHJELDAHL
EDMUND WHITE: **SPIELENDER PRINCE /** *PRINCE AT PLAY*
PETER FISCHLI & DAVID WEISS: **STILLER NACHMITTAG /**
QUIET AFTERNOON
BRIAN WALLIS: **IN ABWESENHEIT VON VISION UND DRAMA /**
AN ABSENCE OF VISION AND DRAMA
JACQUELINE BURCKHARDT: ***CITTÀ IRREALE,*** ÜBER / *ON:* **MARIO MERZ**
BEATRICE MERZ: **DER GROSSE TOPF /** *THE BIG POT*
LISA LIEBMANN ÜBER / ON: **RIPE FRUIT**
ALEXANDER VAN GREVENSTEIN & DONALD KUSPIT IN: **CUMULUS**
CHRISTIAN PFLUGER: **IM BILDERWALD /** *IN THE PICTURE-FOREST*
CUMULUS AUS EUROPA: *ALEXANDER VAN GREVENSTEIN*
CUMULUS FROM AMERICA: *DONALD KUSPIT*
BALKON: CHRISTIAN PFLUGER: **IM BILDERWALD /** *IN THE PICTURE FOREST*

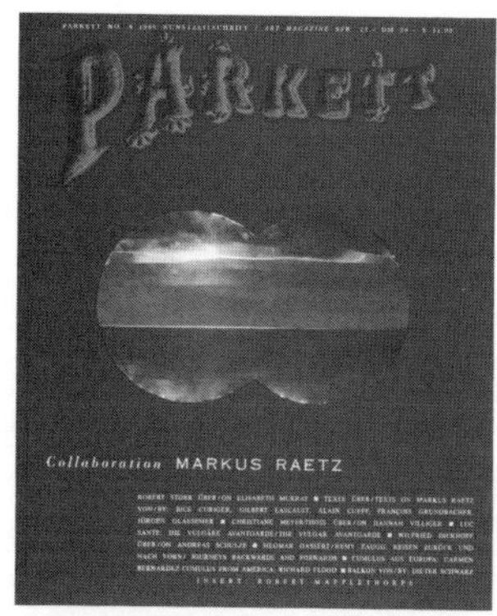

NO. 8

COLLABORATION · MARKUS RAETZ
TEXTE VON / *TEXTS BY: BICE CURIGER, GILBERT LASCAULT, ALAIN CUEFF,*
FRANÇOIS GRUNDBACHER, JÜRGEN GLAESEMER
R. STORR ÜBER / *ON:* ELISABETH MURRAY
CH. MEYER-THOSS ÜBER / *ON:* HANNAH VILLIGER
LUC SANTE: DIE VULGÄRE AVANTGARDE / *THE VULGAR AVANTGARDE*
W. DICKHOFF ÜBER / *ON:* ANDREAS SCHULZE
S. GASSERT / R. ZAUGG: REISEN ZURÜCK UND NACH VORN /
JOURNEYS BACKWARDS AND FORWARDS
CUMULUS AUS EUROPA: *CARMEN BERNÁRDEZ*
CUMULUS FROM AMERICA: RICHARD FLOOD
BALKON VON / *BY:* DIETER SCHWARZ
INSERT: ROBERT MAPPLETHORPE

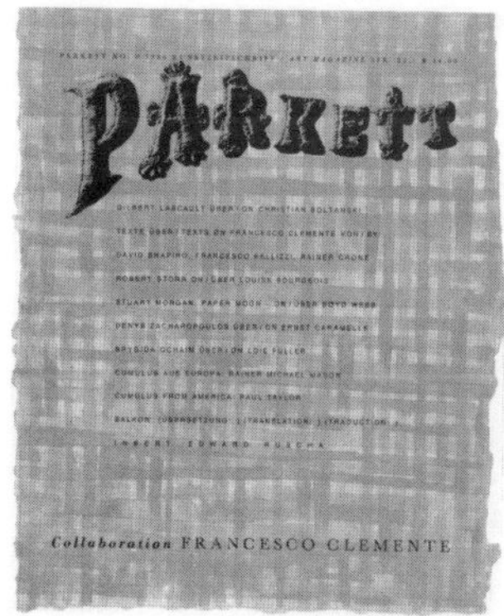

NO. 9

COLLABORATION FRANCESCO CLEMENTE TEXTE VON / *TEXTS BY:*
DAVID SHAPIRO, FRANCESCO PELLIZZI, RAINER CRONE,
GILBERT LASCAULT ÜBER / *ON:* CHRISTIAN BOLTANSKI
ROBERT STORR ON / ÜBER: LOUISE BOURGEOIS
STUART MORGAN: PAPER MOON –
ON / ÜBER: BOYD WEBB *DENYS ZACHAROPOULOS*
ÜBER / *ON:* ERNST CARAMELLE *BRYGIDA OCHAIM*
ÜBER / *ON:* LOÏE FULLER
CUMULUS AUS EUROPA: *RAINER MICHAEL MASON*
CUMULUS FROM AMERICA: PAUL TAYLOR
BALKON: (ÜBERSETZUNG:) *(TRANSLATION:)*
(TRADUCTION:)
INSERT: EDWARD RUSCHA

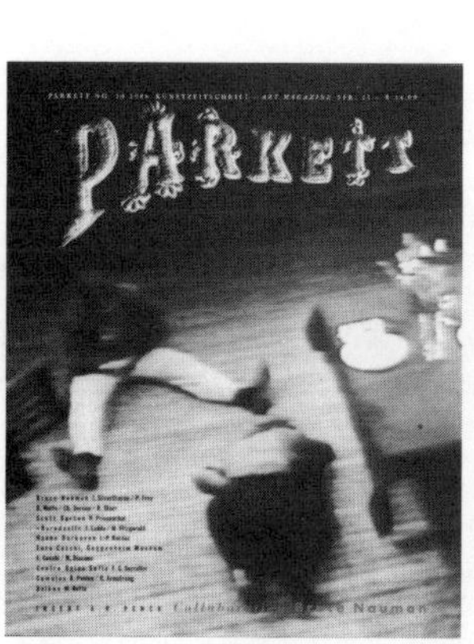

NO. 10

COLLABORATION BRUCE NAUMAN TEXTE VON /
TEXTS BY: JEANNE SILVERTHORNE, PATRICK FREY,
REIN WOLFS, CHRIS DERCON, ROBERT STORR
NANCY PRINCENTHAL ÜBER / *ON:* SCOTT BURTON
JEAN-PIERRE BORDAZ ÜBER / *ON:* HANNE DARBOVEN
MARIO DIACONO ÜBER / *ON:* ENZO CUCCHI IM / *AT*
THE GUGGENHEIM-MUSEUM, NEW YORK 1986
INSERT: A.R. PENCK
FRANCISCO CALVO SERRALLER ÜBER / *ON:* CENTRO
REINA SOFIA, MADRID
CUMULUS AUS EUROPA: *ANNELIE POHLEN*
CUMULUS FROM AMERICA: RICHARD ARMSTRONG
BALKON: MARIO BOTTA IM GESPRÄCH MIT / *MARIO BOTTA*
IN CONVERSATION WITH BICE CURIGER

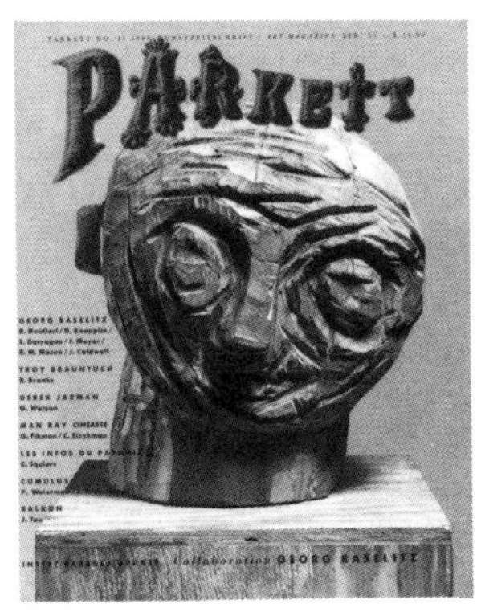

NO. 11

COLLABORATION GEORG BASELITZ TEXTE VON /
TEXTS BY: REMO GUIDIERI, DIETER KOEPPLIN,
ERIC DARRAGON, RAINER MICHAEL MASON,
FRANZ MEYER, JOHN CALDWELL
ROSETTA BROOKS ÜBER / *ON:* **TROY BRAUNTUCH**
GRAY WATSON ÜBER / *ON:* **DEREK JARMAN**
GUY FIHMAN & CLAUDINE EIZYKMAN: **MAN RAY –**
FILM-MAKER
INSERT: BARBARA KRUGER
CAROL SQUIERS: *PHOTO OPPORTUNITY /* **PHOTO**
GELEGENHEITEN
CUMULUS AUS EUROPA: *PETER WEIERMAIR*
CUMULUS FROM AMERICA: JEANNE SILVERTHORNE
BALKON: *JOHN YAU*

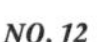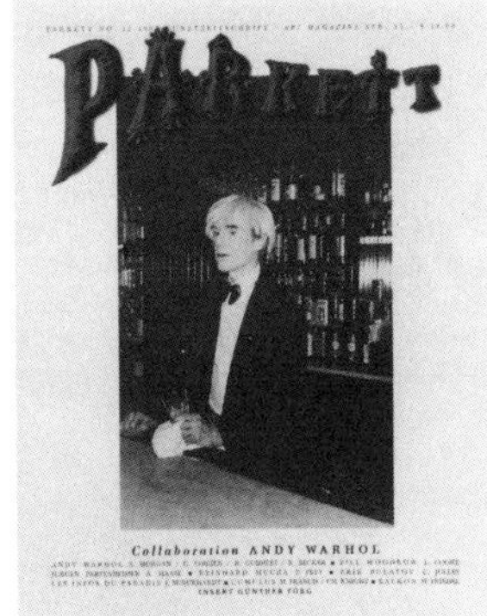

NO. 12

COLLABORATION · ANDY WARHOL
TEXTE VON / *TEXTS BY: STUART MORGAN, GLENN O'BRIEN, REMO GUIDIERI,*
ROBERT BECKER,
LYNNE COOKE ÜBER / *ON:* **BILL WOODROW,**
CLAUDIA JOLLES ÜBER / *ON:* **ERIK BULATOW "IDU" ICH GEHE /** *I'M GOING*
AMINE HAASE ÜBER / *ON:* **JÜRGEN PARTENHEIMER**
PATRICK FREY ÜBER / *ON:* **REINHARD MUCHA**
INSERT: GÜNTHER FÖRG
JACQUELINE BURCKHARDT ÜBER / *ON:* **SKULPTUR PROJEKTE MÜNSTER 1987 /**
SCULPTURE PROJECTS MÜNSTER 1987
CUMULUS AUS EUROPA: *MARK FRANCIS*
CUMULUS FROM AMERICA: CHRISTOPHER KNIGHT
BALKON: *OTTO KÜNZLI, «KETTE» /* *"CHAIN"*

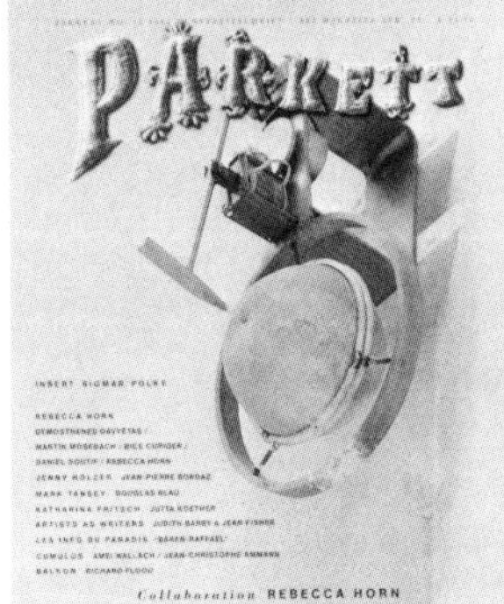

NO. 13

COLLABORATION · REBECCA HORN
TEXTE VON / *TEXTS BY: REBECCA HORN, BICE CURIGER, DEMOSTHENES*
DAVVETAS, MARTIN MOSEBACH, DANIEL SOUTIF
ALAIN CUEFF ÜBER / *ON:* **ALIGHIERO E BOETTI**
JEAN-PIERRE BORDAZ ÜBER / *ON:* **JENNY HOLZER**
DOUGLAS BLAU ÜBER / *ON:* **MARK TANSEY "CONVERSATION"**
JUTTA KOETHER ÜBER / *ON:* **KATHARINA FRITSCH "ELEPHANT"**
SCHRIFTEN VON KÜNSTLERN / *ARTISTS AS WRITERS:*
JEAN FISHER: DER VAMPIR DES TEXTES / *THE VAMPIRE OF THE TEXT*
JUDITH BARRY: CHOROS / (VAMPRY. . .)
INSERT: SIGMAR POLKE
INFOS DU PARADIS: "BÄREN-RAFFAEL"
CUMULUS AUS EUROPA: *JEAN CHRISTOPHE AMMANN*
CUMULUS FROM AMERICA: AMEI WALLACH
BALKON: *RICHARD FLOOD, ROMANCE LANGUAGE /* DAS ABENTEUER SPRACHE

Bestellung für Abonnemente und Vorzugsausgaben

☐ Ich abonniere Parkett für 1 Jahr und 4 Ausgaben zu sFr. 80.–/DM 98,– (Versandkosten inbegriffen), ab Nr. ______ (aktuelle oder kommende Ausgabe).

☐ Ich bestelle folgende noch erhältlichen Parkett-Ausgaben zu je sFr. 25.–/DM 30,–: Nr. __________________ (zuzüglich Versandkosten).

☐ Folgende Personen erhalten von mir als Geschenk ein Jahresabonnement für 4 Ausgaben zu sFr. 80.–/DM 98,– (Versandkosten inbegriffen), ab Nr. ______ (aktuelle oder kommende Ausgabe angeben) und werden von Parkett mit einer besonderen Karte über mein Geschenk informiert:

Name: ______________________ Name ______________________

Strasse: ______________________ Strasse: ______________________

PLZ/Stadt: ______________________ PLZ/Stadt: ______________________

Land: ______________________ Land: ______________________

☐ Als Parkett-Abonnent(in) bestelle ich folgende noch erhältliche(n) Vorzugsausgabe(n) in der numerierten und vom Künstler signierten Auflage gegen Vorausbezahlung (zuzüglich Versandkosten).

Nr./Künstler: ______________________

☐ Mein Check über sFr./DM __________ liegt bei.   ☐ Die Rechnung schicken Sie bitte an mich.

Meinen Namen und die Adresse habe ich auf der Rückseite notiert!

Datum: ______________________   Unterschrift: ______________________

Order form for subscriptions and Deluxe Editions

☐ I subscribe to Parkett for one year (4 issues) at SFr. 80.– (Overseas, US$ 63.00, institutions $ 73.00), air mail postage included, starting with issue No. ______ (current or next issue).

☐ I order the following still available back issues at SFr. 25.– (Overseas, US$ 14.00) No. __________________ (Postage not included).

☐ Send the following person(s) a Parkett subscription for one year (4 issues) at SFr. 80.– (Overseas, US$ 63.00), air mail postage included, starting with issue No. ______ (current or next). The person(s) will receive a special gift card in my name from Parkett.

Name: ______________________ Name: ______________________

Street: ______________________ Street: ______________________

City: ______________________ City: ______________________

State, Zip: ______________________ State, Zip: ______________________

Country: ______________________ Country: ______________________

☐ As a subscriber to Parkett I would like to order the following Deluxe Edition(s) numbered and signed by the artist (Prepayment. Postage not included)

Issue No./artist: ______________________

☐ I have enclosed a cheque for SFr./US$ ______.   ☐ Bill me.

My name and address are printed on the reverse side!

Date: ______________________   Signature: ______________________

PARKETT KUNSTZEITSCHRIFT / *ART MAGAZINE*

Name:

Vorname:

Strasse/Nr.:

PLZ/Ort:

Land:

«PARKETT»-VERLAG AG

Quellenstrasse 27

CH-8005 Zürich

Schweiz

PARKETT KUNSTZEITSCHRIFT / *ART MAGAZINE*

Name:

Address:

City:

Province/State:

Postal code/Zip code:

Country:

«PARKETT»-VERLAG AG

Quellenstrasse 27

CH-8005 Zurich

Switzerland

VORSCHAU / *PREVIEW:*

NO. 16   MAI / *MAY 1988*   *Collaboration*   ROBERT WILSON

VORZUGSAUSGABEN / *DELUXE EDITIONS*

Jede Nummer der Zeitschrift entsteht in Collaboration mit einem Künstler, der eigens für die Leser von PARKETT einen Originalbeitrag gestaltet.
Dieses Werk ist in der gesamten Auflage abgebildet und zusätzlich als limitierte und signierte Vorzugsausgabe erhältlich.
Each issue of the magazine is created in collaboration with an artist, who contributes an original work specially made for the readers of P A R K E T T .
The work is reproduced in the regular edition. It is also available in a signed and limited Deluxe Edition.

ENZO CUCCHI

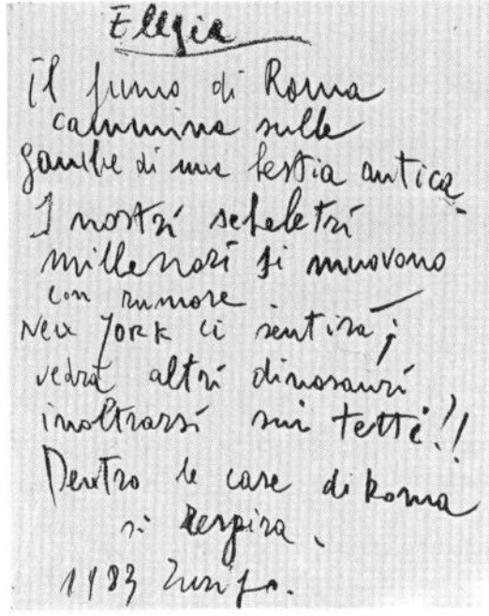 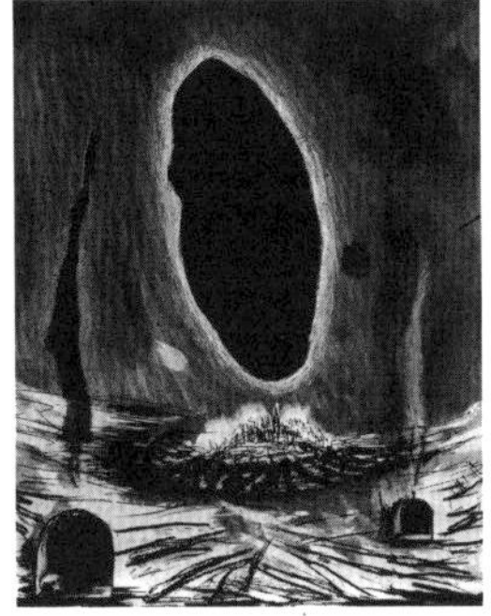

«ELEGIE UND RADIERUNG»
Aquatinta, ed. 80. Vorzugsausgabe Nr. 1 ist vergriffen.
"ELEGY AND ETCHING"
Aquatint ed. 80. Deluxe Edition no. 1 is sold out.

SIGMAR POLKE

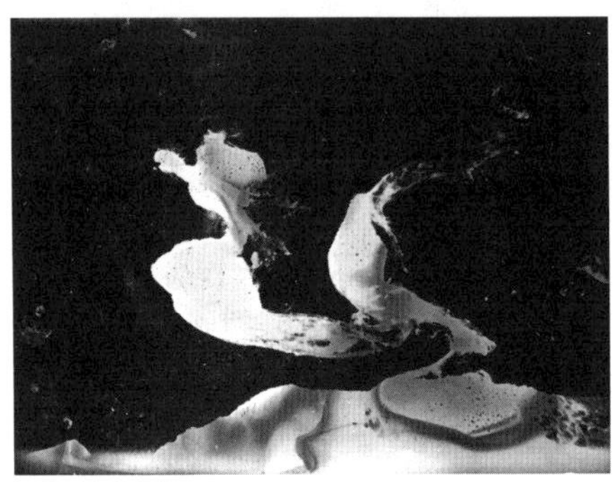

«DESASTRES UND ANDERE BARE WUNDER»
60 Unikat-Photos. Vorzugsausgabe Nr. 2 ist vergriffen.
60 unique photographs. Deluxe Edition no. 2 is sold out.

MARTIN DISLER

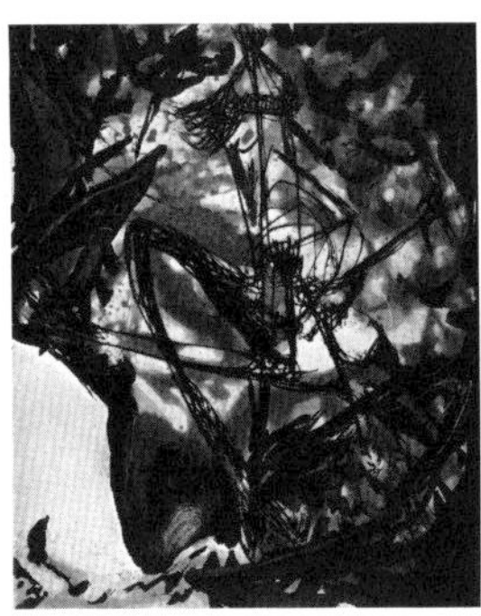 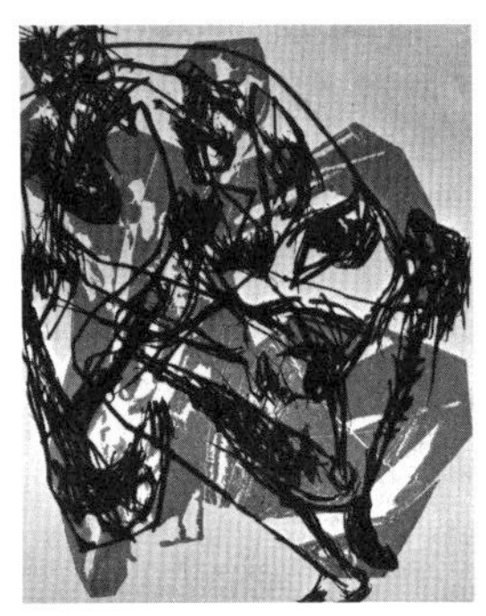

"IN THE EROTIC SPACE OF A HEAD"
Kaltnadel und Aquatinta, ed. 50. Die Ausgabe ist vergriffen.
Drypoint and aquatint, ed. 50. The edition is sold out.

"LITTLE RED PUSHER"
Lederschnitt und Kaltnadel, ed. 50. Die Ausgabe ist vergriffen.
Leathercut and drypoint, ed. 50. The edition is sold out.

MERET OPPENHEIM

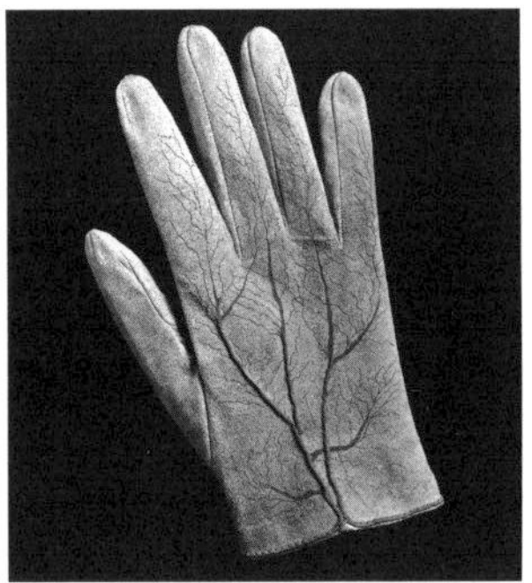

«HANDSCHUH»
Ziegenwildleder, von Hand passepoiliert und mit
Siebdruck versehen, ed. 150 Paare.
Vorzugsausgabe Nr. 4 ist vergriffen.
"GLOVE"
Goat suede with silk-screen and hand-stitched, ed. 150 pairs.
Deluxe Edition no. 4 is sold out.

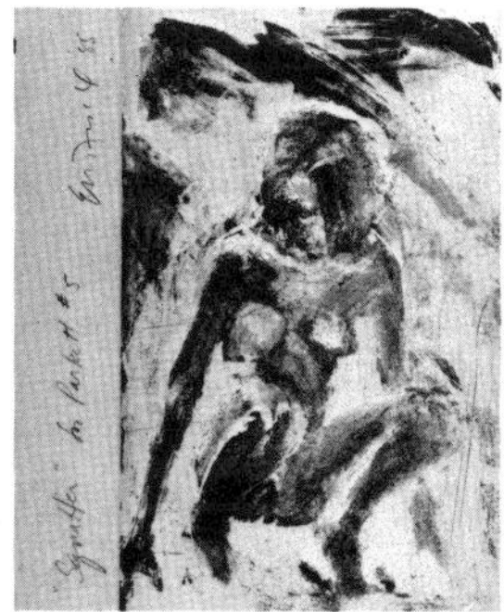

ERIC FISCHL

«KAUERNDE»
Aquatinta und Aussprengverfahren ed. 100.
Vorzugsausgabe Nr. 5 ist vergriffen.
"SQUATTER"
Aquatint and sugar lift ed. 100.
Deluxe Edition no. 5 is sold out.

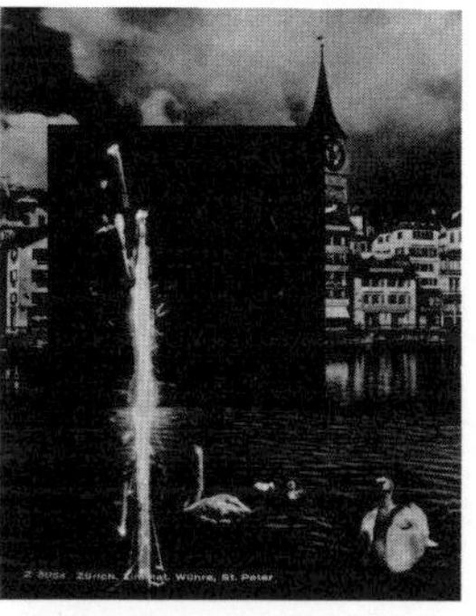

JANNIS KOUNELLIS

«OHNE TITEL»
Photoätzung, Aquatinta und Schabtechnik
auf Zerkall-Bütten, ed. 80. Vorzugsausgabe Nr. 6 sFr. 750.–.
"UNTITLED"
Photo-etching, aquatint and scraping, on Zerkall-Vellum, ed. 80.
Deluxe Edition no. 6 $ 300.00.

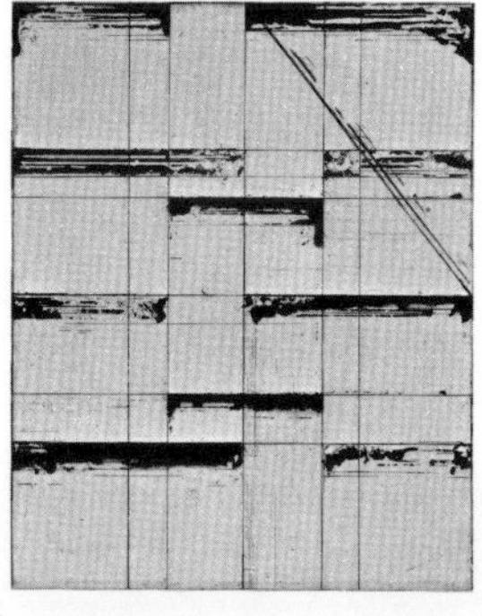

BRICE MARDEN

«RADIERUNG FÜR PARKETT»
Aussprengverfahren und Aquatinta
auf Rives BFK., ed. 100. Vorzugsausgabe Nr. 7 sFr. 650.–.
"ETCHING FOR PARKETT"
Sugar lift and aquatint on Rives BFK., ed. 100.
Deluxe Edition no. 7 $ 300.00.

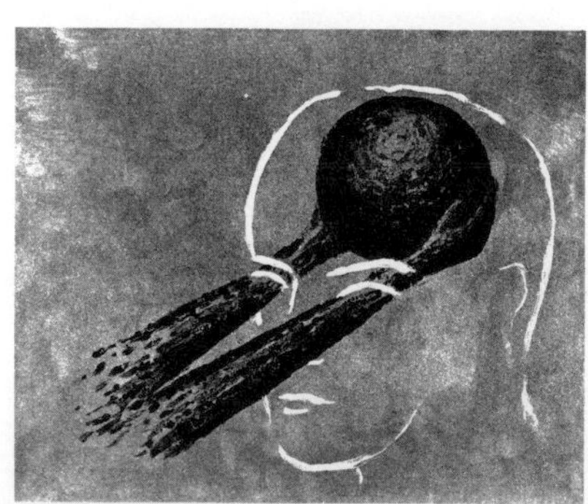

MARKUS RAETZ

«OHNE TITEL»
Aquatinta und Aussprengtechnik auf Zerkall-
Bütten, ed. 100. Vorzugsausgabe Nr. 8 sFr. 550.–.
"UNTITLED"
Aquatint and sugar lift on Zerkall-Vellum,
ed. 100. Deluxe Edition no. 8 $ 270.00.

FRANCESCO CLEMENTE

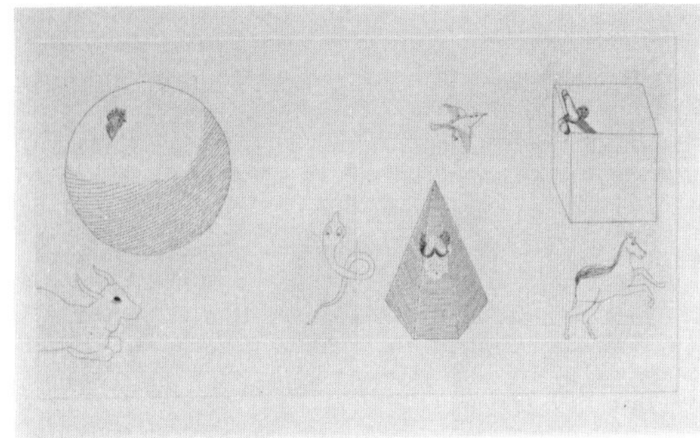

«VERSÖHNUNG»
Kaltnadel-Radierung, ed. 100.
Vorzugsausgabe Nr. 9 sFr. 700.–.
"RECONCILIATION"
Drypoint etching, ed. 100.
Deluxe Edition no. 9 $ 350.00.

GEORG BASELITZ

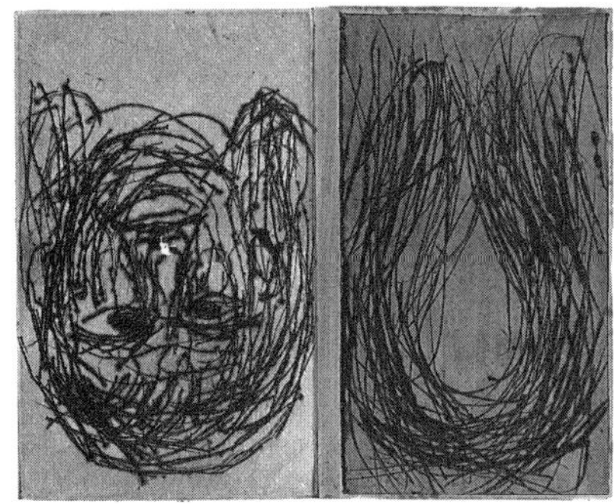

«GESICHT UND TRÄNE»
Kaltnadel-Radierung auf schabloniertem, englisch-rotem
Grund von zwei Platten auf Zerkall Werkdruck 145 g.
Linke Platte: 12,7 x 8,1 cm
Rechte Platte: 12,3 x 7,2 cm
Ed. 60. Vorzugsausgabe Nr. 11 ist vergriffen.
"FACE AND TEARDROP"
Drypoint etching on stenciled english-red ground of two plates
on Zerkall book paper 145 g.
Left plate: 12,7 x 8,1 cm / 5 x 3¹⁄₅"
Right plate: 12,3 x 7,2 cm / 4⁴⁄₅ x 2⁴⁄₅"
Ed. 60. Deluxe Edition no. 11 is sold out.

BRUCE NAUMAN

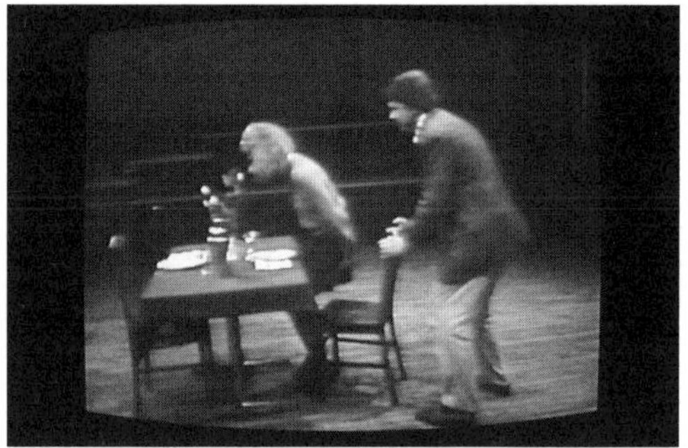

«GEWALTTÄTIGER ZWISCHENFALL – MANN/FRAU SEGMENT»
Video-Tape von 30 Min. (Dauer einer Sequenz: 28 Sek.),
erhältlich auf U-matic- oder VHS-Kassetten, NTSC-
oder PAL-TV-Standard, Farbe und Ton.
Ed. 200, numeriert und signiert. Vorzugsausgabe Nr. 10 sFr. 400.–.
"VIOLENT INCIDENT – MAN/WOMAN SEGMENT"
Videotape of 30 min. (time of one sequence: 28 sec.), available on
U-matic- or VHS-cassettes, NTSC- or PAL-tv-standard, color and sound.
Ed. 200, numbered and signed. Deluxe Edition no. 10 $ 250.00.

ANDY WARHOL

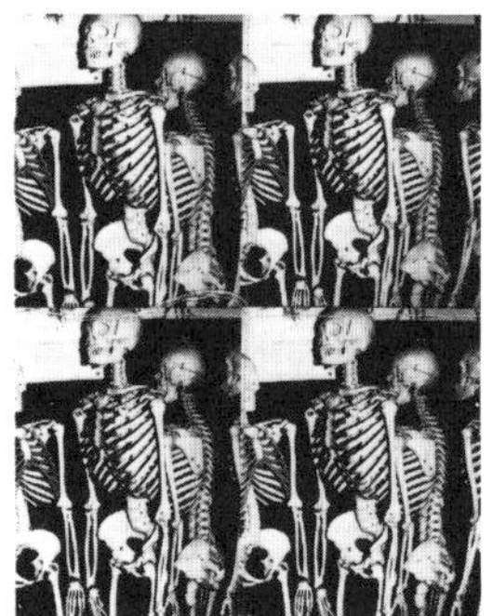

«PHOTO EDITION FÜR PARKETT, 1987»
Ed. 120 numerierte, signierte Exemplare,
24,6 x 19,6 cm, maschinengenäht,
in Pergamentpapiertasche der Vorzugsausgabe
von Parkett beigefügt.
Vorzugsausgabe Nr. 12 ist vergriffen.
"PHOTO EDITION FOR PARKETT, 1987"
Ed. 120 numbered and signed copies,
24.6 x 19.6 cm / 9.6 x 7.7", machine-sewn
and inserted in a parchment cover in the
deluxe edition of Parkett.
Deluxe Edition no. 12 is sold out.

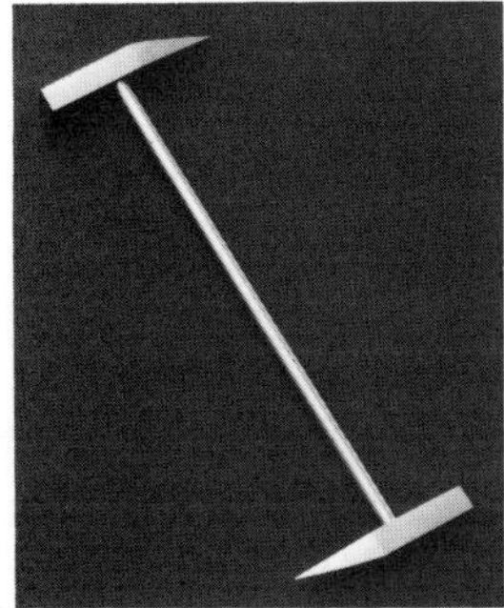

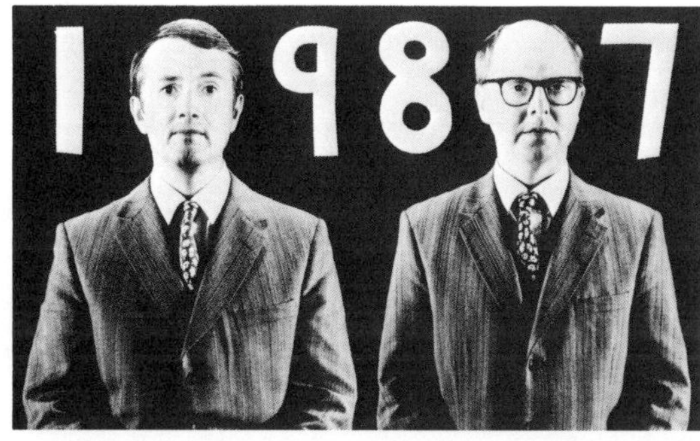

«DER DOPPELGÄNGER»
Hämmerchen, Messing versilbert,
25,2 x 8,2 x 0,7 cm, eingelegt in
signierte und numerierte Schachtel. Ed. 99.
Vorzugsausgabe Nr. 13 sFr. 660.–
«DER DOPPELGÄNGER» ("THE DOUBLE")
little silver-plated brass hammer, 9¾ x 3⅙ x ¼",
placed in a signed and numbered box. Ed. 99.
Deluxe Edition no. 13 $ 440.00.

«1987»
Photo Edition, auf Karton aufgezogen,
in der Mitte faltbar. 25,5 x 42 cm. Ed. 200.
Vorzugsausgabe Nr. 14 sFr. 440.–.
"1987"
Photo edition mounted on cardboard
and folded in the middle. 10 x 16½". Ed. 200.
Deluxe Edition no. 14 $ 300.00.

MARIO MERZ

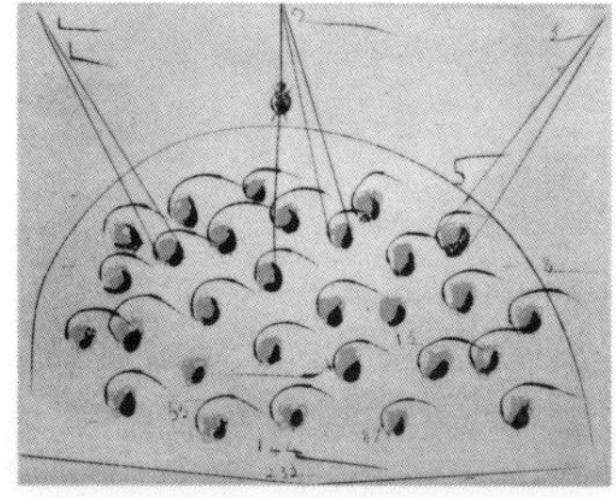

«ohne Titel»
Radierung, Aussprengverfahren, Kaltnadel und Aquatinta auf
Hahne-Mühle 300 gr. Ed. 100, signiert und numeriert.
Vorzugsausgabe Nr. 15 sFr. 680.–.
"Untitled"
Etching, sugar lift, drypoint and aquatint on Hahne-Mühle 300 g.
ed. 100, signed and numbered.
Deluxe-Edition no. 15 $ 490.00.

AUSKUNFT UND ABONNEMENTS / *INFORMATION AND SUBSCRIPTIONS:*

«PARKETT»-VERLAG AG, QUELLENSTRASSE 27, CH-8005 ZÜRICH, TEL. 01/42 81 40; SCHWEIZERSTRASSE 27, D-6000 FRANKFURT 70, TEL. 069/61 64 22

PARKETT PUBLISHERS LTD. 14, WEST 10TH STREET, NEW YORK, N.Y. 10011, PHONE 212/457-0227

SCHWEIZ
IM AUSGEWÄHLTEN BUCH-,
ZEITSCHRIFTEN- UND KUNSTHANDEL
ALLER GRÖSSEREN STÄDTE

DEUTSCHLAND
BERLIN
BÜCHERBOGEN, AM SAVIGNYPLATZ,
1000 BERLIN 12
GALERIE 2000, KNESEBECKSTR. 56–58,
1000 BERLIN 15
BREMEN
ANTIQUARIAT,
BEIM STEINERNEN KREUZ 1,
2800 BREMEN
BUCHLADEN BETTINA WASSMANN
AM WALL 164,
2800 BREMEN
DARMSTADT
GEORG BÜCHNER,
LAUTESCHLÄGERSTR. 18,
6100 DARMSTADT
DÜSSELDORF
M. + R. FRICKE, POSTSTR. 3,
4000 DÜSSELDORF
SCHWAN & BÖGER, KÖNIGSALLEE 14–16,
4000 DÜSSELDORF
FRANKFURT
LAND IN SICHT, ROTTECKSTR. 13,
6000 FRANKFURT
PETER NAACHER, STEINWEG 3,
6000 FRANKFURT
HAMBURG
H. VON DER HÖH, GROSSE BLEICHEN 21,
2000 HAMBURG
SAUTTER UND LACKMANN,
KLOSTERSTERN 8,
2000 HAMBURG
HANNOVER
BUCHHANDLUNG
IM SPRENGELMUSEUM,
KURT-SCHWITTERS-PLATZ,
3000 HANNOVER 1
HEIDELBERG
KUNSTHANDLUNG
W. WELKER, HAUPTSTR. 106,
6900 HEIDELBERG 1
KÖLN
WALTHER KÖNIG, EHRENSTR. 4,
5000 KÖLN 1
K. BITTNER, ALBERTUSSTR. 6,
5000 KÖLN 1
MÜNCHEN
ILKA KÖNIG, AM KOSTTOR 1,
8000 MÜNCHEN 1
H. GOLZ, TÜRKENSTR. 54,
8000 MÜNCHEN 40
SAARBRÜCKEN
BUCHHANDLUNG
AM ST. JOHANNER MARKT,
ST. JOHANNER MARKT 13,
6600 SAARBRÜCKEN

TÜBINGEN
HUGO FRICK,
NAUKLERSTR. 7,
7400 TÜBINGEN 1
STUTTGART
GALERIE VALENTIEN, KÖNIGSBAU,
7000 STUTTGART 1

OESTERREICH
GRAZ
BUCHHANDLUNG GALERIE
VERLAG DROSCHL,
BISCHOFPLATZ 1,
8010 GRAZ
INNSBRUCK
WAGNERSCHE
UNIVERSITÄTSBUCHHANDLUNG,
MUSEUMSTR. 4,
6021 INNSBRUCK
WIEN
JUDITH ORTNER,
SONNENFELSGASSE 8,
1010 WIEN
SHAKESPEARE & COMPANY
BOOKSELLERS,
STEINGASSE 2,
1010 WIEN

HOLLAND
ARNHEM
BRAND & BRAND & HENDRIKS,
LOOIERSTRAAT 14,
6811 AX ARNHEM
AMSTERDAM
ART BOOK, PRINSENGRACHT 645,
1046 HV AMSTERDAM
ATHENAEUM NIEUWSCENTRUM,
SPUI 14–16,
1012 XA AMSTERDAM
PREMSELA, VAN BAERLESTRAAT 78,
1071 BB AMSTERDAM

BELGIQUE
BRUXELLES
POST-SCRIPTUM,
37 RUE DES ÉPERONNIERS,
1000 BRUXELLES
GENT
COPYRIGHT, JAKOBIJNENSTRAAT 8,
9000 GENT

ESPAÑA
BARCELONA
METRÒNOM,
CARRER DE LA FUSSINA 9,
08003 BARCELONA
MADRID
LIBROS ARGENSOLA,
ARGENSOLA 20,
28004 MADRID

FRANCE
DISTRIBUTEUR
D.I.L.
16 AV. DE CHANZY
94499 VITRY-SUR-SEINE

PARIS
LA HUNE, 170 BLVD ST-GERMAIN,
75008 PARIS
«FLAMMARION 4»
CENTRE GEORGES POMPIDOU,
PLATEAU BEAUBOURG,
75004 PARIS
BORDEAUX
LIBRAIRIE DU
MUSÉE CAPC
ENTREPÔT LAINÉ
33000 BORDEAUX

ITALIA
MILANO
MILANO LIBRI,
VIA G. VERDI 2,
20121 MILANO
ROMA
CENTRO DI
GALLERIA NAZIONALE D'ARTE MODERNA,
VIA DELLE BELLE ARTI 131,
00196 ROMA
FELTRINELLI,
VIA DEL BABUINO 41,
00187 ROMA
GALLERIA PRIMO PIANO,
VIA PANISPERNA 203,
00184 ROMA

PORTUGAL
LISBOA
COMICOS ESPAÇO INTER-MEDIA,
RUA TENENTE RAUL CASCAIS 1B,
1200 LISBOA

SVERIGE
STOCKHOLM
VENNERGREN & WILLIAM,
NORDENFLYCHTSVÄGEN 70,
10425 STOCKHOLM

GREAT BRITAIN
DISTRIBUTOR
NIGEL GREENWOOD BOOKS,
4, NEW BURLINGTON STREET,
LONDON, W1
LONDON
ARTS COUNCIL, BOOKSHOP,
8 LONG ACRE COVENT GARDEN,
LONDON WC2 9L6
NIGEL GREENWOOD,
4, NEW BURLINGTON STREET,
LONDON W1
THE TATE GALLERY, MILLBANK,
LONDON SW1 P4 RS

USA
DISTRIBUTORS
B. DE BOER INC.,
113 EAST CENTRE STREET,
NUTLEY N.J. 07110
ARTINFORM,
2237 SECOND AVENUE,
SEATTLE, WASHINGTON 98121

BOSTON
MUSEUM OF FINE ARTS BOSTON,
465 HUNTINGTON AVE.,
BOSTON, MASS. 02115
BERKELEY
MOE'S BOOKS,
2476 TELEGRAPH,
BERKELEY, CA 94704
CAMBRIDGE
MANDRAKE BOOK STORE,
8 STORY STREET,
CAMBRIDGE, MA 02138
CHICAGO
MUSEUM OF CONTEMPORARY ART,
237 EAST ONTARIO ST.,
CHICAGO, Ill. 60611
LOS ANGELES
ART CATALOGUES,
625 N. ALMONT DR.,
LOS ANGELES, CA 90069
NEW YORK
BOOKS AND COMPANY,
939 MADISON AVE.,
NEW YORK, NY 10021
JAAP RIETMANN,
134 SPRING STREET,
NEW YORK, NY 10012
UNTITLED II INC.,
680 BROADWAY,
NEW YORK, NY 10012
SAN FRANCISCO
SAN FRANCISCO MUSEUM
OF MODERN ART
BOOKSHOP,
VAN NESS AVE. AT MCALLISTER ST.,
SAN FRANCISCO, CA 94102
SANTA MONICA
HENNESSEY + INGALLS BOOKS,
1254 SANTA MONICA MALL,
SANTA MONICA, CA 90401
WASHINGTON
NATIONAL GALLERY,
6TH STREET
AND CONSTITUTION AVENUE NW
WASHINGTON D.C. 20565

CANADA
MONTREAL
ARTEXTE,
3575 ST. LAURENT, MONTREAL
TORONTO
ART METROPOLE,
217 RICHMOND STR. W.,
TORONTO

AUSTRALIA
THE ARTS BOOKSHOP,
1067 HIGH STREET,
ARMADALE, VICTORIA 3143

JAPAN
TOKIO
EUROPA ART GMBH,
CHERRY-HEIGHTS 102,
17–26, SHOAN 1 CHOME, SUGINAMI-KU,
TOKYO 167

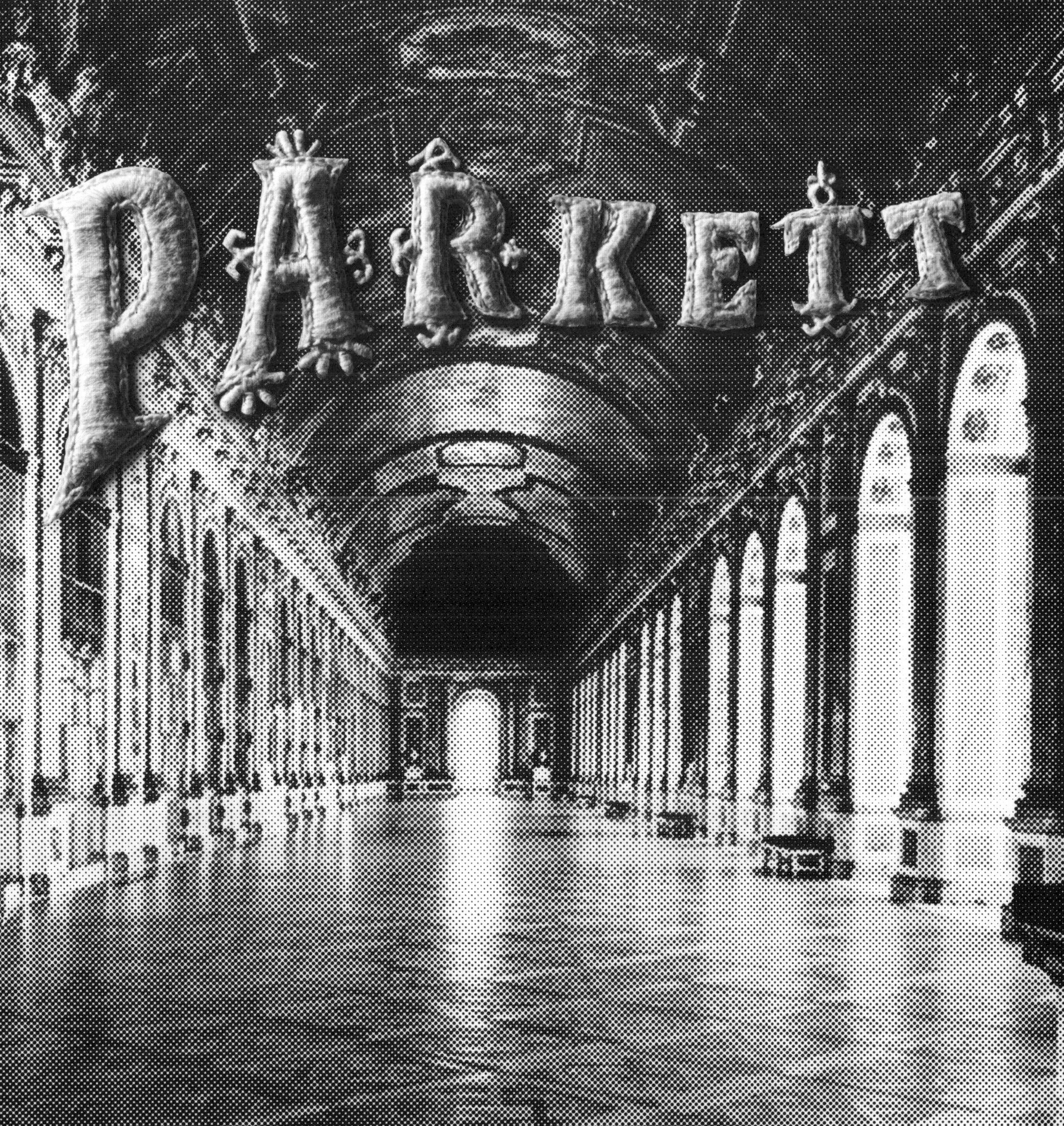

Bereiten Sie ein Jahr lang Freude.
PARKETT
The perfect present for particular people.

PETER BLUM EDITION
BOOKS

ENZO CUCCHI	**Sparire – Entschwinden – Disappearing, 1987**
BRICE MARDEN	**Etchings to Rexroth,** **with 36 poems by Tu Fu, 1987** **Also available in a special limited edition**
JAMES TURRELL	**Mapping Spaces,** **A topological Survey of the Work** **by James Turrell, 1987**
MARIO DIACONO	**Iconographia coelestis, 1985** **On James Turrell's Crater Project** **Edition of 180**
ENZO CUCCHI	**La cerimonia delle cose, 1985** **Text and poems in italian and english,** **(with a german translation)** **Also available in a special limited edition**
ALEX & VINCENT KATZ	**A Tremor in the Morning, 1985** **With original woodcuts by Alex Katz,** **Edition of 300**
BICE CURIGER	**LOOKS et tenebrae, 1984** **Texts on print work by Cucchi, Disler, Chia,** **Penck, Winnewisser, Borofsky, Clemente,** **Baldessari, Fischl. English and German.**
ANSELM STALDER	**Der Umfang des Fassungsvermögens,** **The Limits of Perception, 1984** **64 full page colour reproductions**

Eine Bestellkarte liegt diesem Heft bei.
An order form is enclosed.
Ein detailliertes Programm der PETER BLUM EDITION ist erhältlich bei:
A detailed catalogue of PETER BLUM EDITION books is available at:
Parkett, Quellenstrasse 27, CH-8005 Zürich.